清华大学
马克思主义理论教育
研究
1949—1966

武传鹏 著

STUDY ON THE EDUCATION OF
MARXIST THEORY IN
TSINGHUA UNIVERSITY

1949—1966

清华大学出版社
北京

内 容 简 介

如何有效推进高校马克思主义理论教育工作？如何提升青年学生的马克思主义理论素养，培养中国特色社会主义事业的建设者和接班人？

1949—1966年，清华大学在高校马克思主义理论教育方面发挥了典型示范作用。本书根据第一手资料，以理论、历史、现实相结合的视角对1949—1966年清华大学马克思主义理论教育开展专题研究，总结历史经验，为新时代高校马克思主义理论教育工作提供有益的借鉴和启迪。

本书封面贴有清华大学出版社防伪标签，无标签者不得销售。

版权所有，侵权必究。举报：010-62782989，beiqinquan@tup.tsinghua.edu.cn。

图书在版编目(CIP)数据

清华大学马克思主义理论教育研究：1949—1966 / 武传鹏著．—北京：清华大学出版社，2023.8

ISBN 978-7-302-64294-7

Ⅰ．①清… Ⅱ．①武… Ⅲ．①清华大学－马克思主义理论－政治理论教育－研究－1949-1966 Ⅳ．① A81

中国国家版本馆 CIP 数据核字 (2023) 第 139155 号

责任编辑：严曼一
封面设计：汉风唐韵
版式设计：方加青
责任校对：王荣静
责任印制：刘海龙

出版发行：清华大学出版社
网　　址：http://www.tup.com.cn，http://www.wqbook.com
地　　址：北京清华大学学研大厦 A 座　　邮　编：100084
社 总 机：010-83470000　　邮　购：010-62786544
投稿与读者服务：010-62776969，c-service@tup.tsinghua.edu.cn
质 量 反 馈：010-62772015，zhiliang@tup.tsinghua.edu.cn

印 装 者：三河市铭诚印务有限公司
经　　销：全国新华书店
开　　本：170mm×230mm　　印　张：16　　字　数：260 千字
版　　次：2023 年 10 月第 1 版　　印　次：2023 年 10 月第 1 次印刷
定　　价：98.00 元

产品编号：099007-01

序

习近平总书记指出,马克思主义是我们立国立党的根本指导思想,也是我国大学最鲜亮的底色。要坚持不懈传播马克思主义科学理论,抓好马克思主义理论教育。2018年6月,习近平总书记寄语清华大学马克思主义学院2018届毕业班全体同学:"希望同学们无论继续深造,还是踏上工作岗位,都始终坚持对马克思主义理论的学习,提高运用这一科学武器分析和解决问题的能力,坚定为祖国和人民矢志奋斗的信念,以实际行动书写无愧于时代的青春篇章。"抓好高校马克思主义理论教育,培养一大批马克思主义信仰者、研究者、传播者和践行者,对于坚持和发展中国特色社会主义,实现中华民族伟大复兴,具有十分重要的战略意义。

马克思主义理论教育在新中国高等教育史上发挥了举足轻重的作用。新中国成立以来,清华大学全面贯彻党和国家的教育方针,充分发挥马克思主义理论教育的铸魂育人功能,成功开辟了一条社会主义高水平大学发展道路,造就了大批又红又专、全面发展的骨干人才,为国家教育科技发展和现代化建设发挥了重要作用。本书作者武传鹏以清华大学马克思主义理论教育为研究对象,通过梳理1949—1966年清华大学马克思主义理论教育的发展脉络,力求从整体性上把握这一阶段新中国高校马克思主义理论教育的发展状况,并以此作为自己在清华大学攻读博士学位时的论文选题。

习近平总书记在清华大学105周年校庆贺信中指出:"清华大学是我国高等教育的一面旗帜。"从1926年清华第一个党支部的建立到马克思主义理论教育在新时代的清华园蓬勃发展,清华大学源远流长的马克思主义理论教育为我国高校马克思主义理论教育积累了丰厚的实践经验。新民主主义革命时期,清华大学马克思主义理论教育与救国救民的爱国主义理想信念紧密结合在一起。这种理想信念承载着清华园的文化底蕴和先辈们的革命传统,经过一次次的共产主义洗礼,早期清华人逐步树立起了马克思主义信仰,投身到革命洪流之中,为民族独立和人民解放作出了巨大贡献。作为全国第一个获得解放的国立大学,清华大学率先开展马克思主义理论教育。在党的领导下,清华大学利用优质教育资源将马克思主义理论生动而深刻地带进课堂,帮助学生认识党的性质,理解新中国的制度,进一步坚定了清华人的理想信念。清华大学马克思主义理论教育特色鲜明:一脉相承的革命传统、走在前列的使命担当、人才培养的红色底蕴、广泛影响的思想阵地等。这种鲜明特色彰显了清华人与中华民族同呼吸共命运的担当与情怀。同时,清华大学马克思主义理论教育积累了丰富的历史经验:始终坚持党对马克思主义理论教育工作的领导;突出强调思想政治理论课培根铸魂的关键地位;倾力打造卓越的马克思主义理论教育师资队伍;充分发挥马克思主义理论教育教材的基础作用;积极推动理论教育与其他思想政治工作相结合。清华大学马克思主义理论教育不仅教育了一代代清华人,也给全国高校马克思主义理论教育工作贡献了"清华模式"。

对1949—1966年清华大学的马克思主义理论教育开展专题研究,除了需要耗费巨大的时间精力,更需要笔者拥有牢固的学科理论基础和严密的逻辑体系。本书兼具革命视野、理论视野和现实视野,聚焦清华大学马克思主义理论教育,将历史逻辑、理论逻辑与实践逻辑融会贯通,从历史发展中总结经验、认识规律的研究方法和研究意义值得肯定。在本书作者武传鹏本科和硕士研究生阶段,内蒙古大学和兰州大学为其成长打下了良好基础。2016年8月,武传鹏通过清华大学和青海大学的对口支援计划,考入清华大学马克思主义学院跟随我攻读博士学位。传鹏好学上进,刻苦努力。在读期间,无论是我主讲的本科生课程,还是研究生课程,他都听了一遍,还一次不落地参加了我主持的读书会,尤其是认真阅读了毛泽东思想和中国特色社会主义理论体系的相关文献,进一步夯实马克思主义理论研究基础,发表了多篇高质量的论文,有的论文还被中国人民大学复印报刊资料全文转载。

博士毕业后,传鹏又回到青海大学工作,现为马克思主义学院的副教授、副院长。他在主持完成国家社科基金青年项目"高校马克思主义教育创新研究"的基础上,又对书稿进行了修改和补充,对相关理论观点进行了完善,提升了书稿的理论创新性和内容系统性,体现了作者对这一课题的深入思考,也凝聚了作者的辛勤劳动和不懈努力。希望传鹏以本书出版为新的起点，今后有更多的论著问世，祝愿他在教书育人方面取得更大的成绩。

谨以此序祝贺本书出版。

肖贵清
2022 年 12 月于清华园·善斋

目 录

第 1 章 导论 … 1

1.1 选题背景与研究意义 … 2
1.1.1 选题背景 … 2
1.1.2 研究意义 … 4

1.2 国内外研究现状与评析 … 6
1.2.1 学界对我国高校马克思主义理论教育的研究 … 6
1.2.2 关于1949—1966年高等教育的研究 … 10
1.2.3 关于1949—1966年清华大学马克思主义理论教育的研究 … 17

1.3 研究思路、方法、创新点 … 20
1.3.1 研究思路 … 20
1.3.2 研究方法 … 21
1.3.3 创新点 … 23

第 2 章 清华大学马克思主义理论教育的思想渊源 … 25

2.1 经典作家的马克思主义理论教育思想 … 26
2.1.1 经典作家关于马克思主义理论教育的重要论述 … 26
2.1.2 马克思主义理论教育对象范围的延伸和扩展 … 36

2.2 马克思主义在清华大学的传播 … 47
2.2.1 马克思主义的早期传播与清华大学第一个党支部的建立 … 47
2.2.2 马克思主义的进一步传播与一二·九运动 … 50
2.2.3 抗日战争、解放战争时期党组织的活动与马克思主义的传播 … 57

第 3 章　清华大学马克思主义理论教育的发展历程 ········· 63

3.1　1949—1952 年的清华大学马克思主义理论教育············· 65
3.1.1　政治课程的开设·· 66
3.1.2　机构和师资的组建·· 71
3.1.3　教材以教学提纲为主······································· 75
3.1.4　教育方式尚在探索·· 77
3.1.5　学生反响渐趋于好·· 84

3.2　1953—1956 年的清华大学马克思主义理论教育············· 87
3.2.1　政治理论课程参照苏联设置······························ 88
3.2.2　机构和师资逐步完备······································· 92
3.2.3　教材带有浓厚苏联色彩··································· 96
3.2.4　马克思主义理论教育日趋常态化····················· 100
3.2.5　学生的学习兴趣和学习效果逐渐提升·············· 105

3.3　1957—1960 年的清华大学马克思主义理论教育············ 109
3.3.1　政治理论课处于破立之间······························ 111
3.3.2　机构和师资变更较大····································· 115
3.3.3　教材"以毛主席著作为纲"··························· 120
3.3.4　教育方式以政治运动为主······························ 123
3.3.5　学生不断接受思想改造·································· 129

3.4　1961—1966 年的清华大学马克思主义理论教育············ 135
3.4.1　政治理论课程回归稳定·································· 137
3.4.2　机构和师资突出政治····································· 140
3.4.3　教材趋向统一··· 146
3.4.4　教育方式注重思想改造·································· 150
3.4.5　学生政治立场更趋坚定·································· 156

第 4 章　清华大学马克思主义理论教育的鲜明特色 ········ 161

4.1　一脉相承的革命传统·· 162
4.1.1　革命救国信念在清华大学马克思主义传播中的凸显············ 163

  4.1.2 清华大学革命传统在马克思主义理论教育中的体现 …………… 164
  4.1.3 红色基因在马克思主义理论教育中代代相传 …………………… 166
4.2 走在前列的使命担当 ……………………………………………………… 168
  4.2.1 走在中华民族救亡图存的前列 …………………………………… 168
  4.2.2 走在培养社会主义建设干部的前列 ……………………………… 170
  4.2.3 走在培育时代新人的前列 ………………………………………… 172
4.3 人才培养的红色底蕴 ……………………………………………………… 173
  4.3.1 "红色工程师"培养目标的提出 ………………………………… 174
  4.3.2 "红"与马克思主义理论教育的关系 …………………………… 178
  4.3.3 培养又红又专的时代新人 ………………………………………… 181
4.4 广泛影响的思想阵地 ……………………………………………………… 183
  4.4.1 "国统区中的解放区" ……………………………………………… 184
  4.4.2 "要有政权意识" …………………………………………………… 185
  4.4.3 巩固和发展马克思主义思想阵地 ………………………………… 188

第5章 清华大学马克思主义理论教育的经验与启示 …… 191

5.1 始终坚持党对马克思主义理论教育工作的领导 ………………………… 193
  5.1.1 党的领导让马克思主义在清华园薪火相传 ……………………… 194
  5.1.2 党的领导是马克思主义理论教育的内在要求 …………………… 197
  5.1.3 党的领导是建设中国特色社会主义高校的根本保证 …………… 198
5.2 突出强调思想政治理论课培根铸魂的关键地位 ………………………… 200
  5.2.1 清华大学政治理论课建设的基本状况及贡献 …………………… 201
  5.2.2 思想政治理论课是高校马克思主义理论教育的主渠道 ………… 203
  5.2.3 在守正创新中发挥思想政治理论课的主渠道作用 ……………… 206
5.3 努力打造优秀的马克思主义理论教育师资队伍 ………………………… 208
  5.3.1 明确马克思主义理论教育师资队伍的使命和职责 ……………… 209
  5.3.2 师资队伍建设要体现意识形态性与学术性的统一 ……………… 211
  5.3.3 加强马克思主义理论教育师资队伍的自身建设 ………………… 214
5.4 充分发挥马克思主义理论教育教材的基础作用 ………………………… 215
  5.4.1 清华大学马克思主义理论教育教材的演变 ……………………… 216

  5.4.2 教材是马克思主义理论教育的重要依托 …………… 218
  5.4.3 在新的历史条件下要高度重视教材建设 …………… 219
5.5 积极推动理论教育与其他思想政治工作相结合 ……………… 221
  5.5.1 清华大学学生思想政治工作的基本状况及成效 …… 222
  5.5.2 马克思主义理论教育与其他思想政治工作相辅相成 … 224
  5.5.3 加强和改进新形势下的高校学生思想政治工作 …… 226

结语 ……………………………………………………………… 229

参考文献 ………………………………………………………… 235
  1. 经典著作 ………………………………………………… 235
  2. 档案资料 ………………………………………………… 236
  3. 文献资料 ………………………………………………… 239
  4. 学术论著 ………………………………………………… 242
  5. 学术论文 ………………………………………………… 243
  6. 中文译著 ………………………………………………… 245

后记 ……………………………………………………………… 246

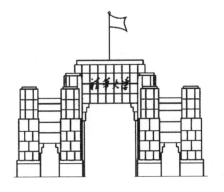

第1章
导论

1.1 选题背景与研究意义

1.1.1 选题背景

人才培养关乎党和国家的前途、命运，是具有战略意义的大事。高校肩负着为国家培育人才的重要职责。回顾我国近现代史可以看出，相对其他国家而言，大学在我国社会中发挥的影响似乎更大[①]。在中国的历史文化中，通过教育和考试"配置"人的"社会地位"，向来是被认为最公平、人们接受度更广的一种人才培养形式。近代以来，中国高等教育形成了爱国和革命的传统，突出表现在五四运动、抗日战争和解放战争之中，中国大学生前赴后继、不怕牺牲，为国家独立和民族解放作出了突出贡献。民主革命时期的中国工农红军大学、中国人民抗日军政大学、陕北公学、中国女子大学、延安自然科学院等高等院校建立起高等教育为现实斗争服务、教育与生产劳动相结合、理论联系实际的传统，深刻影响着新中国成立之初高等教育事业的发展。

纵观党史，中国共产党历来重视高校工作。新中国成立以后，"培养什么人、如何培养人、为谁培养人"成为中国特色社会主义高等教育的根本问题。马克思主义理论教育是高校一切思想政治教育的基础[②]。习近平总书记明确指出，高校要"坚持不懈传播马克思主义科学理论，抓好马克思主义理论教育，为学生一生成长奠定科学的思想基础"[③]。党的十八大以来，以习近平同志为核心的党中央高度重视高校马克思主义理论教育工作。本书所使用的"马克思主义理论"内在地包含了马克思主义发展史上逐渐形成的列宁主义、毛泽东思想、中国特色社会主义理论体系等内容。学者孙来斌将"马克思主义理论教

---

① 桑兵.治学的门径与取法——晚清民国研究的史料与史学[M].北京：社会科学文献出版社，2014:244.
② 教育部思想政治工作司.加强和改进大学生思想政治教育重要文献选编（1978—2014）[M].北京：知识产权出版社，2015:45.
③ 习近平在全国高校思想政治工作会议上强调：把思想政治工作贯穿教育教学全过程，开创我国高等教育事业发展新局面[N].人民日报，2016-12-09(1).

育"定义为以马克思主义理论为施教内容和根本方法的教育活动，无产阶级觉悟分子对无产阶级和广大群众进行的理论灌输与思想启发活动，以增强无产阶级群众的革命意识、培育共产主义新人为目的的教育活动①。习近平总书记多次就高校马克思主义理论教育相关问题发表重要讲话，高校马克思主义理论教育已成为全社会热切关注的重要话题。

  2016年4月，习近平总书记在致清华大学建校105周年贺信中明确指出："清华大学是我国高等教育的一面旗帜。"② 2021年4月，习近平总书记在考察清华大学时进一步指出："清华大学的发展历程，是我国高等教育发展的一个生动缩影。"③ 长期以来，清华大学培育了爱国奉献、追求卓越的光荣传统，形成了又红又专、全面发展的教书育人特色，为国家、为民族、为人民培养了大批学术大师、兴业英才、治国栋梁，为中国特色社会主义事业作出了重要贡献。1949—1966年是清华大学办学史上的辉煌时期之一。这一时期，清华大学在中国共产党的领导下积极探索适合中国国情的社会主义办学道路，实现了脱胎换骨。同时，清华大学在马克思主义理论教育方面取得了突出成绩，对全国高校马克思主义理论教育工作产生了明显的示范效应，马克思主义理论教育也在清华大学的育人传统中发挥着举足轻重的作用。

  那么，1949—1966年清华大学马克思主义理论教育的具体状况如何？是否秉承了马克思主义发展史上经典作家的马克思主义理论教育思想？这一时期清华大学马克思主义理论教育工作有哪些特色、经验和不足？对新时代高校马克思主义理论教育有何启示？解答这些问题是进一步把握高校马克思主义理论教育规律的重要前提。本研究旨在梳理经典作家的马克思主义理论教育思想及解放前马克思主义在清华大学的传播过程的基础上，深入考察"十七年"（学界惯于将1949—1966年称为"十七年"。具体来说，指1949年10月1日中华人民共和国成立至1966年5月16日这一时期。"十七年"这一话语最早出现在1966年《人民日报》的国庆社论中。此后，"十七年"黑线一度成为"文革"期间标准的历史叙述；改革开放初期，人们曾一度热情歌颂"蓬勃发展的十七

---

① 孙来斌. 列宁的马克思主义理论教育思想研究[M]. 北京：中国社会科学出版社，2003:3-4.
② 习近平. 致清华大学建校105周年贺信[N]. 人民日报，2016-04-23(1).
③ 习近平在清华大学考察时强调坚持中国特色世界一流大学建设目标方向 为服务国家富强民族复兴人民幸福贡献力量[N]. 人民日报，2021-04-20(1).

年",经过真理标准问题的讨论,人们开始反思包括"十七年"在内的中华人民共和国的历史,通过《关于建国以来党的若干历史问题的决议》统一全党的认识。近年来,随着历史与现实间的双向互动,当今我国日益呈现出对"十七年"的多元叙述和记忆。①)间不同阶段清华大学马克思主义理论教育的发展历程、鲜明特色和历史经验,尝试在理论、历史、现实三者之间构建一种有机联系,并以此启发人们对相关理论和实践问题的进一步思考。

1.1.2 研究意义

历史研究具有存史、资政、育人的功能,校史研究则是历史研究的一个特殊视角。清华大学作为中国最著名的大学之一,可以将其校史视为中国近现代高等教育发展历程的一个缩影。概言之,开展1949—1966年清华大学马克思主义理论教育研究的意义可归纳为三个方面。

首先,有助于加强和改进高校马克思主义理论教育。在新的历史条件下,思考如何提升高校马克思主义理论教育的水平是本研究的出发点。习近平总书记在2016年12月的全国高校思想政治工作会议上提出,高等教育发展方向同我国发展的现实目标和未来方向紧密联系,"要坚持不懈传播马克思主义科学理论,抓好马克思主义理论教育"②;在2018年5月2日的北京大学师生座谈会上,他进一步指出,马克思主义是高校的"最鲜亮的底色"③;2021年4月考察清华大学时,习近平总书记强调:"我国高等教育要立足中华民族伟大复兴战略全局和世界百年未有之大变局,心怀'国之大者',把握大势,敢于担当,善于作为,为服务国家富强、民族复兴、人民幸福贡献力量。"④ 立足现实,把握长远,就坚持和发展中国特色社会主义而言,加强和改进高校马克思主义理论教育至关重要。1949—1966年是我国高校马克思主义理论教育的奠基阶段,历史的内在联系使这一时期高校马克思主义理论教育的一些制度、观念乃至存

---

① 金光耀."十七年":不同时代的不同叙述和记忆[J]. 史林,2011(1).
② 习近平. 在全国高校思想政治工作会议上强调:把思想政治工作贯穿教育教学全过程,开创我国高等教育事业发展新局面[N]. 人民日报,2016-12-09(1).
③ 习近平. 在北京大学师生座谈会上的讲话[N]. 人民日报,2018-05-03(2).
④ 习近平. 在清华大学考察时强调坚持中国特色世界一流大学建设目标方向 为服务国家富强民族复兴人民幸福贡献力量[N]. 人民日报,2021-04-20(1).

在的问题仍然影响着现在。研究清华大学马克思主义理论教育不仅有一校的意义，还可以从中反映 1949—1966 年我国高校马克思主义教育的一些共性问题。因此，考察和审视 1949—1966 年清华大学马克思主义理论教育，无疑对认识我国高校马克思主义理论教育的内在规律及解决当前存在的突出问题具有重要价值。

其次，有助于探究培养社会主义新人问题。中国特色社会主义高等教育事业究竟要培养什么人？习近平总书记在北京大学师生座谈会上作出明确回答："我们的教育要培养德智体美全面发展的社会主义建设者和接班人。"①2019 年 3 月 18 日，习近平总书记在主持召开学校思想政治理论课教师座谈会时进一步强调，必须培养一代又一代拥护中国共产党和我国社会主义制度、立志为中国特色社会主义事业奋斗终身的有用人才②。培养社会主义新人是建设社会主义范畴中的一个重要问题，马克思主义经典作家曾作出原则性论述。根据人类社会发展规律，马克思、恩格斯认为，未来社会的高级发展阶段需要培养自由而全面发展的新人。十月革命以后，列宁将马克思、恩格斯的思想与俄国实际相结合，提出了培养共产主义者的目标。"毛泽东一直把建设社会主义新中国作为自己奋斗的目标。"③1949—1966 年，毛泽东从社会主义革命和建设的战略全局出发，高度重视对青年人的教育问题，在实践中逐渐形成了培养无产阶级事业接班人思想。综上，社会主义新人首先应该具有一定的马克思主义理论素养，培养社会主义新人，高校马克思主义理论教育责无旁贷。因此，1949—1966 年清华大学马克思主义理论教育研究或可为培养社会主义新人提供一种新的研究思维和学术视角。

最后，有助于推进清华大学校史研究，弘扬清华大学传统和清华精神。清华大学在近现代史上的地位决定了清华大学校史是一个大宝库，值得我们去深入挖掘。开展专题史研究，研究校史的一个侧面是推进清华大学校史研究的一种好形式。就清华大学自身而言，"十七年"影响深远，尽管国内外对此有着各种各样的不同看法和评价，但能够确定的是，简单的断语和结论是

---

① 习近平.在北京大学师生座谈会上的讲话[N].人民日报，2018-05-03(2).
② 习近平.主持召开学校思想政治理论课教师座谈会强调 用新时代中国特色社会主义思想铸魂育人 贯彻党的教育方针落实立德树人根本任务[N].人民日报，2019-03-19(1).
③ 金冲及.二十世纪中国史纲：第3卷[M].北京：社会科学文献出版社，2009:992.

不足取的，科学的态度应是从整理、研读史料出发，慎重地加以追溯和反思，同时珍视、传承和弘扬清华大学的优良传统。在1949—1966年的当代中国史正日益引起人文社会科学界广泛关注的大背景下，清华大学和当代中国史的特殊关系，使得开掘、整理史料研究清华大学马克思主义理论教育具有深远意义。

1.2　国内外研究现状与评析

为了全面把握1949—1966年清华大学马克思主义理论教育的研究现状，根据论题涉及的论域，本书对学界关于高校马克思主义理论教育的研究、关于1949—1966年高等教育的研究、关于1949—1966年清华大学马克思主义理论教育的研究已取得的成果进行了梳理。

1.2.1　学界对我国高校马克思主义理论教育的研究

马克思主义理论教育在我国高等教育中居于核心地位。因此，近年来学界关于我国高校马克思主义理论教育的研究呈现日益繁荣的趋势，研究成果的主要形式为学术论文，大致可以归结为三个方面。

第一，关于高校马克思主义理论教育的概念界定研究。由于教育对象不同，相对其他机构来说，高校的马克思主义理论教育有其特殊性。因此，有学者认为，根据范围和程度的差异，高校马克思主义理论教育的概念有广义、狭义之分[①]。广义的高校马克思主义理论教育包括学校范围内与马克思主义理论教育相关的方方面面，不仅包括课堂教育，还包括其他以马克思主义价值观为主导的各类教育活动；狭义的高校马克思主义理论教育专指传授显性理论知识的思想政治理论课。"博弈之处在于对高校马克思主义理论教育本质理解的差异，前者将其理解为理想信念教育，后者将其理解为理论教育。"[②] 不容忽视的

[①]　余达淮，刘家彤. 本世纪以来高校马克思主义理论教育课堂实施方法的回顾与展望[J]. 南京政治学院学报，2015，31(5).

[②]　陈艺丹. 高校马克思主义理论教育的认同机理研究[D]. 长春：东北师范大学，2017:8-9.

是，概念界定不清晰的现象在以往的研究中时有存在。这里要特别注意区别马克思主义理论教育、马克思主义理论课（曾经的"两课"之一）、思想政治理论课、思想政治教育等概念。概言之，马克思主义理论教育的概念大致可以分为两个层面：从基础层面来看，主要指理论灌输，传授马克思主义理论的科学知识；从更高的层面来看，主要指确立马克思主义的理想信念。具体到高校马克思主义理论教育来说，狭义的高校马克思主义理论教育主要是高校思想政治理论课，广义的马克思主义理论教育则包括高校范围内一切与树立马克思主义理想信念有关的教育活动。本文采用的概念主要侧重于前者，同时也对后者给予一定的关注。

自中国共产党第十八次全国代表大会以来，学界持广义的高校马克思主义理论教育的概念者日益增多。有学者将其定义为"以马克思主义及其中国化的理论成果为基本内容，以课堂教学和日常学习协同推进为组织方式，以课堂主渠道、日常教育主阵地、网络平台、日常管理手段等为载体，以思想政治理论课教师、日常宣传思想政治工作者、党政管理干部、哲学社会科学教师等为教育主体，以学生和广大教师为参与主体，以高校各群体为教育对象的铸魂育人活动，是通过对受教育者进行系统的马克思主义及其中国化理论的教育，从而实现知识武装人、理论掌握人、思想塑造人的铸魂育人活动"[①]，并据此从静态、动态两个维度提出了结构、内容、推进整体性优化三策。此外，还有学者论及了教育过程和其中的重要环节。[②]

第二，关于高校马克思主义理论教育实效性的研究。此方面的研究是最多的，学者们普遍认同高校马克思主义理论教育实效性不高、亟待加强的现实状况，并以此为前提从不同角度展开了讨论。

21世纪初，有学者认为"搞好搞活马克思主义理论教育的关键在于分层教育"，并从分层教育的角度提出了对公共政治理论课教学的新构想。[③] 学者们往往从依据、理念、学科、内容、方法等多方面对高校马克思主义理论教育进一

---

① 张一璠. 高校马克思主义理论教育整体性优化问题论析[J]. 思想教育研究，2016(8):58-61.
② 赵国珍. 论高校马克思主义理论教育的重要环节和方法研究的重点[J]. 思想理论教育导刊，2016(5):52-54+156.
③ 刘俊奇. 高校马克思主义理论分层教育刍议[J]. 中南民族学院学报（人文社会科学版），2001(2):134-136.

步创新并提出思考,一些学者尝试提出高校马克思主义理论教育创新的概念。①还有学者专门就新形势下高校马克思主义理论教育的原则加以论述,提出必须坚持"意识形态性与科学性相统一、理论性与实践性相统一、人本性与民族性相统一、系统性与针对性相统一等原则"。②

有学者提出高校马克思主义理论教育产生了知行转化问题。③又有学者指出,当代大学生的理论修养和践行能力令人担忧——"对马克思主义理论的'知而不行'、质疑甚至抛弃的现象时有发生",问题的关键"在于大学生马克思主义理论教育没有帮助学生实现由'知'到'信'的转化",并据此提出优化思路。④有学者引入心理学对认同的研究成果,并对高校马克思主义理论教育的认同机理展开研究,重点关注了横向上的认同维度和纵向上的实现过程。⑤也有一些学者认为高校马克思主义理论教育遭遇困境的主要原因在于忽视了情感教育的作用,专门就高校马克思主义理论教育中的情感取向和情感教育进行了研究和讨论。⑥

有学者从明确马克思主义理论教育在大学生思想政治教育中的首要地位入手,在分析和总结了我国对大学生马克思主义理论教育取得的经验、面临的挑战、存在的问题的基础上探讨了对策,明确提出要进一步研究和总结新中国成立以来大学生马克思主义理论教育的历史发展和历史经验。⑦有学者论述了提高高校马克思主义理论教育质量的一系列重要问题,指出当前高校马克思主义理论教育最为突出的要求就是"回归生活世界,与全面推进素质教育相契合,

---

① 甘超. 论高校马克思主义理论教育的创新[D]. 重庆:西南师范大学,2004;王平,康秀云. 高校马克思主义理论教育创新的几个维度思考[J]. 东北师大学报,2005(6):148-151;赵兴宏. 高校马克思主义理论教育创新研究[D]. 东北大学,2013;等等.
② 柴晓霞,张二芳. 高等院校马克思主义理论教育原则研究[J]. 马克思主义研究,2009(6):131-135.
③ 李岩. 高校学生马克思主义理论教育知行转化问题研究[D]. 长春:东北师范大学,2003;王平,李岩. 重视知行转化是加强和改进高校马克思主义理论教育的关键环节[J]. 思想理论教育导刊,2003(12):63-64;等等.
④ 吴倩. 大学生马克思主义理论教育中的"知—信"转化问题研究[D]. 武汉:华中师范大学,2011.
⑤ 陈艺丹. 高校马克思主义理论教育的认同机理研究[D]. 长春:东北师范大学,2017.
⑥ 徐家林. 情感取向与高校马克思主义理论教育[J]. 中国青年政治学院学报,2011,30(3):28-32;郭艳霞. 高校马克思主义理论教育中的情感教育研究[D]. 桂林:广西师范大学,2011;等等.
⑦ 刘建军,王易,张雷声. 加强和改进大学生马克思主义理论教育[J]. 高校理论战线,2007(11):19-24.

与中国优秀传统文化相承接,与中华民族伟大崛起相适应"。① 也有学者借鉴国外高校马克思主义理论教育的经验和启示,对我国高校马克思主义理论教育的现状及对策进行了研究。② 有学者认为当前存在的主要问题在于马克思主义理论教育并未被给予真正的重视、辅导员队伍建设滞后、体制机制不健全,并在此基础上剖析原因和提出对策。③ 有学者特别强调高校马克思主义理论教育要克服形式化、碎片化、娱乐化、知识化、功利化等倾向。④ 有学者专门探讨了高校实施马克思主义理论教育的合法性、合理性问题,提出必须以有效性和实效性巩固高校马克思主义理论教育的合法性与合理性。⑤

随着研究的不断深入,有学者就一些人对网络时代高校马克思主义理论灌输的必要性和可能性的质疑进行了分析和批判,提出创新思路。⑥ 有学者从"创新"角度出发,着眼于微媒体时代的高校马克思主义理论教育研究。⑦ 还有一些研究具体探讨了高校马克思主义理论教育的方法创新、考核评价以及人才培养等问题。⑧

第三,关于我国高校马克思主义理论教育的发展历程。一些学者从宏观上探讨了我国高校马克思主义理论教育的三个发展阶段及其特点。⑨ 学者们纷纷对不同历史时期的高校马克思主义理论教育进行考察研究,这些研究总体上呈现出日益深入的趋势。一些学者开始结合特定地区、特定高校的发展状况开展研

---

① 张澍军. 论高校马克思主义理论教育的若干重要问题[J]. 思想理论教育,2007(3):4-8.
② 李纲. 高校马克思主义理论教育现状及其对策研究[D]. 北京:中国青年政治学院,2012.
③ 张芳. 当代大学生马克思主义理论教育困境及对策[D]. 福州:福建师范大学,2011.
④ 艾四林. 谈提高高校青年马克思主义理论教育的有效性[N]. 中国青年报,2016-08-16(3).
⑤ 王习胜. 高校实施马克思主义理论教育的合法性与合理性[J]. 安徽师范大学学报(人文社会科学版),2016,44(4):404-409.
⑥ 阳黔花. 网络条件下高校马克思主义理论灌输的新思考[J]. 学校党建与思想教育,2014(7):72-73.
⑦ 王蕊. 微媒体时代高校马克思主义理论教育创新研究[D]. 沈阳:沈阳师范大学,2017.
⑧ 刘法. 新形势下高校马克思主义理论教育方法创新研究[D]. 长春:东北师范大学,2017;朱凌博. 我国高校马克思主义理论教育评价研究[D]. 延安:延安大学,2017;张晓萌,李少杰. 中国共产党培养马克思主义理论工作者的历史经验——基于中国人民大学的革命历史传统考察[J]. 北京教育(德育),2017(Z1):14-18,37;等等.
⑨ 王贤卿. 我国马克思主义理论教育的发展历程[J]. 毛泽东邓小平理论研究,2008(8):24-31,84;吴东华. 六十年来高校马克思主义理论教育的回顾与思考[J]. 毛泽东邓小平理论研究,2009(12):60-65,81,83;等等.

究。① 还有一些学者试图去挖掘重要历史人物关于高校马克思主义理论教育的论述。②

总的来说，学界对我国高校马克思主义理论教育的研究日趋深入，取得了一些很有价值的研究成果。但从时间维度来看，这些研究大多集中于改革开放以后，而对于改革开放前则较少给予关注，这也是开展本研究的重要原因。

1.2.2 关于1949—1966年高等教育的研究

如前所述，1949—1966年是一段与现实离得很近的时期，这一时期与现实政治密切相关。受此影响，这一时期有关高等教育的研究相对薄弱。但是，这一时期中国高等教育经历了接管和改造、学习苏联教育经验建立社会主义高等教育体系、探索中国高等教育道路等一系列重大历史变迁，许多制度和举措至今仍在发挥作用，因此，对1949—1966年高等教育进行研究又是极其重要的。近年来，学界对这一议题给予了越来越多的关注，并且取得了一些研究成果。根据成果类型，大致可以分为文献史料、研究专著、研究论文三类。

第一，搜集、整理、汇编的重点历史资料。历史研究是通过史料研究过去。获取文献史料是开展研究工作的前提和基础。新中国成立初期，伴随着高等教育事业的发展，一些有关高等教育的文献法令也陆续颁布。其中，比较重要的是1954—1958年高等教育部办公厅连续编印的三辑《高等教育文献法令汇编》③和《高等教育文献法令汇编（1949—1952）》④，按照时间线索对新中国成立10年来政务院、教育部、高等教育部颁发的各项重要文件进行分类整理，汇编成册。1958年，人民教育出版社出版了《毛泽东同志论教育工作》⑤，该书

---

① 刘志鑫.论抗大的马克思主义理论教育及其当代价值[D].长沙：湖南师范大学，2007；李琳佳.建国初期重庆地区高校学生马克思主义理论教育研究（1949—1956）[D].重庆：西南大学，2015；时誉芳.抗战时期新疆学院马克思主义理论教育研究[D].乌鲁木齐：新疆大学，2017；陈哲.延安时期高校马克思主义理论教育的三大特色[J].思想政治教育研究，2017,33(3):64-69；吴起民，汪云生."革命熔炉"是怎样炼成的——华北人民革命大学马列主义教学经验研究[J].党史研究与教学，2017(4):78-88；等等.

② 用马克思主义旗帜占领教育阵地——学者热议成仿吾马克思主义理论教育思想[N].光明日报，2015-07-23(16)；李建勋.成仿吾马克思主义理论教育思想研究[D].长春：东北师范大学，2018；等等.

③ 高等教育部办公厅.高等教育文献法令汇编（第1—3辑）[M].北京：高等教育部办公厅，1954-1956.

④ 高等教育部办公厅.高等教育文献法令汇编（1949—1952）[M].北京：高等教育部办公厅，1958.

⑤ 佚名.毛泽东同志论教育工作[M].北京：人民教育出版社，1958.

集中了毛泽东在 1927—1958 年有关教育的主要论述。令人遗憾的是，此项工作在此后一段时间内基本停顿。

改革开放之初，华东师范大学、北京师范大学等单位先后编印了《中华人民共和国建国以来高等教育重要文献选编》①《中国高等教育文献法令选编》②，对"文革"前高等教育文献法令进行初步整理。此后，文献史料的出版工作日益受到党和国家重视。20 世纪 80 年代，《中国教育年鉴（1949—1981）》③《中国教育成就统计资料（1949—1983）》④《中国教育年鉴地方教育（1949—1984）》⑤相继出版，从中央到地方整理出大量有价值的资料，这些资料内容基本反映了 1949—1966 年我国高等教育的图景及正反两个方面的经验。进入 20 世纪 90 年代，《中华人民共和国现行教育法规汇编（1949—1989）》⑥《当代中国教育》⑦《中华人民共和国重要教育文献选编（1949—1975）》⑧ 的出版提供了更加权威的资料和坚实的研究积累。

与此同时，一些有代表性的地区、学校、人物的文献史料也逐渐结集出版，如《北京高等教育文献资料选编（1949—1976）》⑨《人大·档案·记忆（第一辑）》⑩《杨秀峰教育文集》⑪ 等。此外，《建国以来重要文献选编》⑫《毛泽东年

---

① 上海市高等教育局研究室，华东师范大学高校干部进修班，华东师范大学教育科学研究所. 中华人民共和国建国以来高等教育重要文献选编[M]. 上海：上海市高等教育局研究室等，1979.
② 北京师大高等学校干部进修班. 中国高等教育文献法令选编[M]. 北京：北京师大高等干部进修班，1982.
③ 《中国教育年鉴》编辑部. 中国教育年鉴（1949—1981）[M]. 北京：中国大百科全书出版社，1984.
④ 中国教育部计划财务司. 中国教育成就统计资料（1949—1983）[M]. 北京：人民教育出版社，1984.
⑤ 《中国教育年鉴》编辑部. 中国教育年鉴地方教育（1949—1984）[M]. 长沙：湖南教育出版社，1986.
⑥ 国家教育委员会. 中华人民共和国现行教育法规汇编（1949—1989）[M]. 北京：人民教育出版社，1991.
⑦ 何东昌. 当代中国教育[M]. 北京：当代中国出版社，1996.
⑧ 何东昌. 中华人民共和国重要教育文献选编（1949—1975）[M]. 海口：海南出版社，1998.
⑨ 王学珍，张万仓，陈大白. 北京高等教育文献资料选编（1949—1976）[M]. 北京：首都师范大学出版社，2002.
⑩ 中国人民大学档案馆. 人大·档案·记忆[M]. 北京：中国人民大学出版社，2017.
⑪ 杨秀峰. 杨秀峰教育文集[M]. 北京：北京师范大学出版社，1987.
⑫ 中共中央文献研究室. 建国以来重要文献选编（第1—20）[M]. 北京：中央文献出版社，2011.

谱》①《周恩来教育文选》②《刘少奇论教育》③等重要文献的出版无疑也为开展1949—1966年高等教育史的研究工作创造了有利条件。

总的来说，这些年学界在有关1949—1966年高等教育的文献史料研究方面取得了很大的成绩，但是，一些档案材料开放的有限性问题仍然是制约1949—1966年高等教育研究的突出短板。

第二，出版的主要研究专著。1949—1966年，出现了有一些针对具体问题的研究专著。例如,1950年出版的《大学的改造》④，费孝通在书中提出了大学改造的基本原因及自己关于大学改造的意见。1958年高等教育出版社编辑出版"教育与生产劳动相结合展览会经验交流材料"，该资料共60本，分别介绍了清华大学、北京大学、华中工学院等40多所高等学校和中等专业学校根据"教育与生产劳动相结合"的方针进行教学改革的经验⑤。1958—1960年，各地区和各高校还编辑出版了一大批"教育革命"相关书籍⑥。这一阶段的高等教育研究工作主要是总结工作经验，理论层面的探索较少。

改革开放以后，以1949—1966年高等教育作为研究对象，在研读史料的基础上，学界进行了大量卓有成效的研究，并且出版了一系列研究专著。在中国教育史方面，《中华人民共和国教育大事记（1949—1982）》⑦在1983年率先出版，对整个研究工作起到了提纲挈领的作用。此后，20世纪八九十年代出版的《中国教育通史》（第六卷）⑧、21世纪以后出版的《中华人民共和国教育史》⑨《中国教育史》⑩及《中国教育通史》之《中华人民共和国卷》（上、下）⑪等

---

① 中共中央文献研究室.毛泽东年谱（1949—1976）（第1—6卷）[M].北京：中央文献出版社，2013.
② 周恩来教育文选[M].北京：教育科学出版社，1984.
③ 刘少奇论教育[M].北京：教育科学出版社，1998.
④ 费孝通.大学的改造[M].上海：上海出版公司，1950.
⑤ 李均.中国高等教育研究史[M].广州：广东高等教育出版社，2005:85.
⑥ 南京工学院.高等学校跃进的花朵[M].南京：江苏人民出版社，1958；北京：人民教育出版社.农村红专大学的先锋[M].北京：人民教育出版社，1958；钢帆，余素.麓山新貌——几个高等学校的新气象[M].长沙：湖南人民出版社，1960；等等.
⑦ 中央教育科学研究所.中华人民共和国教育大事记（1949—1982）.北京：教育科学出版社，1983.
⑧ 毛礼锐，沈灌群.中国教育通史：第6卷[M].济南：山东教育出版社，1989.
⑨ 何东昌.中华人民共和国教育史[M].海口：海南出版社，2007.
⑩ 孙培青.中国教育史[M].上海：华东师范大学出版社，2009.
⑪ 苏渭昌，雷克啸，章炳良.中华教育通史之《中华人民共和国卷》（上、下）[M].北京：北京师范大学出版社，2013.

专著都在不同程度上涉及 1949—1966 年高等教育。但是，受研究对象和研究范围的限制，这些专著多是从宏观上把握发展概况。

与此同时，有关中国高等教育史的研究也呈现日益繁荣景象，相关专著对 1949—1966 年高等教育的考察也更为深入。1982 年、1983 年，蔡克勇、熊明安分别出版高等教育史的专著，二者都专门讨论了新中国的高等教育。[①]1990 年出版的《新中国高等教育大事记（1949—1987）》[②]，进一步明确了新中国高等教育发展的大致轮廓。1991 年出版的《中国当代高等教育史略》[③] 将 1949—1966 年高等教育概括为"新中国高等教育制度的建立""学习苏联教育经验进行改革""探索发展高等教育的道路""高等教育的调整和提高"四个阶段，每一阶段的内容简略而主题突出，第一次对新中国成立以来的高等教育事业的发展进行了全面论述。1993 年出版的《中国大学教育发展史》[④] 用"接管、改造旧教育""教育改革和教育调整"两节对 1949—1966 年高等教育进行了简略介绍。1994 年出版的《中国高等教育史（下册）》[⑤] 则将 1949—1966 年高等教育分为前七年和后十年两个阶段，并对两个阶段的重大历史事实和教育制度的重大变化进行了专题阐述。进入 21 世纪，不同版本的《高等教育史》[⑥] 相继出版，高等教育出版社又陆续推出了《20 世纪的中国高等教育》丛书[⑦]，对 1949—1966 年高等教育进行了比较全面的探讨。同时，各地区高等教育史的研究也取得了

---

① 蔡克勇. 高等教育史[M]. 武汉：华中工学院出版社，1982；熊明安. 中国高等教育史[M]. 重庆：重庆出版社，1983.
② 刘光主. 新中国高等教育大事记（1949—1987）[M]. 长春：东北师范大学出版社，1990.
③ 刘一凡. 中国当代高等教育史略[M]. 武汉：华中理工大学出版社，1991.
④ 曲士培. 中国大学教育发展史[M]. 太原：山西教育出版社，1993.
⑤ 余立. 中国高等教育史（下册）[M]. 上海：华东师范大学出版社，1994.
⑥ 郝维谦，龙正中. 高等教育史[M]. 海口：海南出版社，2000；董宝良. 中国近现代高等教育史[M]. 武汉：华中科技大学出版社，2007；刘海峰，史静寰. 高等教育史[M]. 北京：高等教育出版社，2010；郝维谦，龙正中，张晋峰. 中华人民共和国高等教育史[M]. 北京：新世界出版社，2011；等等.
⑦ 蔡克勇. 20世纪的中国高等教育·体制卷[M]. 北京：高等教育出版社，2003；龚海泉，张晋峰，张耀灿. 20世纪的中国高等教育·德育卷[M]. 北京：高等教育出版社，2003；张酉水，陈清龙. 20世纪的中国高等教育·科技卷[M]. 北京：高等教育出版社，2003；谢桂华. 20世纪的中国高等教育·学位制度与研究生教育卷[M]. 北京：高等教育出版社，2003；刘志鹏，别敦荣，张笛梅. 20世纪的中国高等教育·教学卷[M]. 北京：高等教育出版社，2006.

显著成绩，相关研究专著纷纷涌现①。

除具有"通史"或"断代史"性质的研究著作外，有关高校校史的研究也取得了许多研究成果。"世界各国的高等教育研究一般发端于院校史研究。"②"对高校校史的研究是高等教育历史研究的重要基石。"③改革开放以来，各高校先后出版了大量涉及1949—1966年高等教育问题的校史著作。近年来，围绕一些历史名校的校史，又衍生出一些相关的研究著作。④

此外，一些中国高等教育研究史方面的著作相继出版，⑤尽管篇幅较少，却也涉及了1949—1966年的高等教育研究。学者们认为，当时的教育讨论多止步于分析现实问题，理论深度不够，⑥"这一时期高等教育学科尚未建立，高等教育研究也没有形成研究范式"⑦。

随着中外交流的日益密切，20世纪90年代以来，海外学者对中国高校教育问题的关注也日渐增多，海外学者的研究更加侧重于组织、机构、师资等方面。日本学者大塚丰（Yutaka Otsuka）的《现代中国高等教育的形成》⑧和加拿大学者许美德（Ruth Hayhoe）的《中国大学1895—1995：一个文化冲突的世纪》⑨是其中的杰出代表。前者从本土性和外来性相互作用的角度考察了新中国高等教育基本形态的形成过程，后者从文化模式和认识论的角度研究了中国

---

① 李修宏，周鹤鸣. 广东高等教育（1949—1986）[M]. 广州：广东高等教育出版社，1988；王纯山. 辽宁高等教育四十年[M]. 沈阳：辽宁大学出版社，1989；刘兆伟，马立武，王凤玉. 东北高等教育史[M]. 沈阳：辽宁出版社，2000；张耀荣. 广东高等教育发展史[M]. 广州：广东高等教育出版社，2002；陆钦仪. 北京普通高等教育志[M]. 北京：华艺出版社，2004；等等.

② 刘海峰. 高等教育史学科建设初探[J]. 高等教育研究，1993(2):22-25,29.

③ 陈学飞. 外国高等教育史研究五十年回眸[J]. 高等教育研究，1999(5):47-51.

④ 胡建华. 现代中国大学制度的原点：50年代初期的大学改革[M]. 南京：南京师范大学出版社，2001；刘颖. 除旧布新：新中国成立初期中共对高等教育的接管与改造[M]. 北京：人民出版社，2010；梁晨，张浩，李中清等. 无声的革命：北京大学，苏州大学学生社会来源研究（1949—2002）[M]. 北京：生活·读书·新知三联书店，2013；等等.

⑤ 陈学飞. 中国高等教育研究50年（1949—1999）[M]. 北京：教育科学出版社，1999；李均. 中国高等教育研究史[M]. 广州：广东高等教育出版社，2005；喻岳青，谢维和. 20世纪的中国高等教育·高等教育研究卷[M]. 北京：高等教育出版社，2009.

⑥ 陈学飞. 中国高等教育研究50年（1949—1999）[M]. 北京：教育科学出版社，1999:4.

⑦ 李均. 中国高等教育研究史[M]. 广州：广东高等教育出版社，2005:21.

⑧ 大塚丰. 现代中国高等教育的形成[M]. 黄福涛，译. 北京：北京师范大学出版社，1998.

⑨ 许美德. 中国大学1895—1995：一个文化冲突的世纪[M]. 许洁英，译. 北京：教育科学出版社，2000.

"社会主义时期的高等教育"。

第三，发表的代表性学术论文。如前所述，从新中国成立到改革开放之前的高等教育研究总体上处于"前学科时期"，这一时期有关我国高等教育的研究以实践研究为主，理论研究较为薄弱。这种情况在学术论文中表现得更为明显。改革开放以后，伴随着高等教育学科的发展，关于1949—1966年高等教育的学术论文数量逐渐增多，且探讨的问题也日益深入。其中，20世纪50年代初的院系调整、苏联专家和苏联经验对我国高等教育的影响、"十七年"的高等教育改革是学界研究的热点问题。

20世纪50年代初的院系调整对此后的中国高等教育产生了重大影响。改革开放以来，关于这一议题的学术论文大致可分为四类：一是整体解读，这一类研究主要探讨高校院系调整的背景、过程及其影响，其主要观点是肯定院系调整的正面作用，同时对其历史局限性进行反思；[①] 二是不同区域、院校的院系调整，这一类研究带有区域教育史研究的色彩，研究对象更为具体，对史料挖掘也较深；[②] 三是院系调整对某一学科发展的影响，院系调整应当以学科发展为导向，在特殊的历史条件下，旨在服务于国家经济建设的院系调整对一些学科的发展造成了负面影响；[③] 四是与后来高等教育改革的比较研究，20世纪90年代到21世纪初，我国高等院校又经历了新一轮的合并重组，与之相伴随，前后对比研究推进了20世纪50年代初院系调整的研究。[④]

---

① 邱雁. 关于一九五二年的高等学校院系调整问题[J]. 天津师院学报，1982(2):19-25；王璞. 对我国50年代高校院系调整得失分析[J]. 建材高教理论与实践，2001(6):7-10；李琦. 建国初期全国高等学校院系调整述评[J]. 党的文献，2002(6):71-77；卢立菊，付启元. 1990年代以来关于五十年代高校院系调整研究综述[J]. 南京社会科学，2003(12):65-68；李涛. 关于建国初期中国高等学校院系调整的综合述评[J]. 北京航空航天大学学报（社会科学版），2004(4):74-80；等等.

② 赵存存，柳春元. 五十年代初山西高等教育的"院系调整"及其影响[J]. 高等教育研究，2002(3):102-105；王红岩. 建国初期浙江大学的院系调整[J]. 浙江档案，2004(6):38-39；郑刚，余子侠. 20世纪50年代湖北省高校院系调整及其影响[J]. 高等教育研究，2005(6):83-87；严玲霞. 建国初期复旦大学的院系调整研究[D]. 上海：复旦大学，2008；陈红. 1949—1952年高校教学改革研究[D]. 上海：华东师范大学，2011；等等.

③ 张黎. 五十年代初院系调整对我国高等化学教育的影响[J]. 自然辩证法通讯，1992(2):40-48,80；马永斌，董冰. 院系调整与我国高等工程教育[J]. 清华大学教育研究，1998(4):68-72；时伟. 论学科发展与院系调整[J]. 江苏高教，2007(5):32-35；等等.

④ 薛天祥，沈玉顺. 50年代院系调整与90年代联合办学比较分析[J]. 上海高教研究，1997(8):13-17；周川. 新一轮院系调整的特征与问题[J]. 高等教育研究，1998(2):28-31；胡建华. 50年代与90年代大学体制改革之比较[J]. 江苏高教，2000(4)；等等.

苏联专家和苏联经验在 1949—1966 年的高等教育中发挥了重要作用。20 世纪 50 年代，新中国曾请求苏联帮助提高中国大专院校的教育水平。近年来，受 20 世纪 50 年代的中苏关系史的研究热潮影响，苏联专家和苏联经验对中国高等教育影响成为热点问题。这些研究主要集中在两个方面：一是对新中国成立初期高校教学改革学习苏联经验的讨论；二是将苏联专家、苏联经验与典型院校结合起来进行实证研究。改革开放之初，一些学者开始对 20 世纪 80 年代初期高等教育学习苏联经验的利弊得失进行讨论，总结历史经验。① 直到现在，学界仍然对此争论不休。② 其中，主要存在两种截然不同的意见：一种意见认为弊多利少，另一种意见则以取得的成绩为主。进入 21 世纪以来，随着研究的进一步深入，一些学者利用档案文献对典型院校学习苏联经验及与苏联专家互动的历史进行了专门考察，取得了一系列引人注目的研究成果。③

在高等教育改革的研究方面，有学者从高等教育发展的角度对新中国成立后十七年高等教育改革的阶段划分、模式、动因及如何评价等问题进行了理论分析。④ 在此基础上，有学者认为，西方国家的大学制度和大学理念、高等教育的"苏联模式"、中国共产党人在革命战争环境下探索的高等教育模式的影响使新中国大学制度的选择和实践变得异常艰难。⑤ 也有学者认为，十七年高

---

① 赵安东. 对五十年代学习苏联高教经验进行教学改革的初步看法[J]. 上海高教研究，1981(1):64-75.；周蕖. 美苏高等教育经验与我国高等教育的改革[J]. 中国社会科学，1984(3):3-20；等等。
② 郑刚. 二十世纪五十年代湖北高校学习苏联教育经验得失论[D]. 武汉：华中师范大学，2007；蒋纯焦. 20世纪50年代高校教学改革学习苏联经验的史与思[J]. 河北师范大学学报（教育科学版），2010,12(9):15-21；赵京. 对新中国成立初期高校教学改革中学习苏联问题的认识[J]. 当代中国史研究，2012,19(2):63-66,126；等等。
③ 蒋龙. 北京航空学院的建立与苏联的援助[J]. 中国科技史料，2004(1):57-83；王震亚. 苏联专家在中央音乐学院[J]. 中央音乐学院学报，2010(4):3-6,14；王丽莉，潜伟. 1952—1957年苏联专家与北京钢铁工业学院的学科建设[J]. 北京科技大学学报（社会科学版），2010,26(2):1-5；吴惠凡，刘向兵. 苏联专家与中国人民大学学科地位的形成——1950—1957年苏联专家在中国人民大学的工作与贡献[J]. 中国人民大学学报，2013,27(6):143-151；石新明. 大学文化形成的外部因素（一）：国际影响与大学文化——以北京钢铁学院（1952-1966年）为例[J]. 北京科技大学学报（社会科学版），2014,30(3):27-40,49；杨亮亮. 苏联专家与哈尔滨工业大学[D]. 北京：中国青年政治学院，2016；耿化敏，吴起民. 苏联专家与新中国高校政治理论课程的建立[J]. 中共党史研究，2016(6):55-67；刘超. 以苏联为蓝本：建国初期北京大学地理专业之设置[J]. 自然科学史研究，2017,36(4):535-547；等等。
④ 胡建华. 关于建国头17年高等教育改革的若干理论分析[J]. 南京师大学报（社会科学版），2000(4):55-62.
⑤ 张应强. 新中国大学制度建设的艰难选择[J]. 清华大学教育研究，2012,33(6):25-35.

等教育改革大致可分为以继承老解放区高等教育经验为主要特征的1949—1951年、以模仿苏联高等教育模式进行改革为主要特征的1952—1956年、以回归老解放区高等教育模式为主要特征的1957—1965年三个阶段，并在此基础上总结十七年高等教育改革内容。① 还有一些学者对"教育革命"进行了研究，并且涌现出一批与此相关的硕士、博士学位论文，② 他们对不同时期、不同地域的高等教育及高等学校进行了或宏观或具体的研究。

总体而言，这十七年是新中国高等教育的重要奠基阶段。由于时间节点的特殊性及文书档案开放的有限性等原因，学界对1949—1966年高等教育的研究还不够全面深入。尽管笔者开展了一些文献的搜集整理工作，并且注重总结历史经验，为今后的研究奠定了一定的基础，但是，专题式的实证研究仍然相对匮乏。

1.2.3 关于1949—1966年清华大学马克思主义理论教育的研究

"相比近代中国大学所发挥的功能作用，既有的研究尚与之不相匹配。"③ 整体而言，校史研究是史学研究中的薄弱环节。造成历史学家"缺场"校史研究的原因较多。其中，主要原因还在于人们常常认为校史不过是对一个学校成长、发展经历的记录而已。事实上，这是一种偏见。高校是现代学术传承的主要场域，包含学者、知识群体、育人理念、大学精神等内容的校史研究无疑具有重要意义，④ 而且，高校的组织、人事、学术之影响远远超出校园一隅之地，与社会各界各领域关系紧密。因此，校史研究对于理解特定历史条件下的国家、社会和个人具有独特价值。

---

① 陈磊，栗洪武. 也论新中国成立后十七年的高等教育改革[J]. 高等教育研究，2015, 36(8):28-35.
② 付闪. 1958年清华大学的教育革命[D]. 北京：清华大学，2007；孙宇婷. "大跃进"时期福建省高等教育改革与发展研究[D]. 福州：福建师范大学，2008；李丹. 1958—1960年甘肃省高等教育"大跃进"研究[D]. 兰州：兰州大学，2011；吴起民. 新中国高校政治理论课程教学模式的建构（1949—1957）——以中国人民大学为个案[D]. 北京：中国人民大学，2015；杨均. 新中国建国十七年重点大学政策演变与启示研究[D]. 重庆：西南大学，2016；朱慧欣. 清华大学1958年教育革命研究[D]. 北京：清华大学，2018；等等.
③ 桑兵. 治学的门径与取法——晚清民国研究的史料与史学[J]. 中山大学学报（社会科学版），2014:245.
④ 周良书. 校史研究不应让史家"缺场"[N]. 光明日报，2013-02-20(11).

关于清华大学校史的研究一直是学界关注的热点之一。首先，"清华大学由学校组织的校史研究始于1959年"①。近年来，清华大学先后编写或整理出版了《清华大学校史稿》②《清华大学一百年》③《清华大学志》④《清华大学史料选编》⑤等一批重要资料。此外，《民国史料丛刊》⑥等包含有清华大学资料的图书也相继出版。其次，一些有关历史人物的文集、日记、回忆录、口述史、传记等材料陆续问世，比如《蒋南翔文集》⑦《蒋南翔传》⑧《沂水流长：我的往事忆语》⑨《风雨岁月：1964—1976年的清华》⑩《清华记忆：清华大学老校友口述历史》⑪《百年清华口述史》⑫《梅贻琦西南联大日记》⑬等。最后，以清华大学为研究对象的论著也日益增多，如《从清华学堂到清华大学（1911—1929）》⑭《一叶知秋——清华大学1968年"百日大武斗"》⑮《清华传统精神》⑯《清华精神生态史》⑰《学府与政府：清华大学与国民政府的冲突及合作》⑱《红色工程师的崛起：清华大学与中国技术官僚阶级的起源》⑲等等。在对相关文献梳理过程中，不难发现，由于特殊的历史原因，清华大学校史研究呈现出"两头繁荣"的现象，

---

① 清华大学校史研究室.笔底波澜写春秋：清华校史研究工作50年[M].北京：清华大学出版社，2009:3.
② 清华大学校史编写组.清华大学校史稿[M].北京：中华书局，1981.
③ 清华大学校史研究室.清华大学一百年[M].北京：清华大学出版社，2011.
④ 陈旭，贺美英，张再兴主编.清华大学志（第1、2、3、4卷）[M].北京：清华大学出版社，2018.
⑤ 清华大学校史研究室.清华大学史料选编：第1、2、3(上)、3(下)、4、5(上)、5(下)、6(1)、6(2)、6(3)、6(4)卷[M].北京：清华大学出版社，1991、1991、1994、1994、1994、2005、2005、2007、2008、2009、2018.
⑥ 张研，孙燕京.民国史料丛刊（第1068、1069卷）[M].郑州：大象出版社，2009.
⑦ 中国高等教育学会，清华大学.蒋南翔文集，上、下卷[M].北京：清华大学出版社，1998.
⑧ 方惠坚，郝维谦，宋廷章，等.蒋南翔传[M].北京：清华大学出版社，2013.
⑨ 高沂.沂水流长：我的往事忆语[M].北京：人民教育出版社，2008.
⑩ 刘冰.风雨岁月：1964—1976年的清华[M].北京：人民教育出版社，2008.
⑪ 郑小惠，童庆钧，高瑄.清华记忆：清华大学老校友口述历史[M].北京：清华大学出版社，2011.
⑫ 赵丽明.百年清华口述史[M].北京：中国文史出版社，2018.
⑬ 梅贻琦.梅贻琦西南联大日记[M].北京：中华书局，2018.
⑭ 苏云峰.从清华学堂到清华大学（1911—1929）[M].北京：生活·读书·新知三联书店，2001.
⑮ 唐少杰.一叶知秋——清华大学1968年"百日大武斗"[M].香港：香港中文大学出版社，2003.
⑯ 黄延复.清华传统精神[M].北京：清华大学出版社，2006.
⑰ 徐葆耕.清华精神生态史[M].北京：中国水利水电出版社，2011.
⑱ 刘超.学府与政府：清华大学与国民政府的冲突及合作[M].天津：天津人民出版社，2015.
⑲ 安舟.红色工程师的崛起：清华大学与中国技术官僚阶级的起源[M].何大明，译.香港：香港中文大学出版社，2017.

关于 1949—1966 年的研究比较薄弱。总而言之，一方面，以上情况为本研究的开展奠定了坚实基础；另一方面，其存在的若干不足也为进一步深化研究预留了一定空间。

作为专题研究，1949—1966 年清华大学马克思主义理论教育研究主要探讨这一阶段清华大学如何按照党和国家的高校马克思主义理论教育政策培养人才的问题。据作者掌握的现有材料来看，虽然学界关于这一问题的探讨数量较少、较分散，但是仍然作出了有益尝试，取得了一定成果。

第一，校志、院志方面。《清华大学志》从大学生思想教育与管理、院系概况、历史人物等方面对 1946—1966 年马克思主义理论教育进行了宏观的论述；作为当前校内开展清华大学马克思主义理论教育的主要资料，《清华大学马克思主义学院院志》[①] 主要从自身历史沿革方面对当时政治课的机构、师资、教学、科研等情况进行了追溯。

第二，人物传记和回忆性材料方面。在 1949—1966 年，作为清华大学的主要领导人，蒋南翔、刘冰、艾知生等人长期领导马克思主义理论教育工作。《蒋南翔传》从"巩固和扩大马克思列宁主义在学校中的思想阵地和组织阵地""学校的政治思想工作要紧密结合教学工作"等方面回顾了蒋南翔任职清华大学校长期间对马克思主义理论教育工作的重视。[②]《蒋南翔教育思想研究》[③]《艾知生纪念文集》[④]《深切的怀念 永恒的记忆——纪念蒋南翔同志诞辰 100 周年》[⑤] 等文献中都包含一些亲历者对历史人物在当时清华大学马克思主义理论教育工作中发挥作用的回忆性文章。张岱年、龚育之、刘美珣等师生也有回忆他们在新中国成立初期的清华大学讲授或学习马克思主义理论的往事的文章留存。[⑥] 此外，《双肩挑：清华大学学生辅导员工作四十年的回顾与展望》[⑦]《双

---

① 冯务中，胡一峰. 清华大学马克思主义学院院志[M]. 出版社不详，2010.
② 方惠坚，郝维谦，宋廷章，等. 蒋南翔传[M]. 北京：清华大学出版社，2005:158-162,165-166.
③ 方惠坚，郝维谦. 蒋南翔教育思想研究[M]. 北京：清华大学出版社，1999.
④ 《艾知生纪念文集》编写组. 艾知生纪念文集[M]. 北京：清华大学出版社，2000.
⑤ 陈旭. 深切的怀念 永恒的记忆——纪念蒋南翔同志诞辰100周年[M]. 北京：清华大学出版社，2014.
⑥ 张岱年. 回忆在清华的岁月[J]. 清华大学学报（哲学社会科学版），2001(2):2；龚育之. 龚育之自述[M]. 北京：中央文献出版社，2009:32-33；刘美珣. 一路走来：亲历清华思想政治理论课改革30年[M]. 北京：清华大学出版社，2011:1-3；等等.
⑦ 方惠坚. 双肩挑：清华大学学生辅导员工作四十年的回归与展望[M]. 北京：清华大学出版社，1993.

肩挑 50 年——清华大学辅导员制度五十周年回顾与展望》[①] 等书也对"双肩挑"政治辅导员制度——清华大学马克思主义理论教育的重要组成部分——进行了比较深入的总结。

第三，学术论文方面。2008 年第 1 期长春工业大学学报（社会科学版）发表了舒文的《建国初期清华大学政治课研究》，该文主要依据清华大学校史研究室编辑出版的《清华大学史料选编》第五卷及《人民日报》《清华学习》等报刊编写，对新中国成立初期清华大学政治课加以考察，总结历史经验，实为一次有益尝试。

上述研究对 1949—1966 年清华大学马克思主义理论教育研究有相当的学术价值。在目前尚存的拓展空间中，本文在尊重、依据并充分吸取现有研究成果的基础上，试图从思想渊源、发展历程、鲜明特色、经验与启示等层面，对 1949—1966 年清华大学马克思主义理论教育加以研究，争取有所创见。

1.3 研究思路、方法、创新点

恩格斯曾经专门强调，研究历史要以唯物主义方法为指南，而不是现成的公式。[②] 因此，本文在坚持历史唯物主义和辩证唯物主义基本方法的基础上，尝试将马克思主义理论、中华人民共和国史研究、清华大学校史研究结合起来，通过史论结合来考察 1949—1966 年清华大学马克思主义理论教育，以总结和阐发高校马克思主义理论教育的特色、经验与启示。

1.3.1 研究思路

在一定程度上来说，思路和结构代表着一个研究的精华。本书使用"'新清华'——'新中国'"的研究思路，希望以小见大，将微观与宏观结合起来。清华大学是随着整个国家的发展而发展的。校史研究是近现代史研究中的一个

---

① 杨振斌. 双肩挑50年——清华大学辅导员制度五十周年回顾与展望[M]. 北京：清华大学出版社，2003.

② 马克思，恩格斯. 马克思恩格斯文集：第10卷[M]. 北京：人民出版社，2009:583.

独特视角，由高校在国家和社会中的地位和作用所决定。一方面，如果将新中国高校马克思主义理论教育研究整个作为研究主体，则宏大叙事的弊端将浮现出来；另一方面，如果仅仅从内部来看，很多问题将无法找到答案或者难免错漏。因此，作为切入的角度和提纲挈领的线索，在挖掘史料的基础上，联系"新中国"说明"新清华"，以"新清华"反映"新中国"，是本书的一个基本研究思路。

具体来说，作为对 1949—1966 年清华大学马克思主义理论教育的一个初步研究，本书希望通过四个主要方面赋予研究对象以确定性，分别是：把握其思想渊源、梳理其发展历程、提炼其鲜明特色、总结其历史经验。

首先，清华大学马克思主义理论教育的思想渊源。在马克思主义发展史上，哪些思想资源为清华大学马克思主义理论教育提供了理论基础？青年学生何时成为马克思主义理论教育的对象？解放前，马克思主义在清华大学是怎样传播的？这一部分将为本书后续内容奠定理论基础。

其次，清华大学马克思主义理论教育的发展历程。1949—1966 年，随着党和国家对高校马克思主义理论教育工作各项规定的不断变化，清华大学的马克思主义理论教育工作是如何具体开展的？这一部分旨在还原史实，明确发展轨迹。

再次，清华大学马克思主义理论教育的特色阐释。在 1949—1966 年全国高校马克思主义理论教育工作中，清华大学拥有怎样的鲜明特色？这些特色是如何形成的？特色阐释将有助于深化对清华大学马克思主义理论教育的理解。这一部分主要是在史论结合的基础上寻找特殊性。

最后，清华大学马克思主义理论教育的经验与启示。联系当时的历史语境，分析 1949—1966 年清华大学马克思主义理论教育的历史经验，为新时代高校马克思主义理论教育提供参考和借鉴，这一部分的关键在于关照现实。

1.3.2 研究方法

第一，历史考察与逻辑分析相统一的方法。进行历史考察，首先要搜集、分析各种史料（文史档案、报刊报道、笔谈回忆录、口述访谈录等），以实证还原历史语境，在特定的时代背景下分析时间、地点、人物，力求真实还原清华大学马克思主义理论教育原貌；坚持"史论结合"，通过搜集、梳理和归纳，探寻隐藏在史料之中的发展脉络，准确把握内在规律。一方面，高校马克思主义理论教育、培养社会主义新人都是关涉确立思想上层建筑的重要理论问题，需要进行深入的理论分析；另一方面，1949—1966年的清华大学校史中仍有许多史料亟待进一步挖掘和整理；综合考虑选题的客观需要和自身的主观条件，历史考察与逻辑分析相统一的方法是本书采用的最主要方法。

第二，文献研究法。文献研究法是哲学社会科学研究最常用的方法之一。文献是反映历史事实的重要媒介。网络为文献的搜集、整理分析、横向比较和纵向考量提供了有利条件。作为一个专题性研究，1949—1966年清华大学马克思主义理论教育研究需要尽可能地参阅有关马克思主义的经典著作、党和国家的重要文献、高等教育部（教育部）的重要文献、北京市的重要文献、清华大学的各类文献资料及学界有代表性的研究论著等基本文献，进行总体把握和审慎分析，努力使研究内容更为全面、研究结论更为明晰。

第三，个案研究法。个案研究法通过选取个别典型事例密切跟踪，实现研究重心的下沉，尽量根据第一手资料进行深入细致的研究，以更加具体而准确地反映研究对象，作出比较可靠的结论。之所以选择1949—1966年清华大学马克思主义理论教育作为研究对象，主要原因有二：一方面，清华大学确实在1949—1966年的高校马克思主义理论教育中具有一定代表性；另一方面，通过搜集和走访发现，这一时期清华大学的校史资料比较丰富，然而，在已有的校史研究中却是一个薄弱阶段，具有进一步挖掘的学术空间。

第四，比较研究法。比较研究法是在统一性的前提下对照不同的事物，以判明异同、分析缘由、寻找规律。比较的目的在于打开视野，克服因单个研究对象而导致的狭隘性，得出更深刻、更全面的认识。历史逻辑本身就是纵向比较，本文通过对1949—1966年清华大学马克思主义理论教育的发展脉络加以梳理，寻找历史变化的内在逻辑；此外，本书努力在与同时代其他高校的对比中寻找清华大学马克思主义理论教育的鲜明特色。

凭借以上四种主要的研究方法，笔者希望能够在联系、互动的历史情境下更好地呈现特定时代条件下的清华大学马克思主义理论教育。

1.3.3 创新点

本研究可能的创新之处主要在以下两个方面。

第一，学界目前还没有关于1949—1966年清华大学马克思主义理论教育研究的专著或博士学位论文，而本书着意去研究1949—1966年里清华大学的这一侧面。梳理经典作家关于马克思主义理论教育的重要论述，论述国际共产主义运动中出现的理论教育对象的延伸和扩展问题，追溯解放前马克思主义在清华大学的传播过程，在此基础上，重点考察1949—1966年清华大学马克思主义理论教育的发展历程、鲜明特色和历史经验。

第二，本书使用的史料是独家而新颖的。本书所使用的史料，除了党和国家、教育部、高等教育部及北京市的重要文献以外，主要是清华大学校史研究室近年来出版的《清华大学史料选编》及涉及这一时期的清华大学马克思主义理论教育的档案、校刊、校友文稿、纪念文集、回忆录等材料。这些材料在以往的马克思主义理论教育研究中很少被人使用。正因如此，本文希望利用清华大学历史资源，突破现有史料"瓶颈"，增强历史解释力。此外，本书努力在理解的基础上借鉴海外研究的独特视角，同时也注意警惕和批判海外学者对我国马克思主义理论教育的意识形态成见。

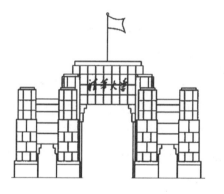

第 2 章
清华大学马克思主义理论教育的思想渊源

当代学者罗志田曾言:"如果不回归到当事人的思想资源和概念工具之中,我们所思考和'解决'的问题可能根本与昔人无关。"[①] 故而,考察清华大学马克思主义理论教育,不能片面地、孤立地看待,不能主观而武断地加以评判,而应该先去检视研究对象的思想渊源。

清华大学马克思主义理论教育工作是在党和国家相关政策的指导下开展的,工作开展的基本理念则来自经典作家的马克思主义理论教育思想。那么,后者究竟是如何影响前者的呢?回答这一问题,首先需要理解经典作家的马克思主义理论教育思想,并在此基础上梳理解放前马克思主义在清华大学的传播过程。

2.1 经典作家的马克思主义理论教育思想

清华大学马克思主义理论教育的思想源头要追溯到经典作家的思想及论述,经典作家的马克思主义理论教育思想为后来有关马克思主义理论教育思想的各种宣传和教育活动奠定了理论基础。随着阶级斗争的发展,无产阶级迫切需要科学理论来指导,于是,马克思主义理论教育思想应运而生。为此,经典作家先后发表了一系列重要论述,有力地推动了马克思主义理论教育思想不断发展。随着实践的发展,理论教育的对象范围出现了延伸和扩展。

2.1.1 经典作家关于马克思主义理论教育的重要论述

在国际共产主义运动史上,经典作家分别就马克思主义理论教育这一议题作出了自己的论述。他们所处的时代条件、论述的角度各不相同,但是,这些重要论述所包含和体现的马克思主义理论教育思想逐渐成熟和完善起来,并在实践中发挥出重要的指导作用。

第一,马克思、恩格斯关于马克思主义理论教育的重要论述。

在《莱茵政治、商业和工业日报》工作的时期,马克思第一次亲身接触到

---

① 罗志田.近代中国史学十论[M].上海:复旦大学出版社,2003:205.

各种实际问题，遇到了观念和现实、理论与实际的冲突。马克思和卢格一起创办了《德法年鉴》后，开始集中探讨理论与现实的关系问题。马克思极具远见地提出："一个哲学的民族只有在社会主义里面才能找到适合于它的实践，因而也只有在无产阶级身上才能找到解放自己的积极因素。"① 立足于德国的实际情况，马克思致力于"在批判旧世界中发现新世界"②，他认为，理论只有同实际相结合才能发挥出应有的作用。

1843年，马克思在《〈黑格尔法哲学批判〉导言》中论述了革命理论同革命实践相统一的思想，首次指明了无产阶级消灭一切奴役、实现人的解放的历史使命。"哲学把无产阶级当作自己的物质武器，同样，无产阶级也把哲学当作自己的精神武器。""批判的武器当然不能代替武器的批判，物质的力量只能用物质力量来摧毁；但是理论一经掌握群众，也会变成物质力量。"③ 1844年，马克思和恩格斯在《神圣家族》中阐述了人民群众是历史发展的动力的思想。他们认为，"有使用实践力量的人"④ 对于实现思想至关重要。理论要转变为现实的力量，必须有掌握了理论的现实变革者。资本主义社会中生产社会化和生产资料的私人占有之间的矛盾必然使相互对立的两个阶级之间的矛盾尖锐化，促使无产阶级担负起推翻剥削人、压迫人的资本主义旧社会和建设未来人与人平等、社会关系高度和谐的共产主义新社会的使命和任务。在这里，马克思、恩格斯将理论教育的现实对象寄托在受到革命思想洗礼、鼓舞的无产阶级身上。

马克思在1845年的《关于费尔巴哈的提纲》中第一次唯物又辩证地阐述了理论与实践的关系，为创立新世界观奠定了理论基础。马克思指出："人应该在实践中证明自己思维的真理性，即自己思维的现实性和力量，自己思维的此岸性。""哲学家们只是用不同的方式解释世界，问题在于改变世界。"⑤ 在随后的《德意志意识形态》中，马克思、恩格斯指出，无产阶级在其成长过程中将会逐渐产生出共产主义的意识，而"无论为了使这种共产主义意识普遍地产生

---

① 马克思恩格斯全集：第1卷[M]. 北京：人民出版社，1956:484.
② 马克思恩格斯全集：第1卷[M]. 北京：人民出版社，1956:416.
③ 马克思恩格斯全集：第1卷[M]. 北京：人民出版社，2009:11,17.
④ 马克思恩格斯全集：第2卷[M]. 北京：人民出版社，1957:104.
⑤ 马克思恩格斯全集：第1卷[M]. 北京：人民出版社，2009:500,502.

还是为了实现事业本身,必须使人们普遍地发生变化是必需的,这种变化只有在实际运动中,在革命中才有可能实现"①。对无产阶级进行马克思主义理论教育的必要性在于无产阶级需要运用马克思主义理论教育观察社会,并且自觉地进行阶级斗争。

在《哲学的贫困》中,马克思批评道:"当他们②还在探寻科学和只是创立体系的时候,当他们的斗争才开始的时候,他们认为贫困不过是贫困,他们看不出它能够推翻旧社会的革命的破坏的一面。但是一旦看到这一面,这个由历史运动产生并且充分自觉地参与历史运动的科学就不再是空论,而是革命的科学了。"③当无产阶级还没有掌握正确的理论时,还不能发挥出自身的作用,这时的无产阶级只是"自在阶级"。一旦掌握了科学的理论,无产阶级就不再是懦弱的受压迫阶级,而是被唤起阶级意识并提高了阶级觉悟的"自为阶级"。马克思、恩格斯的理论教育思想的中心和关键就在于帮助无产阶级建立科学的世界观,以理论教育改造无产阶级的主观世界,进而改造客观世界,最终建立一个能够促使人人自由而全面发展的新社会。

马克思、恩格斯在《共产党宣言》中强调,共产党人在理论方面"胜过其余无产阶级群众的地方在于他们了解无产阶级运动的条件、进程和一般结果",而"这些原理不过是现存的阶级斗争、我们眼前的历史运动的真实关系的一般表述"④。马克思主义是指导无产阶级和共产党改变人民历史命运的强大思想武器。"共产党一分钟也不忽略教育以尽可能明确地意识到资产阶级和无产阶级的敌对的对立。"⑤1864—1876年,马克思亲自创立并领导了第一国际。他不断批判工人运动中形形色色的错误思潮,为革命理论武装各国工人政党作出了巨大的努力。这一时期的实践经验进一步丰富了马克思的理论教育思想。

19世纪40年代,马克思开始系统地研究经济学问题。马克思结合欧洲革

---

① 中共中央马克思恩格斯列宁斯大林著作编译局. 马克思恩格斯文集:第1卷[M]. 北京:人民出版社,2009:542,543,551.
② 此处指小资产阶级社会主义者蒲鲁东等。
③ 中共中央马克思恩格斯列宁斯大林著作编译局. 马克思恩格斯文集:第1卷[M]. 北京:人民出版社,2009:616.
④ 中共中央马克思恩格斯列宁斯大林著作编译局. 马克思恩格斯文集:第2卷[M]. 北京:人民出版社,2009:44-45.
⑤ 中共中央马克思恩格斯列宁斯大林著作编译局. 马克思恩格斯文集:第2卷[M]. 北京:人民出版社,2009:66.

命的实践经验对整个政治运动基础的经济关系进行了更深入的研究，并在经济学研究的基础上进一步论证唯物史观。马克思的两个伟大发现使社会主义变成了真正的科学。1867年，马克思出版了具有跨时代意义的伟大著作——《资本论（第一卷）》。"马克思的整部《资本论》是专门阐明如下这个真理的：资本主义社会的基本力量就是而且只能是资产阶级和无产阶级——资产阶级是这个资本主义社会的建设者，领导者，推动者；无产阶级是这个社会的掘墓人，是唯一能够代替它的力量。"[①] 同时，《资本论》也证实了马克思主义理论教育的科学性。

恩格斯的理论教育思想最早始于《乌培河谷的来信》《国民经济学批判大纲》《英国状况》等著作。恩格斯与马克思相遇以后，二人的理论教育思想更趋一致。马克思逝世以后，为了在理论上帮助各国无产阶级，恩格斯又相继撰写了《家庭、私有制和国家的起源》《自然辩证法》和《路德维希·费尔巴哈和德国古典哲学的终结》等著作及《致弗洛伦斯·凯利-威士涅威茨基夫人》等书信。在领导第二国际的过程中，恩格斯高度重视无产阶级革命政党的作用，提出了造就无产阶级知识分子等重要思想。

实践性是马克思主义的最本质特征。从诞生之日起，马克思主义就是要教育、武装无产阶级和广大人民群众进而改造世界的。马克思、恩格斯的著作蕴含着丰富的马克思主义理论教育思想，它们本身就构成了理论教育的载体。除了阐述思想，他们还直接领导和参与理论教育工作，将理论教育通过实践应用到现实生活中。"马克思和恩格斯对工人阶级的功绩，可以这样简单地来表达：他们教会了工人阶级自我认识和自我意识，用科学代替了幻想。"[②] 这一判断表达的基本事实是马克思、恩格斯所创立的马克思主义使工人阶级对自己有了清醒认识，而这一认识是以工人阶级政党的自觉意识为先导的。

第二，列宁、斯大林关于马克思主义理论教育的重要论述。

19世纪中叶后，资本主义逐渐从自由竞争发展到垄断阶段。此时的俄国，社会矛盾越来越尖锐化，资产阶级和无产阶级之间的矛盾、农民和剥削阶级之间的矛盾、俄国和一些落后国家之间的矛盾都显现出来。此时，民粹主义思

---

① 中共中央马克思恩格斯列宁斯大林著作编译局. 列宁选集：第3卷[M]. 北京：人民出版社，2012:774.

② 中共中央马克思恩格斯列宁斯大林著作编译局. 列宁全集：第2卷[M]. 北京：人民出版社，1984:2.

想在俄国泛滥，严重地削弱了马克思主义在思想领域的正统地位。在这种情况下，为了正确领导俄国人民进行革命事业，包括列宁的马克思主义理论教育思想在内的列宁主义呼之欲出。

"灌输论"是列宁马克思主义理论教育思想的核心。1894年，列宁揭露了米海洛夫斯基等"人民之友"的假面具，同时阐明，作为工人运动和社会主义的结合，社会民主党应该把马克思主义理论通俗化并灌输给工人。① 在这里，列宁首次提出了"灌输"理论，并且指明社会民主党对工人阶级进行理论教育的方法。紧接着，列宁又在《社会民主党纲领草案及说明》《俄国社会民主党人的任务》《为〈工人报〉写的文章》等著作中进一步加以论述。②1901—1902年，在标志列宁主义诞生的《怎么办？》中，列宁说："工人本来也不可能有社会民主主义的意识。这种意识只能从外面灌输进去""社会民主党人如果不只是口头上主张必须全面发展无产阶级的政治意识，那就应当'到居民的一切阶级中去'。"③ 这就说明，尽管工人阶级是先进的阶级，但其阶级意识的获得也是需要被唤醒和后天的"灌输"的。1905年，列宁在《谈谈政治同教育的混淆》中指出："深化和扩大对群众的工作和影响必须经常进行。……我们严格地单独组成为一个独立的无产阶级政党，其全部意义很大程度上就在于我们要始终不渝地进行这项马克思主义的工作。"④ 在列宁看来，启发阶级意识是无产阶级政党的重中之重，社会民主党的各级组织和成员应该成为马克思主义理论教育的主体。

1917年，列宁在《国家与革命》中加以明确："马克思主义教育工人的党，也就是教育无产阶级的先锋队，使它能够夺取政权并引导全体人民走向社会主义，指导并组织新制度，成为所有被剥削劳动者在不要资产阶级并反对资产阶级而建设自己社会生活的事业中的导师、领导者和领袖。"⑤ 这就点明了无产阶

---

① 中共中央马克思恩格斯列宁斯大林著作编译局. 列宁全集：第1卷[M]. 北京：人民出版社，2013：284.
② 中共中央马克思恩格斯列宁斯大林著作编译局. 列宁全集：第2卷[M]. 北京：人民出版社，2013：88,432；列宁全集：第4卷[M]. 北京：人民出版社，2013：166.
③ 中共中央马克思恩格斯列宁斯大林著作编译局. 列宁选集：第1卷[M]. 北京：人民出版社，2012：317,366.
④ 中共中央马克思恩格斯列宁斯大林著作编译局. 列宁全集：第10卷[M]. 北京：人民出版社，1987：335.
⑤ 中共中央马克思恩格斯列宁斯大林著作编译局. 列宁专题文集•论马克思主义[M]. 北京：人民出版社，2009：198.

级政党担负着马克思主义理论教育的使命和任务。十月革命后，列宁从建立共产主义社会的高度提出培养青年成为共产主义者的目标。1919年，列宁在《俄共（布）纲领草案》中提出，"在改造资本主义旧社会的同时，将来要建设共产主义社会的新一代人的训练、培养和教育，就不能再像从前那样了"①。1920年，列宁在《青年团的任务》中指出，青年团的任务是教育、训练和培养青年一代，使青年能够联系实际生活努力学习共产主义理论，用人类创造的精神财富丰富自己的头脑，刻苦学习现代科学技术和文化知识，坚持与工农劳动相结合，成为具有共产主义道德的一代新人。② 基于马克思、恩格斯的理论教育思想，列宁从具体领导一个国家的无产阶级革命事业出发，在革命和建设中始终高度重视马克思主义理论教育工作。

斯大林落实并发展了上述思想。1929年12月，斯大林在《论苏联土地政策的几个问题》中指出："理论如果是真正的理论，就能使实际工作者有能力确定方针，认清前途，对工作充满信心，相信我们的事业必定胜利。""只有和理论上的资产阶级偏见作斗争，才能巩固马克思列宁主义的阵地。"③1939年3月，斯大林在苏共十八大上又一次总结道："在国家和党的任何一个工作部门中，工作人员的政治水平和马克思列宁主义觉悟程度愈高，工作本身的效率也愈高，工作也就愈有成效；反过来说，工作人员的政治水平和马克思列宁主义觉悟程度愈低，就愈有可能在工作中遭受挫折和失败，就愈可能使工作人员本身庸俗化和堕落成为鼠目寸光的事务主义者，就愈可能使他们退化变质，——这要算是一个定理。"④ 这样就将理论教育和思想政治工作摆在突出位置。

斯大林曾经在培养党的干部问题上强调，各科学部门的专家有自己的不同专业，"但是有一门科学知识却是一切科学部门中的布尔什维克党都必须具备的，这就是马克思列宁主义关于社会、社会发展规律、无产阶级革命发展规律、社会主义建设发展规律以及共产主义胜利的科学"⑤。党员要"努力提高自

---

① 中共中央马克思恩格斯列宁斯大林著作编译局. 列宁专题文集·论无产阶级政党[M]. 北京：人民出版社，2009:277-278.
② 中共中央马克思恩格斯列宁斯大林著作编译局. 列宁选集：第4卷[M]. 北京：人民出版社，2012:281-297.
③ 斯大林. 斯大林选集：下卷[M]. 北京：人民出版社，1979:210-211.
④ 斯大林. 斯大林选集：下卷[M]. 北京：人民出版社，1979:461-462.
⑤ 斯大林. 斯大林选集：下卷[M]. 北京：人民出版社，1979:462.

己的觉悟，领会马克思主义基础，领会党的重要政治决议和组织决议并向非党群众进行解释"[1]。

斯大林在促进马克思主义理论教育规范化方面做了许多有益的工作。首先，组建马克思恩格斯列宁研究院，编辑和出版经典著作。其次，高度重视教材建设，指导全苏联人民正确认识马克思列宁主义和苏联共产党的历史。其中，以斯大林亲自领导和参与编写的《联共（布）党史简明教程》最为著名。第三，建立各类培训学校。斯大林明确指出："党依靠它们来进行共产主义教育，培养教育方面的指挥人员，让他们在工人居民中散播社会主义的种子，散播共产主义的种子，从而把党和工人阶级在精神上联系起来。"[2] 截至1928年，苏联已经创办起全国统一的初级党校，制定了统一的教学大纲。1935年，成立联共（布）中央直属的宣传员大学。1945年，联共（布）批评了车尔尼雪夫斯基大学在讲授马克思列宁主义基础方面存在的缺陷。1946年，联共（布）中央决定设立高级党校和加盟共和国、边区和省设立党校，并且在各党校和培训班的课程计划中，要求必须把《辩证唯物主义和历史唯物主义》作为一门主要课程开设。此外，还决定设立社会科学研究院，着力培养理论教育工作者。[3] 以上措施都表现出这一时期联共（布）对于马克思主义理论教育的重视程度。

同时，斯大林的思想也存在一些问题。如1924年4月，斯大林在斯维尔德洛夫大学讲演《论列宁主义的基础》时说："主张用党内思想斗争的方法来'战胜'机会主义分子的理论，主张在一个党的范围内来'消除'机会主义分子的理论，是一种腐朽而危险的理论，它有使党麻痹和害慢性病的危险，有使党被机会主义宰割的危险，有使无产阶级丧失革命政党的危险，有使无产阶级在反对帝国主义的斗争中丧失主要武器的危险。"[4] 这种思想及其实践在整个国际共产主义运动中也留下了极为惨痛的教训。

第三，以毛泽东为主要代表的中国共产党人关于马克思主义理论教育的重要论述。

---

[1] 苏联共产党代表大会、代表会议和中央全会决议汇编：第4分册[M]. 北京：人民出版社，1957:394.
[2] 斯大林. 斯大林全集：第5卷[M]. 北京：人民出版社，1957:166.
[3] 苏联共产党代表大会、代表会议和中央全会决议汇编：第5分册[M]. 北京：人民出版社，1958:180.
[4] 斯大林. 斯大林全集：第6卷[M]. 北京：人民出版社，1956:161.

1949年6月，在《论人民民主专政》中，毛泽东写道："十月革命一声炮响，给我们送来了马克思列宁主义。十月革命帮助了全世界的也帮助了中国的先进分子，用无产阶级的宇宙观作为观察国家命运的工具，重新考虑自己的问题。"①毛泽东格外重视理论，一直把理论教育工作摆在突出位置。

青年时代的毛泽东就有改造国民性的想法，并且通过开办夜学、组织新民学会等方式加以实践。后来在李大钊、陈独秀等人的影响下，毛泽东逐渐成长为一名马克思主义者。1936年，毛泽东对斯诺说："我第二次到北京期间，读了许多关于俄国所发生的事情的文章。我热切地搜寻当时能找到的极少数的共产主义文献的中文本。有三本书特别深刻地铭记在我的心中，使我树立起对马克思主义的信仰。""这三本书是：陈望道译的《共产党宣言》，这是中文版的第一本马克思主义的书；考茨基的《阶级斗争》；以及柯卡夏普著的《社会主义史》。到了1920年夏天，我已经在理论上和某种程度上的行动上，成为一个马克思主义者，而且从此我也自认为是一个马克思主义者了。"②可见，这三本书所发挥的重要作用及青年毛泽东从中感知到的真理力量。

此后，毛泽东逐渐将理论与实践结合起来。1930年5月，在《反对本本主义》中，他尖锐地批评当时党内"拿本本来"的现象，提出："马克思主义的'本本'是要学习的，但是必须同我国的实际情况相结合。"③毛泽东认识到，想要解决中国的现实问题，仅仅掌握理论还远远不够，必须在实践中进一步把握理论。

中国工农红军长征到达陕北以前，中国共产党首先需要解决生存问题，残酷的现实条件不允许党将过多的精力放到马克思主义理论教育上。党中央到达陕北后，特别是西安事变以后，党的生存环境逐渐好转，历史使命和现实任务迫切地要求提高全党的理论水平。当时在中央负总责的张闻天多次强调"往往以背诵共产主义的真理或党的基本口号为满足""基本是不会把马克思列宁主义活泼的运用到中国的特殊的具体环境中去，而把马克思列宁主义变成死的教条"的关门主义是党内最主要的威胁。④1937年春夏之交的三个多月间，毛泽

---

① 毛泽东. 毛泽东选集：第4卷[M]. 北京：人民出版社，1991：1471.
② 毛泽东. 毛泽东自述[M]. 北京：人民出版社，1993：39.
③ 毛泽东. 毛泽东选集：第1卷[M]. 北京：人民出版社，1991：111-112.
④ 张闻天选集编辑组. 张闻天选集[M]. 北京：人民出版社，1985：62,65,75.

东亲自为中国人民抗日军政大学讲授马克思主义哲学。①7月和8月，毛泽东分别撰写了《实践论》《矛盾论》，揭示了教条主义的认识论根源。毛泽东在《实践论》中写道："在马克思主义看来，理论是重要的，它的重要性充分地表现在列宁说过的一句话：'没有革命的理论，就不会有革命的运动。'然而马克思主义看重理论，正是，也仅仅是，因为它能够指导行动。"②这就从理论层面找到了解决中国革命问题的入口。

1938年10月，毛泽东在中国共产党第六届中央委员会第六次全体会议上指出："不但应当了解马克思、恩格斯、列宁、斯大林他们研究广泛的真实生活和革命经验所得出的关于一般规律的结论，而且应当学习他们观察问题和解决问题的立场和方法。我们党的马克思列宁主义的修养，现在已较过去有了一些进步，但是还很不普遍，很不深入。""如果我们党有一百个至二百个系统地而不是零碎地、实际地而不是空洞地学会了马克思列宁主义的同志，就会大大地提高我们党的战斗力量"③。此后一个阶段，毛泽东认为理论学习具有"头等重要的意义"④。在毛泽东的提议下，党中央设立干部教育部，领导全党的马克思主义理论教育工作。⑤

1939年7月，刘少奇在《论共产党员的修养》中强调，共产党员"要在学习马克思列宁主义理论的过程中改造自己，锻炼自己的无产阶级思想意识"。"如果我们不能掌握马克思列宁主义的理论武器，我们就不能正确地认识和处理在革命斗争中所遇到的各种问题，就有迷失方向、背离无产阶级革命立场的危险，甚至可能自觉地或者不自觉地成为各种机会主义者，成为资产阶级的俘虏和应声虫。"⑥10月15日，张闻天也在《关于抗日民族统一战线的与党的组织问题》中指出："宣传马列主义，提高全国的理论水平。特别要注意于以马列主义的革命精神与革命方法，去教育共产党员与革命青年。并以此去研究中国

---

① 中共中央文献研究室.毛泽东年谱（1893—1949）：上册[M].北京：中央文献出版社，2013:673.
② 毛泽东.毛泽东选集：第1卷[M].北京：人民出版社，1991:292.
③ 毛泽东.毛泽东选集：第2卷[M].北京：人民出版社，1991:533.
④ 中共中央文献研究室.毛泽东文集：第2卷[M].北京：人民出版社，1993:224.
⑤ 中共中央文献研究室.毛泽东年谱（1893—1949）：中册[M].北京：中央文献出版社，2013:113.
⑥ 刘少奇.刘少奇选集：上卷[M].北京：人民出版社，1981:112,116.

革命的实际问题，研究中国历史与中国文化的各方面。"① 理论学习可以为革命实践提供指引。

总结我国以往革命斗争的经验和教训，党中央认为全党的理论水平较低是革命的症结所在。1940年6月21日，毛泽东在延安新哲学年会上反思道："中国革命有了许多年，但理论活动仍很落后，这是大缺憾。要知道革命若不提高革命理论，革命胜利是不可能的。"② 1941年5月，在《改造我们的学习》中，毛泽东认为干部教育"应确立以研究中国革命实际问题为中心，以马克思列宁主义基本原则为指导的方针。"③ 同年7月，刘少奇在给中共中央华中局党校工作的宋亮④的信中说："中国党有一极大的弱点，这个弱点，就是党在思想上的准备、理论上的修养是不够的，是比较幼稚的。因此，过去的屡次失败，都是指导上的失败，是在指导上的幼稚与错误而引起全党或重要部分的失败，而并不是工作上的失败。……因此，现在提倡党内的理论学习，就成为十分必要。"⑤

1942—1945年，党通过整风运动扫除了教条主义在党内长期带来的恶劣影响，使党在思想上大大进步，起到了统一全党意志和行动的功效。1945年，党的扩大的六届七中全会决定，"全党必须加强马克思列宁主义的思想教育，并着重联系中国革命的实践，以达到进一步地养成正确的党风，彻底地克服教条主义、经验主义、宗派主义、山头主义等项倾向之目的。"⑥ 刘少奇在七大上作关于修改党章的报告时进一步明确，"我们党的建设中最主要的问题，首先就是思想建设问题，就是以马克思列宁主义——无产阶级的科学思想去教育和改造我们的党员、特别是小资产阶级革命分子的问题，就是和党内各种非无产阶级的思想进行斗争并加以克服的问题""我们党和许多党员，曾经因为理论上的准备不够，因而在工作中吃了不少的徘徊摸索的苦头，走了不少不必要的弯路"⑦。至此，全党在马克思主义的指导下进一步明确了革命斗争的前进方向。

---

① 中共中央文献研究室，中央档案馆. 建党以来重要文献选编：第15册[M]. 北京：中央文献出版社，2011:701.
② 中共中央文献研究室. 毛泽东著作专题摘编：下卷[M]. 北京：中央文献出版社，2003:1916.
③ 毛泽东. 毛泽东选集：第3卷[M]. 北京：人民出版社，1991:802.
④ 即孙冶方（1908—1983），原名薛萼果，化名宋亮，老一辈无产阶级革命家，著名经济学家。孙冶方经济科学奖是迄今为止中国经济学界的最高奖项。
⑤ 刘少奇. 刘少奇选集：上卷[M]. 北京：人民出版社，1981:220.
⑥ 毛泽东. 毛泽东选集：第3卷[M]. 北京：人民出版社，1991:998.
⑦ 刘少奇. 刘少奇选集：上卷[M]. 北京：人民出版社，1981:327,337.

为了适应现实需要，党的理论教育工作必须进一步加强。为此，毛泽东在1948年9月的中央政治局会议上再次强调："我党的理论水平，必须承认还是低的，必须提高一步。这样大的党，在许多基本理论问题上或是不了解，或是不巩固，……党内有许多新知识分子和工农干部，对许多基本观点不知道，对许多问题不会解释。"① 在新民主主义革命阶段，"革命救国"需要马克思主义这个思想武器。革命胜利后毛泽东提出："我们的总目标，是为建设一个伟大的社会主义国家而奋斗。"② 由此可见，加强马克思主义理论学习，推进马克思主义理论教育工作，是革命事业走向成功的必然要求。百废待兴的新中国更加需要一大批具有一定马克思主义理论素养的建设者。

综上所述，从马克思、恩格斯到列宁、斯大林，再到毛泽东、张闻天、刘少奇等，在不同的历史条件下经典作家关于马克思主义理论教育的论述日益丰富和完善。值得注意的是，在马克思主义理论教育思想发展演变的过程中，青年学生逐渐进入理论教育工作的视野，并最终成为主要教育对象之一。

2.1.2　马克思主义理论教育对象范围的延伸和扩展

1864年10月，马克思在《国际工人协会成立宣言》中指出："工人的一个成功因素就是他们的人数；但是只有当工人通过组织而联合起来并获得知识的指导时，人数才能起举足轻重的作用。"③ 马克思认为，理论发挥作用的前提是为人掌握，同时，唯有拥有理论的武装，工人阶级的联合才能发挥应有的价值。恩格斯在《英国工人阶级状况》中写道："工人阶级的状况是当代一切社会运动的真正基础和出发点。"④ 1848年2月，马克思、恩格斯在《共产党宣言》中公开呼吁："全世界无产者，联合起来！"⑤ 可见，在马克思、恩格斯所处的

---

① 中共中央文献研究室.毛泽东著作专题摘编：上卷[M].北京：中央文献出版社，2003:1917.
② 中共中央文献研究室.毛泽东文集：第6卷[M].北京：人民出版社，1999:329.
③ 中共中央马克思恩格斯列宁斯大林著作编译局.马克思恩格斯文集：第3卷[M].北京：人民出版社，2009:13-14.
④ 中共中央马克思恩格斯列宁斯大林著作编译局.马克思恩格斯文集：第1卷[M].北京：人民出版社，2009:385.
⑤ 中共中央马克思恩格斯列宁斯大林著作编译局.马克思恩格斯文集：第2卷[M].北京：人民出版社，2009:66.

时代，理论教育的对象主要是无产阶级及其先锋队共产党。

在无产阶级革命时代，青年学生是革命者的一部分；在社会主义建设时代，青年学生是社会主义事业的建设者和生力军；最为关键的是，他们还担负着社会主义事业接班人的重任。社会主义事业或因循守旧，或守正创新，或改旗易帜，或坚持发展，皆决于此。众所周知，在新中国，青年学生是高校马克思主义理论教育的对象，那么在国际共产主义运动史上，马克思主义理论教育的对象范围似乎出现了从无产阶级到青年学生的延伸和扩展。接下来，本书将具体探寻这一过程。

第一，马克思、恩格斯关于青年马克思主义理论教育的思想萌芽。

在《共产党宣言》中，马克思恩格斯认为，当时的教育具有资产阶级意识形态性，因此要对无产阶级进行教育，使他们明白自身遭受的压迫，以便团结起来共同反抗资产阶级的统治，进而"利用自己的政治统治，一步一步地夺取资产阶级的全部资本，把一切生产工具集中在国家即组织成为统治阶级的无产阶级手里，并且尽可能快地增加生产力的总量""要做到这一点，当然首先必须对所有权和资产阶级生产关系实行强制性的干涉"。马克思、恩格斯提出："对所有儿童实行公共的和免费的教育。取消现在这种形式的儿童的工厂劳动。把教育同物质生产结合起来，等等。"[①] 这表明，他们已经开始注意培育新人的问题。在他们所预见的自由人的联合体中，每个人都将接受良好的教育，摆脱资本主义分工给他们造成的片面性，从而成长为自由而全面发展的人。

晚年马克思曾经在1869年的《关于现代社会中的普及教育的发言记录》中这样总结教育制度与改变社会条件的关系："一方面，为了建立正确的教育制度，需要改变社会条件，另一方面，为了改变社会条件，又需要相应的教育制度；因此我们应该从现实情况出发。"[②] 他始终是联系社会条件来考虑教育问题的。在他看来，改变社会条件与建立合理的教育制度之间相辅相成。只有获得科学理论武装的无产阶级取得了统治地位，培养新人才能成为真正的现实。

马克思逝世后，恩格斯进一步探讨了这个问题。1890年，他在《给〈萨

---

① 中共中央马克思恩格斯列宁斯大林著作编译局. 马克思恩格斯文集：第2卷[M]. 北京：人民出版社，2009:52,53.
② 中共中央马克思恩格斯列宁斯大林著作编译局. 马克思恩格斯全集：第16卷[M]. 北京：人民出版社，1964:654.

克森工人报〉编辑部的答复》中告诫德国社会民主党内的著作家和大学生："但愿他们能懂得：他们那种本来还需要彻底的、批判性的自我修正的'学院式教育'，并没有授予他们有资格在党内担任相应职位的军官证书""要在党内担负责任的职务，仅仅有写作才能和理论知识，甚至二者全都具备，都是不够的，……他们这些受过'学院式教育'的人，总的说来，应该向工人学习的地方，比工人应该向他们学习的地方要多得多。"[①] 恩格斯高度重视阶级斗争实践，特别强调理论与实际相结合的重要性，提出了青年学生应当向工人学习的论断。

恩格斯明确意识到人才对于无产阶级政党的重要意义。1891 年，在《致奥古斯特·倍倍尔》中，恩格斯谈道："我们会把足够数量的年轻的技术专家、医生、律师和教师吸收到我们这方面来，以便在党内同志的帮助下把工厂和大地产掌管起来。"[②] 1893 年，在贺信《致国际社会主义者大学生代表大会》中，恩格斯衷心希望大学生们能够意识到："从他们的行列中应该产生出脑力劳动无产阶级，它的使命是在即将来临的革命中同自己从事体力劳动的工人兄弟在一个队伍里肩并肩地发挥重要作用""因为问题在于不仅要掌管政治机器，而且要掌管全部社会生产。"[③] 恩格斯预见到，在未来的革命斗争中，无产阶级需要掌管政治机器和全部社会生产，而拥有真才实学的脑力劳动无产阶级将在其中担负重要使命。

上述晚年恩格斯的论述与 1835 年马克思在《青年在选择职业时的考虑》中将"要选择为人类幸福工作的职业，从普通一兵做起"[④] 视为青年责任的初衷是一致的。在恩格斯看来，青年学生中的脑力无产阶级的产生有两个方面：一方面，要在实践中学习；另一方面，通过"学院式教育"获得掌管政治机器和全部社会生产的知识。从历史上看，上述思想在此后的国际共产主义运动中影响深远。

---

① 中共中央马克思恩格斯列宁斯大林著作编译局. 马克思恩格斯文集：第4卷[M]. 北京：人民出版社，2009:397.
② 中共中央马克思恩格斯列宁斯大林著作编译局. 马克思恩格斯文集：第10卷[M]. 北京：人民出版社，2009:621.
③ 中共中央马克思恩格斯列宁斯大林著作编译局. 马克思恩格斯文集：第4卷[M]. 北京：人民出版社，2009:446.
④ 中共中央马克思恩格斯列宁斯大林著作编译局. 马克思恩格斯全集：第40卷[M]. 北京：人民出版社，1982:4.

无产阶级及其先锋队组织是马克思、恩格斯进行理论教育论述的最初对象，这正是资本主义社会工人运动不断发展的现实反映。随着革命实践的日益深入，马克思、恩格斯的目光没有停留于推翻资产阶级的统治，还着眼于对未来社会的科学预见，他们逐渐发现青年群体在无产阶级解放事业中的重要作用。于是，理论教育的对象范围开始延伸和扩展。

第二，列宁、斯大林关于青年马克思主义理论教育的思想与实践。

严格地说，明确以青年为教育对象的马克思主义理论教育实践首先出现在俄国。在继承马克思、恩格斯思想的基础上，列宁的马克思主义理论教育思想不再限于启发无产阶级的革命意识，还着眼于社会主义的未来发展，提出马克思主义理论教育要为社会主义建设服务的观点。

列宁很早就开始关注青年的马克思主义理论教育问题。在1907年，列宁提出青年团体的"主要宗旨是自学，是树立明确严整的社会主义世界观"[①]。1919年2月，列宁在起草《俄共（布）纲领草案》时明确指出："学校不仅应当传播一般共产主义原则，而且应当对劳动群众中的半无产者和非无产者阶层传播无产阶级在思想、组织、教育等方面的影响，以培养能够最终实现共产主义的一代人。"[②] 这时，列宁还主要是从将革命进行到底的角度来认识学校马克思主义理论教育工作的。

1920年10月2日，列宁在共青团三大上作题为《青年团的任务》的讲话，他指出："从某种意义上可以说，真正建立共产主义社会的任务正是要由青年来担负""青年团和所有想走向共产主义的青年都应该学习共产主义。"但是，"离开工作，离开斗争，那么从共产主义小册子和著作中得来的关于共产主义的书本知识，可以说是一文不值，因为这样的书本知识仍然会保持旧时的理论与实践的脱节""你们当前的任务是建设，你们只有掌握了一切现代知识，善于把共产主义由背得烂熟的现成公式、意见、方案、指示和纲领变成能把你们的直接工作统一起来的活生生的东西，把共产主义变成你们实际工作的指针，

[①] 中共中央马克思恩格斯列宁斯大林著作编译局. 列宁全集：第16卷[M]. 北京：人民出版社，1986:107.

[②] 中共中央马克思恩格斯列宁斯大林著作编译局. 列宁专题文集·论无产阶级政党[M]. 北京：人民出版社，2009:196.

那时才能完成这个任务。"①列宁强调，批判并推翻资产阶级是"老一代人"的任务，建设社会主义并最终实现共产主义则是"新一代人"的任务，这就帮助青年明确了自身肩负的使命和任务。那么，青年究竟应该如何担负起这样重大的使命和任务呢？列宁认为，融会贯通地学懂马克思主义、共产主义无疑是其中最重要的环节之一。

1920年10月8日，在《关于无产阶级文化》中，列宁强调："苏维埃工农共和国的整个教育事业，无论在一般的政治教育方面或者具体的艺术方面，都必须贯彻无产阶级阶级斗争的精神，这一斗争是为了顺利实现无产阶级专政的目的，即推翻资产阶级、消灭阶级、消灭一切人剥削人的现象。"②简言之，列宁认为社会主义阶段的国民教育工作具有鲜明的阶级性，需要无产阶级及其先锋队参与其中并进行坚强而有效的领导。同年11月3日，列宁在全俄省、县国民教育局政治教育委员会工作会议上一针见血地指出："政治教育的目的是培养真正的共产主义者。""所谓教育'不问政治'，教育'不讲政治'，都是资产阶级的伪善说法。""什么是共产主义？整个共产主义宣传归根到底要落实到实际指导国家建设。"③他强调教育必须讲政治，尤其要与当前国家的中心工作相结合，理论教育要为社会主义建设服务。

1920年底，列宁在《论综合技术教育对娜捷施达·康斯坦丁诺夫娜的提纲的评述》中提出，要在所有的职业技术学校中增设共产主义、革命史、1917年革命史等理论课程。④1921年2月5日，《中央委员会给教育人民委员部党员工作人员的指示》中，列宁强调："关于普通科目的教学内容，特别是关于哲学、社会科学和共产主义教育的教学内容，只能由共产党员来确定。"⑤列宁不仅在宏观上重视学校的马克思主义理论教育工作，而且还对政治理论课程、教学大

---

① 中共中央马克思恩格斯列宁斯大林著作编译局. 列宁选集：第4卷[M]. 北京：人民出版社，2012:281,283,288.
② 中共中央马克思恩格斯列宁斯大林著作编译局. 列宁选集：第4卷[M]. 北京：人民出版社，2012:298-299.
③ 中共中央马克思恩格斯列宁斯大林著作编译局. 列宁选集：第4卷[M]. 北京：人民出版社，2012:302,306,309.
④ 中共中央马克思恩格斯列宁斯大林著作编译局. 列宁全集：第40卷[M]. 北京：人民出版社，1986:225-226.
⑤ 中共中央马克思恩格斯列宁斯大林著作编译局. 列宁全集：第40卷[M]. 北京：人民出版社，1986:326.

纲、教学内容、师资队伍等内容进行了具体指导。此外，列宁还常常去大学演讲和作理论辅导报告，亲自讲授和宣传马克思主义理论。十月革命以后，列宁在马克思主义理论教育方面进行了许多创造性的阐述，取得了开拓性成就。

同时，1921年10月17日，列宁在全俄政治教育委员会第二次代表大会上清醒地指出："要学会进行政治教育，这就是问题的所在，可是我们还没有学会，而且我们还没有正确解决这个问题的办法。"① 令人遗憾的是，列宁没能彻底解决这个问题。

列宁去世后，斯大林在领导苏俄人民探索社会主义建设道路的过程中就青年理论教育问题作出了许多重要论述。1924年，在《关于俄共（布）第十三次代表大会的总结》中，斯大林强调："党在无产阶级专政时期的重大任务之一，就是开展以无产阶级专政和社会主义的精神改造老一代和教育新一代的工作。旧社会遗留下来的旧的习气、习惯、传统和偏见是社会主义最危险的敌人。这些传统和习气控制着千百万劳动群众，它们有时笼罩着无产阶级各阶层，有时给无产阶级专政的存在造成极大的危险。"② 斯大林在领导社会主义建设之初就从无产阶级专政的高度指出，旧思想根深蒂固，对党的事业形成了极大的威胁，必须通过马克思主义理论教育帮助新一代人确立正确思想。

此时，取消主义（丧失社会主义建设的前途）、民族主义（丧失国际革命的前途）、缩小党的领导等危险一时间在苏俄变得非常突出。面对这些问题，斯大林在1925年10月29日回答《共青团真理报》编辑部的提问时指出，用列宁主义的精神教育青年，就是"使青年认识到我国社会主义建设的胜利是完全可能的和必要的""使青年确信我们的工人国家是国际无产阶级的产儿，确信它是发展世界各国革命的基地，确信我国革命的最后胜利是国际无产阶级的事业""教育青年信任俄国共产党的领导"③。青年是时代的晴雨表，斯大林紧紧抓住问题的要害，清晰回答了马克思列宁主义理论教育的方向和目标，对于统一思想和武装青年具有重要意义。

针对一些工人将不认识字或常写错字作为产业工人的标志借以自夸的现

---

① 中共中央马克思恩格斯列宁斯大林著作编译局. 列宁全集：第42卷[M]. 北京：人民出版社，1987:199.

② 斯大林. 斯大林全集：第6卷[M]. 北京：人民出版社，1956:217.

③ 斯大林. 斯大林全集：第7卷[M]. 北京：人民出版社，1955:201.

象,1928年5月16日,斯大林在苏联列宁共产主义青年团八大上演说时指出:"如果工人阶级不能摆脱没有文化的状况,如果它不能造就自己的知识分子,如果它不能掌握科学,不善于根据科学的原则来管理经济,那它就不能真正成为国家的主人。"[①]1933年2月19日,在全苏集体农庄突击队员第一次代表大会上的演说中,斯大林进一步指出,青年"没有背上旧包袱,所以他们最容易领会列宁的遗训",青年的"任务就是学习再学习列宁主义"[②]。可见,斯大林对青年寄予厚望,并且指明学习马克思列宁主义是青年成长成才的客观需要和关键环节。

斯大林认为教材对于青年、各国共产党人及一切同情共产党的人们学习马克思列宁主义具有基础意义。因此,他格外重视教材编写工作。1937年,联共(布)中央根据斯大林的意见作出编写社会科学各门课程教材的决定。斯大林曾多次亲自主持召开联共(布)中央审定马克思列宁主义教科书的会议,1938年,由他倡议并直接参与编写的《联共(布)党史简明教程》出版。1952年,斯大林的著作《苏联社会主义经济问题》成为权威的政治经济学教材。此外,斯大林常常关注高校马克思主义理论教育工作,曾亲自到高校讲授马克思主义理论。

毋庸讳言,斯大林是一个在国际共产主义运动中争议颇多的人物。斯大林的马克思主义理论教育思想中确实存在一些对马克思列宁主义的教条主义理解,在实践中也存在着命令主义作风及"左"的问题。"苏联发生的错误,像斯大林的错误,它的位置是什么呢?是部分性质的,暂时性质的。虽然听说有些什么东西有二十年了,但总是暂时的、部分的,是可以纠正的。"[③]毛泽东曾经以历史唯物主义的方法如是评价斯大林。

综上所述,在布尔什维克党的坚强领导下,社会主义在俄国取得了胜利。立足现实,把握长远,列宁和斯大林对马克思主义教育问题给予了高度重视和密切关注,突出强调了理论教育对青年成长成才的重要性。无论在思想层面还是实践层面,列宁和斯大林都迈出了坚实的一步。

第三,我国新民主主义革命时期马克思主义在青年中的广泛传播。

---

① 斯大林.斯大林全集:第11卷[M].北京:人民出版社,1955:64.
② 斯大林.斯大林全集:第13卷[M].北京:人民出版社,1955:226.
③ 中共中央文献研究室.毛泽东文集:第7卷[M].北京:人民出版社,1999:91.

1949年6月，毛泽东在《论人民民主专政》中总结道："谢谢马克思、恩格斯、列宁和斯大林，他们给了我们以武器。这武器不是机关枪，而是马克思列宁主义。"他还说："中国人找到马克思主义，是经过俄国人介绍的。""十月革命一声炮响，给我们送来了马克思列宁主义。"[①]十月革命无疑对马克思主义传入中国产生了重大影响。

高校是青年人主导的殿堂。在我国的马克思主义发展史上，聚集着青年学生的高校始终是一个重要阵地。在年轻的中国共产党看来，与在工人中一样，在青年中传播马克思主义是理所当然的。俄国十月革命后，马克思主义受到广大高校师生的欢迎和追捧。全国各地多所高校竞相开设马克思主义课程、举办讲座、成立进步团体、创办进步刊物。如在军阀政府统治下的北京大学，李大钊、陈独秀、邓中夏等人非常活跃，使得马克思主义得到广泛传播。"在北大的讲坛上、出版物中、社团活动中，处处都能闻到它的气息，感到它的存在。"[②]在中国共产党主持的上海大学，瞿秋白、蔡和森、张太雷等人纷纷开设课程讲授马克思主义，党组织和进步团体组织的理论报告精彩纷呈[③]。在国共合作下的广东大学，党组织开办特别训练班，充分利用统一战线，培养马克思主义的骨干力量[④]。此后，由于国民政府不断加强思想控制，迫使各高校的马克思主义传播工作转入地下状态。

对应党的白区、苏区工作，有学者指出，民主革命时期马克思主义传播的主力军主要由两路人马组成，一路为国民党统治区的高校进步师生，另一路是革命根据地的中共党人，[⑤]这一结论无疑是正确的。就青年而言，一方面，马克思主义在国民党统治区高校的青年学生中传播；另一方面，在党的领导下革命根据地的青年马克思主义理论教育工作也在如火如荼地开展。

众所周知，中央苏区时期党的斗争环境较为恶劣。因此，红军队伍中开始

---

① 毛泽东.毛泽东选集：第4卷[M].北京：人民出版社，1991:1469,1470,1471.
② 萧超然，沙健孙，周承恩，等.北京大学校史（1898—1949）[M].上海：上海教育出版社，1981:72.
③ 李向勇.论民主革命时期中共高校党建与马克思主义传播[J].党史研究与教学，2009(2):55-63.
④ 周良书.高等学校与中国早期马克思主义大众化——以北京大学、上海大学和广东大学为例[J].马克思主义研究，2012(2):54-60.
⑤ 裴植.一九二七年至一九三七年马克思主义在高校传播的多维透析——以北京大学为个案[J].中共党史研究，2018(8):68-81.

出现"中国的红色政权为什么能够存在""红旗究竟能够打多久"等疑问。为了解答这些疑问，党组织开展了一系列富有针对性的马克思主义理论教育工作。1932年12月、1933年3月，苏区已先后成立"列宁团校"（即中央团校）、"马克思共产主义学校"（即中共中央党校），1933年8月，又创办苏维埃大学，开设马克思主义理论课程。"这些课程就是马克思列宁主义，苏维埃大学以马克思列宁主义的实际课程教育学生同志。"① 但是，由于斗争形势不断变化，苏维埃大学等教育机构存在时间过短，发挥作用相对有限。1935年12月27日，毛泽东在《论反对日本帝国主义的策略》中指出："长征是宣言书，长征是宣传队，长征是播种机。"② 长征中，红军沿途传播了马克思主义。同时，对于年轻的红军战士来说，长征本身就是一场生动而深刻的马克思主义教育，为党组织坚定发展马克思主义的理想信念奠定了坚实基础。

历史上将中共中央在陕北的十三年称为延安时期。红军胜利到达陕北以后，中国共产党进入了一个相对安定的发展时期。这一时期，先后有数万知识青年怀揣抗日救国理想，从全国各地奔赴革命圣地延安（1943年12月22日，任弼时在中共中央书记处工作会议上讨论审干问题时陈述意见，认为抗战初期到延安的知识分子共四万余人，"有百分之八十五至九十是好的"，他们"是为了革命到延安的。"）③。"抗日的高潮推动大批有志爱国的青年涌进了革命的队伍，然而这批革命青年（包括已经加入共产党的青年党员）的抗日热情虽然很高，在理论上却没有什么准备。"④ 为了对这些青年进行马克思主义理论教育，培养革命干部，中国共产党以中共中央所在地延安为中心，在陕甘宁边区先后创建了十多所不同类型的高等院校⑤。这些高校的主要职能之一就是指导青年学生学习马克思主义理论、党的纲领、革命历史。在陕北清苦的生活中，青年马克思主义理论教育却在日渐系统化。

从青年时代开始，毛泽东一直认为办学校是培养革命干部的有效方法。因

---

① 张闻天选集组.张闻天文集：第1卷[M].北京：中共党史出版社，1990:483.
② 毛泽东.毛泽东选集：第1卷[M].北京：人民出版社，1991:150.
③ 中共中央文献研究室.任弼时年谱[M].北京：中央文献出版社，2014:454.
④ 宋平.张闻天对于干部理论教育的贡献——重读《中央关于办理党校的指示》[J].党校论坛，1988(1):16-19.
⑤ 其中，大多数高等院校是干部学校性质，也有一些具有现代大学性质的高校，如鲁迅艺术文学院、延安大学等。一些干部学校后来也发展成为现代大学。

此，他对上述高校寄予厚望。毛泽东希望通过学校培养造就一批通晓马克思主义理论、政治素质过硬的革命生力军。1936年12月，毛泽东在红军大学作关于中国革命战争的战略问题的演讲时提到："我们应该学习的是布尔什维克的聪明。我们的眼力不够，应该借助于望远镜和显微镜。马克思主义的方法就是政治上军事上的望远镜和显微镜。"[①]1937年10月23日，毛泽东在为陕北公学成立的题词中写道："要造就一大批人，这些人是革命的先锋队。这些人具有政治远见。这些人充满着斗争精神和牺牲精神。这些人是胸怀坦白的，忠诚的，积极的，与正直的。这些人不谋私利，唯一的为着民族与社会的解放。"[②]1938年4月9日，毛泽东在延安抗日军政大学第四期第三大队开学典礼上指出，在抗大"首先是学一个政治方向"，"你们要把握紧正确的政治方向，经过你们传播这政治方向于广大的人民，教育他们，组织他们"。[③] 1939年5月4日，毛泽东在延安青年群众举行的五四运动二十周年纪念会上说："延安的青年运动是全国青年运动的模范。延安的青年运动的方向，就是全国的青年运动的方向""延安的青年们干了些什么呢？他们在学习革命的理论，研究抗日救国的道理和方法。他们在实行生产运动，开发了千亩万亩的荒地。"[④] 在当时的历史条件下，党视办学为一项具有战略意义的工作，在克服诸多不利条件的基础上开展教育教学活动，高度重视青年马克思主义理论教育。

党中央十分关心这些高校的教学工作。毛泽东曾规定中央政治局委员都要去给学员讲课，他本人带头讲时事和形势，周恩来、朱德、张闻天、董必武等领导人也先后作报告[⑤]。1941年12月17日，中共中央政治局通过的《中共中央关于延安干部学校的决定》指出："目前延安干部学校的基本缺点，在于理论与实际、所学和所用的脱节，存在着主观主义与教条主义的严重毛病。这种毛病，主要表现在使学生学习一大堆马列主义的抽象原则，而不注意或几乎不注意领会其实质及如何应用于具体的中国环境""学习马列主义理论的目的是

---

① 毛泽东.毛泽东选集：第1卷[M].北京：人民出版社，1991:212.
② 中共中央文献研究室.毛泽东年谱（1893—1949），中卷[M].北京：人民出版社中央文献出版社，1993:34.
③ 中共中央文献研究室.毛泽东文集：第2卷[M].北京：人民出版社，1993:116,117.
④ 毛泽东.毛泽东选集：第2卷[M].北京：人民出版社，1991:568.
⑤ 成仿吾.战火中的大学——从陕西公学到人民大学的回顾[M].北京：人民出版社，2014:31.

为了使学生能够正确的应用这种理论去解决中国革命的实际问题。"①此后边区各校均注重开设运用马克思主义理论对中国革命实践进行具体指导的课程。此时，各校普遍设立《社会科学概论》《马列主义》《政治经济学》《辩证唯物主义》《科学社会主义》《联共（布）党史》《中国革命运动史》《中国问题》《党的建设》等课程。教员总结自己的革命经验和理论研究成果，根据党的文件和政策，结合抗日战争的新鲜经验组织教材并进行备课，采取灵活多样的教学方法开展教学。这一时期组织还先后翻译出版了一些马列主义原著，编写了《社会科学概论》《共产主义与共产党》《新哲学大纲》等教材和著作，为马克思主义理论教育提供了依据和载体。

通过几个月的学习，青年学生的理论水平、政治水平有了较大提高，增进了对共产党的了解，逐渐树立起科学的世界观和革命的人生观，许多人提出了入党申请。仅陕西公学一校，在近两年招收的六千多学生中就有三千多名参加了中国共产党②。他们中的一些人后来长期从事马克思主义理论教育工作。事实证明，上述课程和教育模式是有效的，对于提高青年学生的马克思主义理论素养，壮大党的干部队伍，乃至取得新民主主义革命的胜利，都具有深远意义。

这套"党办大学"的经验在解放战争时期继续传承并日益丰富，杰出代表是华北联合大学、北方大学及后来在两校基础上合并而成的华北大学。解放战争后期，中共中央华北局在华北局党校、华北革命干部学校的基础上成立华北人民革命大学。该校提出"以历史唯物主义为中心，结合学生思想实际，把学校作为'思想战场'或'政治工场'，系统的进行马列主义最基本的理论与思想教育"的教育计划方案③。1949年8月5日，毛泽东肯定并转发了刘澜涛、胡锡奎关于华北革大一万二千新学生短期班的教育经验的总结，要求各地仿效学习④。此时各解放区纷纷成立、整顿、接管许多高等院校，这些高等院校的马克思主义理论教育呈现蓬勃发展之势。

---

① 王云风. 延安大学校史[M]. 西安：陕西人民教育出版社，1994:43.
② 成仿吾. 战火中的大学——从陕西公学到人民大学的回顾[M]. 北京：人民出版社，2014:31.
③ 教务处. 第二、三部教育计划具体实施方案[N]. 熔炉，1949-09-05(2).
④ 中共中央文献研究室. 毛泽东年谱（1893—1949）：下卷[M]. 北京：中央文献出版社，2013:545.

总而言之，经典作家关于马克思主义理论教育的一系列重要论述和马克思主义理论教育对象范围由无产阶级及其先锋队组织扩展延伸到青年学生，这些宝贵的思想资源为新中国的高校马克思主义理论教育工作奠定了坚实的理论基础。

2.2 马克思主义在清华大学的传播

1992年清华大学电机系建系60周年，朱镕基在贺信中回忆道："清华就是教我们'为学'，又教我们'为人'的地方，它以严谨的学风和革命的传统，培育了一代又一代献身革命和建设祖国的'有骨气的中国人'。"[①]清华大学马克思主义理论教育深深植根于清华园这一方土地，自然也承继了清华的文化底蕴和先辈的革命传统。作为1951届毕业生，朱镕基经历了清华大学解放前后两个阶段，他所强调的"革命传统"与解放前马克思主义在清华大学的广泛传播密切相关。如前所述，在国民党统治时期的清华，马克思主义的传播"只能秘密的走私的在园内'地下'进行"，"还不能和正式的课程联系起来"[②]，但仍然发挥了极为重要的历史作用。那么，怎样把握解放前马克思主义在清华大学的传播历程？关键要在救亡图存的历史语境中理解马克思主义的思想力量和中国共产党的领导。

2.2.1 马克思主义的早期传播与清华大学第一个党支部的建立

由于原系利用美国庚子退还的"庚款"建校，清华与生俱来地背负着"国耻"文化。作为留美预备学校，学生对于"西化"倾向保持着一种警惕，主张在校期间尽可能多地接受国学，"将来游美，庶能卓然自立，不为外人所潜移，操守有方，不为西俗所默化"[③]。因此，相较各校，清华学生的家国情怀反而更

---

① 吴剑平.清华名师谈治学育人[M].北京：清华大学，2009:345.
② 清华大学校史研究室.清华大学史料选编：第五卷（上）[M].北京：清华大学出版社，2005:192.
③ 渠（作者笔名）.预备时代之清华学生[J].清华周刊：第93期，1916-12-28.

加浓厚一些。五四运动以前，僻处西郊的清华园沉静闭塞，新思潮在清华的传播极为有限，大多数清华学生埋头读书，准备留洋，很少过问政治，思想趋于保守。1919年5月4日晚，当城内学生举行反帝爱国大示威游行的消息传到清华园，清华学生激愤难当。高等科二年级学生闻一多连夜抄录岳飞《满江红》张贴于高等科饭厅。次日，高等科、中等科召开各社团联席会议，决定成立"清华学生代表团"，并派代表进城与各校联系，同日召开全校同学大会，决定6日起罢课。由于北京各校原定于7日在天安门举行的"国耻纪念会"遭到军警禁止，清华学生于9日在校内体育馆举行了"国耻纪念会"，会上通电巴黎，要求中国代表团拒绝在合约上签字，并庄严宣誓："口血未干，丹诚难泯，言犹在耳，忠岂忘心。中华民国八年五月九日，清华学校学生，从今以后，愿牺牲生命以保护中华民国人民、土地、主权，此誓。"宣誓后，当即在大操场焚烧校内日货①。

　　经过五四运动，清华学生的思想发生了重大变化，他们强烈地要求实行校内民主与自治，成立了全校学生会，实现了由学生主编《清华周刊》，学生社团如雨后春笋般兴起。"此期的清华校风，布满了革命气象，渐渐由被动的境界，转入于自动的路上。"②五四运动彻底唤起了清华学生的救国意识。"青春力量一经觉醒，先进思想一经传播，中华大地便迅速呈现出轰轰烈烈的革命新气象"③。"三民主义""国家主义""共产主义"先后传入清华园，引起学生们的广泛讨论。学生社团中较有代表性是施滉等人组建的"唯真"学会。"唯真学会"的宗旨为"本互助和奋斗的精神，研究学术，改良社会，以求人类底真幸福"④。1923年底，施滉又和他的同级同学冀朝鼎等八人在"唯真学会"里成立了秘密核心组织"超桃"。"超桃"受《新青年》等进步书刊的影响。1924年1月，国民党一大在广州举行时，施滉等人曾赴广州觐见孙中山，在广州，他们还得到了李大钊的亲切教导，开始对共产党有了进一步的了解。1925年，"超桃"八人皆赴美留学，其中七人分别在欧洲和美国加入共产党。施滉是清华留美生中最早的共产党员。可见，受到新思潮、新文化的影响，此时思想先

---

① 清华大学校史研究室.清华革命先驱：上册[M].北京：清华大学出版社，2004:4.
② 王造时.清华校风的蜕化和批评[J].清华周刊：第209期，1921-01-28.
③ 习近平.在庆祝中国共产主义青年团成立100周年大会上的讲话[N].人民日报，2022-05-11(2).
④ 清华大学校史研究室.清华革命先驱：上册[M].北京：清华大学出版社，2004:6.

进的清华学子已经接触到马克思主义，对共产党有了初步了解，并开始向党组织靠拢。

与此同时，1923—1925 年，《清华周刊》书报介绍副刊陆续登载《新俄国游记》《陈独秀先生讲演录》《社会主义神髓》《李宁与社会主义》《唯物史观的解释》等文，马克思主义在清华进一步传播[①]。1926 年 3 月 12 日，北京群众广泛纪念孙中山先生逝世两周年。13 日下午，清华举行纪念会，邀请李大钊、陈毅（陈毅当时在中共北京地方委员会领导下，担任北京市学生联合会党团书记。）[②]到校演讲。李大钊在演讲中指出，孙中山先生改组国民党，容纳中国共产党员，促使国民革命运动与世界革命运动联成一体，促使少数革命的知识阶级的党变为浩大的普遍的国民群众的党，将革命的基础深植于本国群众并广结于世界民众。陈毅在讲话中说："反动派天天骂国民革命，骂革命人民要'共产'。如果共产指天下人共有生产资料，共享幸福生活，这样一种美好的理想，那我们绝不否认。反动派污蔑我们'赤化'。一切革命人民和被压迫民族的肤色尽管不同，但都有着革命的热血——赤色的血液，这就是我们共同的颜色。人类不应该有民族压迫和种族歧视而应该平等相待，这就是我们对'赤化'的理解[③]。"这次演讲展现出的革命性和进步性促进了马克思主义在清华进步学生中的传播。

1926 年 3 月 18 日，北京发生了震惊中外的"三一八"惨案。1926 年 3 月 12 日，日舰驶入中国内河，遭到驻守大沽口国民军的炮击。英、美、日向中国政府提出"逞凶""赔偿"等无理要求，并发出最后通牒，限令中国政府 24 小时内答复。18 日，在国民党左派徐谦和共产党人李大钊、赵世炎、陈毅等的主持下，北京人民在天安门前举行"反对八国最后通牒大会"，大会一致决议要求政府"拒绝八国最后通牒""驱逐八国公使出京"。会后群众游行示威，当队伍行进到铁狮子胡同段祺瑞执政府门前，遭到反动军警开枪镇压，二十余名清华同学受伤，韦杰三同学连中四弹，经抢救无效逝世。其临终遗言为："我心甚安，但中国快要强起来呀！"[④] 22 日，清华学生进城迎柩，抬棺游行，举行

---

① 清华大学校史研究室.清华革命先驱：上册[M].北京：清华大学出版社，2004:480-490.
② 《当代中国人物传记》丛书编辑部.陈毅传[M].北京：当代中国出版社，1991:634.
③ 清华大学校史编写组.清华大学校史稿[M].北京：中华书局，1981:86.
④ 清华大学校史研究室.清华革命先驱：上册[M].北京：清华大学出版社，2004:9.

追悼会，立碑纪念。朱自清在《哀韦杰三君》一文中写道："他终于在离开我们之前写了那样平静的两句话给校长；他那两句话包蕴着无穷的悲哀，这就是静默的悲哀！"[①]1926年4月，教师陆懋德在《清华周刊》上惊呼："最近一年内，清华学生思想上发生一重大变化，此即旧日多不注意种种新主义，而近日则注意种种新主义是也。现时最时髦之新主义，为新社会主义、共产主义及无政府主义，而在最近清华之中，均已'崭然露头角'矣！"[②]至此，清华师生已经打开了闭塞的思想大门，积极参与到民族觉醒的大潮之中。

综上所述，一方面，在风雨飘摇的旧中国，从"五四"到"三一八"，清华学生日益觉醒，深感国家、民族前途暗淡，个人没有出路，反复比较左、中、右各派救国救民的主张、学说。另一方面，大革命开始后，国共两党都有意识地对学生运动施加影响，传播各自的主义[③]。正是在这种情况下，1926年11月，受党组织派遣，燕京大学毕业生王达成赴清华图书馆工作，和另外两名地下党员（朱莽、雷从民）一起组建清华第一个党支部，王达成任书记[④]。当时，党组织的主要活动有三个方面：一是发展党员，1927年4月，支部已有7名党员，到清华园解放时，先后在清华大学战斗过的地下党员约700名；二是以国民党左派的名义开展国民运动，扩大党的阵地；三是组织党内学习。由于客观条件的限制，当时还看不到许多经典著作和党的文件，主要学习《共产党宣言》《共产主义ABC》《社会发展史》《价格和利润》《资本论》等[⑤]。此后，清华园中马克思主义的传播进入了组织化的阶段。

2.2.2　马克思主义的进一步传播与一二·九运动

1927年4月12日，蒋介石发动反革命政变，白色恐怖笼罩全国，也给清华党组织的工作带来了极大的困难。同时，由于党中央先后为"左"倾路线所统治，在这种错误路线的影响下，北平党组织多次受到极为严重的破坏。从

---

① 朱自清. 哀韦杰三君[J]. 清华周刊：第25卷第7期，1926-04-09.
② 陆懋德. 清华学生与新主义[J]. 清华周刊，1926,25(8).
③ 欧阳军喜. 一二·九运动再研究：一种思想史的考察[J]. 中共党史研究，2014(2):13-24.
④ 清华大学校友总会. 中国共产党清华大学组织沿革，校友文稿资料选编：第5辑[M]. 北京：清华大学出版社，1999:7.
⑤ 清华大学校史研究室. 清华革命先驱：下册[M]. 北京：清华大学出版社，2004:714.

1926年11月建立党的第一个支部到1937年7月爆发卢沟桥事变，在十年半的时间里，清华地下党组织陆续更换了26次负责人①。在这种极为恶劣的斗争环境中，尽管多次与上级失去联系，清华党组织仍然在学生中进行了艰苦的思想工作和组织工作，从未间断。当时团组织在清华园内也很活跃，胡鼎鑫（胡乔木）就是一名共青团员，曾担任共青团清华大学支部书记、北平市西郊区委书记，一度劝说过季羡林加入中国共产主义青年团并去其创办的工友子弟夜校上课②。当时，代理校长翁文灏是个自由主义者，曾经找胡乔木谈话表明校方态度："学校好比一个戏台，谁都可以到这个戏台上来演戏，但是你们不能把这个戏台烧掉。烧掉了戏台，那就什么戏也演不成了""最好你跟你的组织讲一讲，只要你们不破坏学校，学校也不为难你们。"③此时，民族危机在不断加深。1931年9月18日，日本帝国主义开始了对中国东北的大举进攻。1932年1月28日，日军进攻上海，1933年1月占山海关，3月占热河省省会承德，5月12日占通州。此时，华北已是危在旦夕，爱国主义令清华学生不甘做殖民地的学生，上"最后一课"。1月28日，清华学生会召开紧急会议，决定组织"战时工作准备队"。此后，13名同学志愿加入东北义勇军，400多名同学参加救护队、看护队、慰劳队，100多名同学志愿到遵化修筑军路，另有许多同学参与赶制防毒面具、捐献雨衣、到工厂和农村开展抗日宣传的工作等等。

在党组织的领导下，进步学生以生动通俗的文字，先后在学生会的《清华周刊》上发表《工银劳动与资本》《论潮〈资本主义的发展与经济学之派别〉》《谈〈资本论〉》《马克思经济学理论体系中的辩证观点》《〈共产党宣言〉之分析》《华北的危机》《日本劳动运动近况》等多篇关于马克思主义理论和反映爱国救亡思想的文章④。此外，党组织还以"朝曦社"名义出版革命刊物《北方青年》，刊物发行到保定、天津、邯郸等地，在华北地区青年中颇有影响。1929—1934年，党组织相继发起"三三读书会""社会科学研究会""现代座谈会"，帮助进步学生学习马克思主义理论（蒋南翔曾参加上述组织，并研读

---

① 清华大学校史研究室.清华革命先驱：上册[M]. 北京：清华大学出版社，2004:97-98.
② 蔡德贵.季羡林传[M]. 西安：陕西师范大学出版社，2009:99.
③ 杨文英根据胡履新、方铭口述和撰述胡乔木的谈话整理而成的文稿《青少年时期的胡乔木同志》，第10—11页.
④ 清华大学校史研究室.清华革命先驱：上册[M]. 北京：清华大学出版社，2004:491-498.

了华岗的《中国大革命史》、河上肇的《经济学大纲》、恩格斯的《反杜林论》等。① 徐子佩是社会科学研究社的发起人之一，据他回忆，当时研究社定期组织讨论会并列有参考书目，主要有河上肇的《经济学大纲》《马克思主义理论基础》及《文化批判》《新思潮》《思想》等进步期刊刊载的马、列短篇译著和其他革命理论文章。②）。1935年3月，"现代座谈会"被迫解散。4月，进步学生又在党组织的领导下成立"民族武装自卫委员会"，姚依林、蒋南翔、黄诚等人都是该组织的成员③。这些组织在宣传进步思想和团结同学方面发挥了积极作用，构成了后来领导"一二·九"运动的主要力量④。此外，哲学系教授张申府（张申府，1917年任北京大学数学助教，在北大期间结识了陈独秀、李大钊等人；1918年与李大钊一起创办《每周评论》，担任该刊和《新青年》杂志的编委，同时也是毛泽东在北京大学图书馆工作时的领导；1919年5月参加著名的五四运动；1920年初参与中国共产党的建党活动，1921年3月与夫人刘清扬一起介绍周恩来入党，曾任中共旅法小组负责人、中共旅欧总支部书记，1922年与周恩来一起介绍朱德入党；1924年2月，经李大钊、陈独秀介绍，参加黄埔军校的筹建工作，并任黄埔军校政治部副主任；1925年1月，在中共"四大期间"，因在党的纲领问题上有分歧而退党，此后张申府成为著名的民主人士；1931年任清华大学哲学系教授，1934年曾代理系主任一年。）⑤ 也在《逻辑学》《西方哲学史》《形而上学》等课程及《清华周刊》《清华副刊》上讲授辩证唯物论和历史唯物论，宣传爱国主义，极受学生尊敬和爱戴。"当时辩证唯物论与历史唯物论虽然深受青年知识分子的欢迎，但在大学讲坛上宣讲，尚属罕见。"⑥ 在张申府影响下，学生们纷纷以辩证法、唯物论指导救亡⑦，例如于光远在清华大学学习期间，选修过张申府教授的"形而上学"课，在课程所列的参考书目中，有恩格斯的《反杜林论》和列宁的《唯物主义和经验批判主

---

① 蒋南翔.我在清华参加"一二·九"运动的回忆,蒋南翔文集:下卷[M].北京:清华大学出版社,1998:1173-1174.
② 清华大学校史研究室.清华革命先驱:下册[M].北京:清华大学出版社,2004:729.
③ 清华大学校史研究室.清华革命先驱:上册[M].北京:清华大学出版社,2004:14-15.
④ 清华校史编研组.战斗在"一二·九"运动的前列[M].北京:清华大学出版社,1985:6.
⑤ 清华大学校史研究室.清华人物志:第2辑[M].北京:清华大学出版社,1992:72-83.
⑥ 张岱年.直道而行:上册[M].北京:大众文艺出版社,2006:91.
⑦ 杨克.哲学与救亡的关系——七月三日救亡哲学座谈会记录[J].清华周刊,1936,44(11/12).

义》，他从头至尾阅读了这两部书的英译本，正是书中对自然科学问题的讨论，引发于光远对马克思主义的浓厚兴趣。①）。越来越多志在救国救民的觉悟青年从马克思主义中看到了解决中国问题的出路，逐渐树立革命人生观。

1935年夏，随着《何梅协定》的签订，华北局面进一步恶化。8月1日，中国共产党发表《中国苏维埃政府、中国共产党中央为抗日救国告全体同胞书》，即《八一宣言》。不久，蒋南翔秘密地组织进步同学学习，并在深夜将《八一宣言》张贴在清华大学的布告栏中，广受关注②。党组织还通过《清华周刊》宣传马克思列宁主义的民族解放斗争理论。此时《清华周刊》刊载的一篇文章曾经写道："中国是次殖民地国家，其国难是次殖民地的国难，同时因科学的进步，时代的发展，绝不容许国内半封建社会的存在，所以中国的出路就是殖民地反帝的战争，和反封建反资本主义的社会革命。国难期中的中国青年，唯有认清这些事实，以积极彻底的态度扑进时代的浪涛，乐天安命不足用，颓唐奴化不足用，幽默妥协不足用，宗教迷信更不足用！"③通过《八一宣言》明确了中国共产党的政治方针，马克思主义理论与青年学生抗日救国的革命要求逐渐在清华园汇聚。

1935年秋，山东发生水灾。北平地下党组织通过民族武装自卫委员会在各大中学校学生中组织赈灾活动，成立"山东水灾赈济会"，清华学生姚依林当选秘书长。10月，赈灾活动结束，党组织不失时机地将公开活动的各校赈济会转化为北平大中学生联合会，总部设于清华大学。在党组织的领导下，清华大学全体学生大会于12月3日成功召开并通过《通电全国反对一切伪组织、伪自治》的决议。6日，北平大中学生联合会发表《北平各校通电》。《通电》呼吁："强敌已入腹心，偷息绝不可得""今日而欲求曙光路，唯有动员全国抵抗之一途""吾民置身危城，日受煎熬，顾瞻前途，已不能再事容忍。"④7日，北平学联召开各校代表大会，决定9日举行学生游行，并于8日议定游行请愿的时间、路线。时任清华大学地下党支部书记的蒋南翔在《清华大学救国会告全

---

① 胡冀燕，于小东，刘世定，等. 改革的黄金年华：我们眼中的于光远[M]. 北京：人民出版社，2016:201.
② 方惠坚，郝维谦，宋廷章，等. 蒋南翔传[M]. 北京：清华大学出版社，2013:18.
③ 川吉. 国难中青年应抱什么态度[J]清华周刊，1935,43(12).
④ 人民出版社. 一二·九运动[M]. 北京：人民出版社，1954:146,148.

国民众书》中大声疾呼："华北之大，已经安放不得一张平静的书桌了""挣扎在死亡线上的全国大众，大家赶快联合起来！我们的目标是同一的：自己起来保卫自己的民族！"① 这篇文章成为战斗号角，被印成单页在"一二·九"运动中广为张贴和散发，并发表在救国会的《怒吼吧》杂志上。

1935年12月9日凌晨7时，清华同学在西大操场集合出发，9时赶到西直门，因城门紧闭而不得入城，于是，大部分同学就在西直门外召开群众大会，另一部分同学前往阜成门、广安门、西便门，皆受阻。傍晚队伍回校，学生无不义愤填膺。10日，各校学生按照北平学联的决定实行罢课，发布《宣传大纲》，提出"反对危害民族生存的内战"，要求"一致抗日"②。在地下党组织的领导下，校内举行了各种集会和演讲会讨论国内外形势，组织了纠察队、宣传队、情报队、广播队，许多学生还到农村或中小学进行宣传。14日，参加过五四运动的北京大学爱国教授许德珩来到清华大学进行讲演。在大礼堂，许德珩讲述五四运动的光荣传统，肯定和赞扬了"一二·九"运动的爱国精神。"冀察政务委员会"预定于16日成立，北平党组织决定在这一天再一次发动大示威。16日拂晓，清华、燕京等城外学生大队再次受阻于西直门、阜成门，最终于西便门冲入城中。各校学生会师于天桥，随即召开了三万余人参加的市民大会，并按计划进行了示威游行。美国进步记者斯诺对这场运动进行了报道，并赞誉勇闯宣武门的清华女生陆璀为中国的"贞德"（即 Jeanne D'Arc，是15世纪法国的民族女英雄。1936年5月，陆璀任全国学联常委、宣传部部长，并在8月31至9月6日期间作为中国学生代表参加在瑞士日内瓦举行的第一届世界青年大会。9月1日，陆璀在大会发言中介绍了中国学生抗日救亡运动开展的情况。9月20日，陆璀又参加在巴黎召开的全欧华侨抗日救国大会，并在报告中向侨胞们介绍了"一二·九""一二一六"示威游行的经过，并激动地说："我们的纲领只有一个：抗日救国。我们的要求也只有一个：抗日救国。我们的行动也只有一个：抗日救国。"③ 这一发言引起世界舆论极大关注。在当天晚上的总结会上，北平学联党组织核心成员一致认为，"一二一六"行动是

---

① 中国高等教育学会，清华大学. 蒋南翔文集：上卷[M]. 北京：清华大学出版社，1998:75-77.
② 清华大学中共党史教研组，《一二·九运动史》编写组. 一二·九运动史[M]. 北京：北京出版社，1980:43.
③ 陆璀. 晨星集[M]. 北京：人民日报出版社，1995:43,54.

成功的，但需要进一步巩固运动的成果，克服以往学生运动一哄而起、一哄而散的缺点。黄敬在会上说："这一次群众运动已达到高峰了，……下一步就应该搞武装暴动了。但是，现在条件还不成熟。必须把工作转向深入，到士兵中去做工作，到工人中去，到农村中去做工作。还要深入读书，学习革命理论。"① 1936 年 1 月 11 日，由潘光旦主编的《华年》热情地赞扬道："这次的学生运动，实在是代表着全民族争取解放的一种正义的呐喊，是人民反抗运动的一个开端。"② 难能可贵的是，这时的学生并没有被抗日救国的热情而冲昏头脑，而是主动提出加强理论学习和教育。

很快，南京政府行政院下令解散北平学联，决定提前放寒假，并限令学生在 1936 年 12 月 25 日前一律离校。1936 年 12 月 25 日，钱伟长等二十余名同学组成北平南下自行车宣传队，从清华园到南京沿途宣传北平学生抗日救亡运动，于 1936 年 1 月 13 日到达南京。同时，北平党组织决定组建抗日救亡宣传队，南下到工农中宣传抗日救亡主张。五十余名清华同学参加"平津学生南下扩大宣传团"，并于 1936 年 1 月 4 日出发，但宣传团 1 月 14 日在高碑店遭到军警阻挠，随后被监送回北平。2 月 1 日，各校宣传团员代表大会决定将此前成立的"中国青年救亡先锋团""民族解放先锋队"两组织合并为"中华民族解放先锋队"（简称"民先队"）。"民先队"向队员推荐了《大众哲学》《新哲学大纲》《新经济学大纲》等马克思主义理论书籍。"民先队"的力量日益壮大，引起了国民党反动政府的恐慌。同月，国民党反动政府颁布《维持治安紧急治罪法》，开始在全国镇压学生抗日救亡运动。29 日，军警闯进清华园逮捕进步学生，担任瞭望的于光远敲钟示警，进步学生迅速躲避抓捕，蒋南翔隐蔽在三院食堂，李寿慈（李镇）隐蔽在华罗庚家，韦君宜等 6 名女生隐蔽在朱自清家，黄诚、姚依林隐蔽在冯友兰家等等。当夜，清华哲学系教授张申府和 21 名学生被捕。后来，郑天翔记述的《清华园恐怖之夜》刊登在《清华副刊》③。

尽管爱国具有天然的合理性，但当时的党组织和"民先队"中确实存在一些急躁情绪和"左"倾冒险的做法。如 1936 年 3 月 31 日发生的北平各校民先

---

① 清华大学中共党史教研组，《一二·九运动史》编写组. 一二·九运动史[M]. 北京：北京出版社，1980:60.
② 已成强弩之末的学生运动[J]. 华年，1936,5(1).
③ 郑天翔. 清华园恐怖之夜[J]清华副刊，1937,45(11/12).

队员的抬棺游行，给学生运动造成了一定程度的损失。1936年3月，中共中央北方局书记刘少奇到达华北，根据瓦窑堡会议精神纠正学生运动中的关门主义与冒险主义错误，扩大民族统一战线。5月，北平学联就贯彻抗日民族统一战线达成一致，6月开始与二十九军由对立走向接近。8月前后，北方局组织部长彭真来到清华，住在平斋亲自指导学生运动，在彭真的帮助下，中共北平市学生运动委员会成立，指定蒋南翔为书记。10月，蒋南翔撰写《我们对于目前学生运动的意见和希望》，以北平市学生救国会的名义刊载在《学生与国家》第一期上。文章指出："热血的奔腾不是救亡事业的全部，热情澎湃外更需要坚忍的意志，和坚强的能耐，因此我们需要沉着地及时好好学习生活和救亡的知识，好好的求学，以增强自己的战斗能力。"[1] 这篇文章厘清了求学与救亡的关系，引起了舆论界的很大反响。

1937年3月，清华党支部书记杨学诚和其他三名北平党的代表一起奔赴延安参加党的全国代表大会。他们听取了毛泽东的《中国共产党在抗日时期的任务》报告，并在会上作了发言。随后，他们又参加了党的白区工作会议，听取了刘少奇的报告。他们回到北平时，已是"卢沟桥事变"前夕，北平学联正在地下党的领导下，发动学生积极参加二十九军主持的学生军训等活动。7月7日，日军挑起"卢沟桥事变"，29日北平沦陷。在中共北平市委的领导下，清华学生和其他学校学生经天津奔赴各地，走在了抗日斗争的最前线。

综上可见，在亡国灭种的危机面前，清华学生异常苦闷，他们在思考"中国往何处去？世界往何处去？自己往何处去？"的大问题，从爱国情怀出发逐步走向马克思主义。在地下党组织的领导下，学生们将在清华园中传播的马克思主义与学生中蕴藏的民族主义情绪有效地结合起来，并在"一二•九"运动形成为一种崭新的政治力量。"它准备了抗战的思想。"[2] 马克思主义为爱国进步学生提供了理论武器和行动指南，将学生救亡运动跟国家民族全局及其自身使命联系在一起。这一阶段，清华园中的青年马克思主义者队伍逐渐壮大，并先后投入到革命事业中去。

---

[1] 北平市学生救国联合会. 我们对于目前学生运动的意见和希望，一二•九运动资料：第二辑，[M]. 北京：人民出版社，1982:105.
[2] 中共中央文献研究室. 毛泽东文集：第2卷[M]. 北京：人民出版社，1993:253.

2.2.3 抗日战争、解放战争时期党组织的活动与马克思主义的传播

抗战爆发，在战火纷飞的年代，清华大学师生同仇敌忾，心系国家、民族命运。1937年8月，教育部命北京大学、清华大学、南开大学在湖南长沙组成临时大学。10月，清华、北大南下的共产党员组成长沙临大党支部。支部初建时有周宏明、熊向晖、许立群等18名党员，后又陆续吸收宋平、陈舜瑶等9人。党支部成立后，立即开展了一些抗日宣传和战地服务活动。1937年底，临大党支部邀请八路军驻长沙办事处主任徐特立到校作报告。徐特立在报告中阐述了抗日民族统一战线政策，介绍了延安和八路军的基本情况，号召广大同学"在民族危机深重的时刻，必须拿起枪杆到革命队伍里去"，这次报告受到同学们的热烈欢迎。① 随后，周恩来在武汉大学发表的演讲《现阶段青年运动的性质和任务》传入长沙临大，"到军队里去""到战地服务去""到乡村中去""到被敌人占领了的地方去"② 在临大学生中产生了强烈反响。1938年初，一部分进步学生离校奔赴抗敌前线，志愿投入抗日救亡活动，另一部分师生随校继续南迁。

1938年5月4日，西南联合大学正式开学。1939年3月，根据中共中央南方局的指示，将1938年10月业已建立的临时党支部改为西南联大正式的党支部，任命袁永熙为书记。1938年11月，中共中央长江局任命的青年工作特派员王亚文来到西南联大，也立即着手建立了一个党支部，指定徐贤议为书记。1939年7月，王亚文把自己领导的支部组织关系通过南方局经云南省工委转给袁永熙领导的党支部。随着联大党员人数的增加，1940年3月，联大党支部扩建为党总支，总支书记为袁永熙。1940年末，根据斗争形势，中共云南省青委决定在联大建立第二线党总支，二线总支对一线总支保密，以便在一线总支被破坏的情况下继续坚持斗争。

"一二·九"时期产生的"民先队"后来成为西南联大党领导的外围组织的重要力量。联大初期，党的主张、方针、政策主要通过"民先队"宣传贯彻。1939年底至1940年初，按照南方局的决定，西南联大撤销"民先队"，

---

① 清华大学校史研究室.清华革命先驱：上册[M].北京：清华大学出版社，2004:35.
② 周恩来.周恩来选集：上卷[M].北京：人民出版社，1980:88-90.

成立秘密组织"社会科学研究会"(简称"社研")。1938年底,为了更好地开展群众工作,西南联大以地下党员和"民先队"成员为骨干,成立了公开社团"群社",聘请曾昭抡等人为导师。"群社"举办时事报告会,出版《理论与实践》《群声》《大家看》壁报,开展文娱、体育活动,成为贯彻党的政策的重要阵地。1945年2月和5月,在党的领导下,西南联大先后成立了两支"民主青年同盟"(简称"民青")。这一时期的"民青"组织发展迅速,先后掌握了20多所学校学生自治会的领导权,他们还前后翻印了《新民主主义论》《论联合政府》《论解放区战场》《整风文件》等党内文件。

党组织积极团结进步教授。1943年,党组织在昆明成立了"西南文化研究会",并设立"西南文献研究室",该室由联大教授吴晗负责。联大教授曾昭抡、罗隆基、潘光旦(潘光旦曾在《工业教育与工业人才》中这样写道:"任何学问有三种用途:一是理论之用;二是技术之用;三是组织之用。没有理论,则技术之为用不深;没有组织,则技术之为用不广。政治就是如此。政治学与政治思想属于理论;吏治属于技术;而政术或政道则属于组织:三者都不可或缺。")①、闻一多等经常参加活动。活动的内容从学术研究逐渐转向讨论政治问题,还曾介绍过毛泽东著作。西南联大的一些地下党员和进步学生也在"西南文献研究室"做资料整理工作,经常与进步教授沟通政治问题。西南联大也有个别进步教授在授课中讲授一些马克思主义的篇章和内容,吸引了许多同学前来听课。例如张奚若讲"政治思想史"时指定《共产党宣言》《国家与革命》为必读书②,陈岱孙在"经济学概论"中讲授马克思经济学内容,赵迺抟开了社会主义课程等。③总体而言,在当时的国统区大学里开设此类课程是十分罕见的,这些课程的出现有力地促进了马克思主义在西南联大的传播。

综上可知,抗战后期西南联大的进步势力明显增强,联大因此被国人誉为抗日大后方的民主堡垒。1945年10月1日,西南联大张奚若、朱自清、闻一多等教授致电蒋介石、毛泽东,呼吁国共和谈"正心诚意""导国家于富强

---

① 清华大学校史研究室.清华大学史料选编:第3卷(下)[M].北京:清华大学出版社,1994:211.
② 西南联大北京校友会副会长李晓先生(1941级)讲话[M].西南联大建校75周年纪念大会专辑,2012:19.
③ 西南联大北京校友会.我心中的西南联大:西南联大建校70周年纪念文集[M].北京:清华大学出版社,2008:36,232.

康乐之域"①。然而，国民党正积极准备进攻解放区，国共两党继续展开博弈。1945年11月5日，毛泽东发表谈话，揭露国民党军队进攻解放区的真相，号召"全国人民动员起来，用一切方法制止内战"②。当晚，西南联大校务委员会常委兼主席梅贻琦在日记中写道："余对政治无深研究，于共产主义亦无大认识，但颇怀疑；对于校局则以为应追随蔡子民先生兼容并包之态度，以克尽学术自由之使命。昔日之所谓新旧，今日之所谓左右，其在学校应均予以自由探讨之机会，情况正同。"③基于校方所持的开放态度，在联大党组织的推动下，11月25日，联大、中法、云大等校学生自治会组织大中专学生六千余人在联大草坪举行反内战时事晚会，大会通过《反内战宣言》，但遭国民党当局武装包围、威胁和捣乱。次日，国民党中央社发表消息诬陷联大的时事晚会，联大等18所大中学校愤而罢课。28日，罢课学校增加到31所，并组建"昆明市中等以上学校罢课联合会"（简称"罢联"），发表《西南联大等三十一所学校学生为反对内战告全国同胞书》等系列文稿。12月1日，国民党反动当局在联大炸死联大及其他学校师生四人伤数十人，制造"一二·一惨案"。联大"罢联"立即领导开展矛头直指反动当局的大规模宣传活动。12月4日，"罢联"在联大图书馆设立四烈士灵堂纪念烈士，并与反动当局进一步展开斗争。昆明学生对国民党的斗争得到了全国人民的声援，"一二·一"运动为后来开辟第二条战线吹响了第一声号角。12月15日，毛泽东在《一九四六年解放区工作的方针》一文中写道："目前我党一方面坚持解放区自治自卫立场，坚决反对国民党的进攻，巩固解放区人民已得的果实；一方面，援助国民党区域正在发展的民主运动（以昆明罢课为标志），使反动派陷入孤立。使我党获得广大的同盟者，扩大在我党影响下的民族民主统一战线。"④按照中共中央南方局的指示，为了更好地团结中间力量，"罢联"27日复课。联大后期的民主运动得到了校方与教授会的大力支持，仅西南联大教授会就多次提出抗议书、呈交告诉状、发表公开声明和罢教宣言等，取得了巨大胜利。此外，1946年7月中旬发生的"李

---

① 清华大学校史研究室.清华大学史料选编：第3卷（下）[M].北京：清华大学出版社，1994:512.
② 毛泽东.毛泽东选集：第4卷[M].北京：人民出版社，1991:1170.
③ 梅贻琦.梅贻琦西南联大日记[M].北京：中华书局，2018:216.
④ 毛泽东.毛泽东选集：第4卷[M].北京：人民出版社，1991:1177.

闻惨案"给知识分子带来极其强烈的刺激，使他们对国民党更加失望。31日，西南联大正式结束。

1946年10月，清华大学在北平复员。复员初期的清华党组织分为"南系"和"北系"。"南系"是从昆明复员北上的党员，"北系"是从北平临时大学及各大、中学转入清华的党员。"南系""北系"由中共中央南京局、晋察冀中央局（后改为中共中央华北局）分别领导，实行单线联系。

此后，在党组织的领导下，学生爱国民主运动情绪不断高涨。首先是抗暴运动。1946年12月24日，在北平发生美军士兵强奸北大女学生沈崇事件，12月30日，1000多名清华学生罢课，与北平各校一致行动，进行了示威游行。运动迅速席卷了全国，1947年1月前后，全国数十个大中城市50多万学生相继罢课举行游行示威。1947年，蒋管区的经济日趋崩溃，学生公费已无法维持最低生活，5月15日晚，清华召开学生代表大会。地下党组织通过代表中的党员提出，我们不但要为自己争取公费而斗争，而且要为全国人民反饥饿而呼喊，饥饿的根源在内战，反饥饿必须反内战。[1] 这些观点为同学们所接受，5月17、18、19日三天，清华学生举行罢课并组织宣传队在北平城里进行宣传。5月20日，在地下党组织的领导下，北平各校学生举行"反饥饿，反内战"大游行，1000多名清华学生参加，这场风暴也影响了教师群体。如张岱年当时就对学生表示，今天的内战是阶级斗争的性质，是买办阶级反人民残暴的战争，用人们的钱人民的血，更要人民的生命[2]。清华、北大102位教授发表《告学生与政府书》，对学生运动表示同情和支持。1948年春，在"南系"教职员党支部领导下，清华"讲师、教员、助教联合会""职工公会""工警联合会"开展"争饱暖，求生存"斗争，从4月6日开始罢教、罢职、罢工三天。北大清华120余位教授发表声明响应罢教。一时间，教职员工的斗争与学生运动交相呼应。4月至7月间，在党组织的领导下，又相继开展了"保卫华北学联，反迫害""反美扶日"运动等，出现了推翻"蒋家王朝"的第二条战线并日益壮大起来。

由于党员数量的增加，1948年1月，清华"北系""南系"分别成立党总支。至暑期，全校共产党员达到200多人，占学生总人数的10%[3]。为了更

---

[1] 清华大学校史研究室.清华革命先驱：上册[M].北京：清华大学出版社，2004:59.
[2] 教授先生们的同情[N].清华周刊：罢课特刊第1号，1947-05-18（2）.
[3] 清华大学校史研究室.清华革命先驱：上册[M].北京：清华大学出版社，2004:64.

加便利地开展工作,"南系""北系"党组织相继建立了"新民主主义青年联盟""中国青年民主联盟"等一系列秘密外围组织。这些秘密外围组织在学运和各项工作中起了骨干作用。同时,复员后的清华党组织牢牢地掌握了历届学生自治会的领导权。此外,进步社团、壁报也如雨后春笋般发展起来。例如,1947年"五二〇"运动后成立的"民间舞蹈社",先后排演出《兄妹开荒》《白毛女》等解放区歌舞剧和其他一些有进步政治内容的歌舞;地下党直接领导下的"一二·一图书馆",通过各种渠道收集了包括一些马、恩、列、斯的经典著作和毛泽东的《中国革命和中国共产党》《新民主主义论》《论联合政府》等小册子在内的近2000册书籍、四五十种报刊,使许多同学从中得到了马克思主义的启蒙和滋养,并走上了革命道路。自1947年冬开始,清华党组织先后选派进步学生去解放区学习,引导他们迈向马克思主义理论和中国革命实际相结合的方向,增加对解放区情况的了解,取得了良好的效果[①]。

随着全国革命形势的迅速发展,在党组织的领导下,秘密外围组织、学生自治会、各类进步社团团结了绝大多数爱国师生,在国统区的清华园占有压倒性优势。各种革命活动可以公开或半公开地进行,进步书刊、歌舞、戏剧、壁报、读书会司空见惯。由于革命活动比较活跃,清华园被誉为国统区的"小解放区",吸引了京津很多爱国进步的青年学生前来学习。

在接管北平的过程中,党中央给予了清华大学格外的关怀。1948年12月16日,毛泽东电告林彪等人:"请你们通知部队,注意保护清华、燕京等学校及名胜古迹等。"17日,毛泽东手拟的中央军委起草致林彪等人的电稿又指出:"沙河、清河、海淀、西山系重要文化古迹区,对一切原来管理人员亦是原封不动,我军只派兵保护,派人联系,尤其注意与清华、燕京等大学教职员、学生联系,和他们共同商量,如何在作战时减少损失。"[②]18日,中国人民解放军十三兵团政治部在清华大学西门外张贴"严加保护"的布告,标志清华园正式解放。

综上所述,清华大学是一所富有革命传统的学校。解放前,在一连串的

---

① 清华大学校史研究室. 清华革命先驱:下册[M]. 北京:清华大学出版社,2004:1122-1148,1152-1160.
② 中共中央文献研究室. 毛泽东年谱(1893—1949):下卷[M]. 北京:中央文献出版社,2002:419,421.

学运中，清华始终站在最前线，爱国、救国、报国弦歌不断，而马克思主义理论和地下党组织的出现使爱国师生更加明确了奋斗方向。尽管马克思主义在清华园的传播"只能秘密的走私的在园内'地下'进行""还不能和正式的课程联系起来"[①]，但它仍然在近三十载的传播过程中使一大批爱国师生的思想、政治水平大大提高，最终选择了心中的真理——无产阶级的世界观、科学社会主义。如果说，解放前马克思主义在清华园的传播主要造就了一大批革命者[②]，那么，解放后清华大学马克思主义理论教育的主要目标转化为能够自觉运用所学专业为社会主义建设服务的建设者和接班人。解放前马克思主义在清华的广泛传播无疑为后来的清华大学马克思主义理论教育打下了良好基础。

梳理清华大学马克思主义理论教育的思想渊源，有利于把握1949—1966年清华大学开展马克思主义理论教育工作所处的历史语境和拥有的思想资源。在这里，柯林武德的名言"一切历史都是思想史"[③]对于我们思考1949—1966年清华大学马克思主义理论教育所取得的成绩和存在的局限具有启示意义。

---

① 清华大学校史研究室. 清华大学史料选编：第5卷（上）[M]. 北京：清华大学出版社，2005:192.
② 胡乔木、姚依林、蒋南翔、李昌、于光远、宋平等一大批革命者先后走出清华园，投入到民族解放大潮中，他们在中国共产党领导的革命、建设、改革伟大实践中作出了杰出贡献。
③ R.G. 柯林武德. 历史的观念[M]. 何兆武，张文杰，译. 北京：中国社会科学出版社，1986:244.

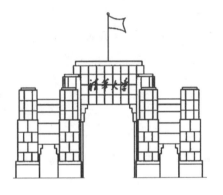

第3章
清华大学马克思主义理论教育的发展历程

毛泽东在 1950 年 6 月初召开的中国共产党第七届中央委员会第三次全体会议上曾言，观念形态的东西，不是用大炮打得进去的。毛泽东主张缓进，他希望用十到十五年的时间来做这个工作①。如何用马克思主义来教育人民，特别是教育青年，是执政党面对的一个复杂课题。大学的根本任务是立德树人，马克思主义理论教育是人才培养最重要的环节之一。新中国成立以后，我国高等教育进入了一个崭新的历史阶段，新清华开始与新中国同呼吸、同命运。在一个全新的社会制度下，清华大学如何在继承以往优良传统的基础上实现新的突破和发展？如何为建设新中国培养更多高素质人才？面对这些崭新的课题，清华大学展开了积极探索。

高校马克思主义理论教育具有鲜明的意识形态性，始终围绕党的指导思想开展工作。受国内外政治形势变化的影响，1949—1966 年党的指导思想不断发展变化。具体来说，1949—1952 年党和国家相继完成了一系列繁重的社会改革任务，尤其"对旧中国的教育科学文化事业，进行了很有成效的改造"②。1952 年，党中央按照毛泽东的建议提出了过渡时期总路线，按照党的过渡时期总路线，1953—1956 年"一化三改"同时并举。1957—1966 年，社会主义改造基本完成以后，党领导我国社会主义建设在探索中曲折发展。正如邓小平所言："一九五七年后，'左'的思想开始抬头，逐渐占了上风。"③ 其中，1960 年是十分关键的一年。这一年，中苏关系破裂，党中央决定对国民经济实行"调整、巩固、充实、提高"的方针。国民经济有所恢复后，阶级斗争色彩在党和国家政治生活中愈发浓厚。1949—1966 年，党的指导思想变化直接影响着清华大学的马克思主义理论教育工作。鉴于此，本书将这一时期的清华大学马克思主义理论教育大致分为 1949—1952 年、1953—1956 年、1957—1960 年、1961—1966 年四个阶段。

1948 年 12 月，在学生自治会、民青和张奚若等教授的邀请下，解放军十三兵团政治部主任刘道生到清华大学作形势政策报告。报告期间收到一些同

---

① 中共中央党校党史教研室资料组. 中国共产党历次重要会议集（下）[M]. 上海：上海人民出版社，1983:8.

② 中共中央文献研究室. 关于建国以来党的若干历史问题的决议注释本[M]. 北京：人民出版社，1983.

③ 邓小平. 建设有中国特色的社会主义（增订本）[M]. 北京：人民出版社，1987:102.

学递送的条子——"我们需要马克思主义 ABC，希望提供这方面的书籍，希望开办学校、培训班"，这些内容充分反映了同学们对马克思主义的追求和渴望①。后来，十三兵团办了阅览室，向同学们提供解放区的读物。1949 年 1 月 10 日，北平军事管制委员会文化接管委员会主任钱俊瑞、教育接管部副部长张宗麟到校正式接管，钱俊瑞在大礼堂作接管报告，他宣布清华大学为人民的大学（冯友兰在《解放期中的清华》中写道："在全中国解放中，清华是首先被解放的国立大学，在全中国的解放中，人民政府宣布一个正规大学为人民的大学，清华是第一个，这是清华的莫大光荣。"）②，"今后清华大学应实行新民主主义的文化教育"③。31 日，钱俊瑞又来校在大礼堂作《关于中国共产党的总路线和总政策》的报告。按照党对新区教育工作的战略安排，清华大学首先取消了反动的政治课程，此后开始有计划、有步骤地在教师和青年学生中进行马克思主义理论教育。

3.1 1949—1952 年的清华大学马克思主义理论教育

在 1948 年的九月会议上，毛泽东特别指出："现在点明一句话，资产阶级民主革命完成之后，中国内部的主要矛盾就是无产阶级和资产阶级之间的矛盾，外部就是同帝国主义的矛盾。"④ 社会主义革命的任务被提上日程。在中国共产党第七届中央委员会第二次全体会议的总结讲话中，毛泽东进一步指出："我们要普遍宣传马克思主义，同时不反对也不应当反对宣传中国的东西。但我们比较缺乏的是马、恩、列、斯的理论，我们党的理论水平低，虽然也翻译了很多书，可是实际上没有对马、恩、列、斯著作做很好的宣传。所以现在应当在全中国全世界很好地宣传马、恩、列、斯关于唯物主义、关于党和国家的学说，宣传他们的政治经济学等，而不要把毛与马、恩、列、斯并列起来。"⑤ 由革命党向执政党转变之际，在明确主要矛盾的基础上，毛泽东特别强调宣传

---

① 清华大学校史研究室.清华革命先驱：下册[M]. 北京：清华大学出版社，2004:1220.
② 清华大学校史研究室.清华大学史料选编：第4卷[M]. 北京：清华大学出版社，1994:86.
③ 清华大学校史研究室.清华大学九十年[M]. 北京：清华大学出版社，2001:160.
④ 中共中央文献研究室.毛泽东文集：第5卷[M]. 北京：人民出版社，1996:145-146.
⑤ 中共中央文献研究室.毛泽东文集：第5卷[M]. 北京：人民出版社，1996:260.

马克思主义理论对未来新中国各项事业的重要性，尤其要加强对马、恩、列、斯经典著作的宣传工作。

1949年9月29日，中国人民政治协商会议第一届全体会议通过了《中国人民政治协商会议共同纲领》（简称《共同纲领》），其中，第四十一条规定："中华人民共和国的文化教育为新民主主义的，即民族的、科学的、大众的文化教育。人民政府的文化教育工作，应以提高人民文化水平，培养国家建设人才，肃清封建的、买办的、法西斯主义的思想，发展为人民服务的思想为主要任务。"第四十七条规定："给青年知识分子和旧知识分子以革命的政治教育，以应革命工作和国家建设工作的广泛需要。"[①] 可见，《共同纲领》内在地包含着高校马克思主义理论教育的要求。1949年10月25日，《清华学习》第2期上的一篇文章指出："大学的任务是在造就新中国建设的干部，这种干部不但在业务上有所专长，而且，更重要的，要具有为人民服务的热忱。因之，他们必须建立革命的人生观，能掌握马列主义的立场，观点和方法去进行工作。"[②] 清华大学马克思主义理论教育正是在这样的背景下开始的。

1952年6月至10月，为了适应国家建设需要，经过大规模的院系调整，清华大学的文法学院各系及主要师资被调离。10月25日，院系调整后的清华大学举行开学典礼。从清华园解放到院系调整结束，清华大学已从"过去抄袭英美资产阶级教育制度的旧型大学"[③] 逐步转变为一所新型多科性工业大学。此时清华大学马克思主义理论教育也基本上处于"初步建构"的草创阶段。

3.1.1 政治课程的开设

新社会需要建立自我主导的思想意识形态，这样才能增强国家、民族的凝聚力。满足社会需求是教育改革的原动力，新中国成立前后，改造知识分子和青年大学生的思想成为迫切需要。与解放前马克思主义在清华园的地下传播有所不同，人民政权领导下的清华大学理所当然地将正规的课程教学作为马克思

---

① 何东昌.中华人民共和国重要教育文选（1949—1975）[M]. 海口：海南出版社, 1998:1.
② 大课的第一阶段[N]. 清华学习：第2期, 1949-10-25.
③ 《中央人民政府高等教育部关于清华大学工作的决定》，清华大学档案，目录号 校办1，案卷号 55002.

主义理论教育的主渠道。1949年春季学期是解放后清华大学的第一个学期，学校新增添了辩证唯物论、哲学问题讨论、历史哲学、社会主义名著选读、毛泽东思想、马克思经济、资本问题等课程①。总的来说，这些课程"名称虽新，内容仍旧，需要不断的改进、充实内容"②。当时，关于高校马克思主义理论教育，全国还没有统一规定，师生往往对此既向往又迷茫，而这些课程的开设可以说是对新的政治形势和学校师资情况综合考虑和初步探索的结果。

1949年5月10日，华北高等教育委员会副主任委员钱俊瑞在高教会学习委员会会上回答各校所提问题——"为什么政治课要必修""我们是不是应该强制学生必修这门课程呢"时明确指出："政治课是人民政权应当办的教育工作，在共同纲领里有规定，配合于整个国家的教育工作""马列主义，无产阶级的立场，辩证方法和唯物观点是真理，所以强制学生学习真理是应该的""所以现在的问题，并不是同学有没有学习的兴趣，而是怎样搞好学习""改造思想是长期的工作，要用无产阶级思想去克服非无产阶级思想，先得知道什么是无产阶级思想和什么是非无产阶级思想。这是改造思想的先决条件。政治课要答复这个问题，使每个同学都能具备克服非无产阶级思想的条件。"③此后，由党和政府领导的高校马克思主义理论教育开始启动。

1949年7月6日，清华大学校委会主席叶企孙在教授会上报告，华北高等教育委员会决定将辩证唯物论、社会发展史、政治经济学、中国革命史、新民主主义论作为大学生共同必修课④。8月10日，华北高教学会常委会第三次会议订定：各大学院校全校共同必修课为辩证唯物论与历史唯物论（包括社会发展简史）、新民主主义论（包括中国近代革命运动史）两种，各课每周皆为三小时，一学期教完。文法学院另加一门政治经济学为必修课，每周三小时，一学年教完⑤。10月8日，华北人民政府高等教育委员会发出《华北专科以上学

---

① 清华大学校史研究室.清华大学史料选编：第4卷[M].北京：清华大学出版社，1994:86.
② 金凤.教授学生团结互助，北大清华教学改进，开始以马列主义观点进行教学[N].人民日报，1949-12-09(3).
③ 清华大学校史研究室.清华大学史料选编：第5卷（上）[M].北京：清华大学出版社，2005:187-190.
④ 清华大学校史研究室.清华大学九十年[M].北京：清华大学出版社，2001:164.
⑤ 清华大学校史研究室.清华大学史料选编：第5卷（上）[M].北京：清华大学出版社，2005:185.

校一九四九年度公共必修课过渡时期实施暂行办法》，对上述课程作出正式规定①。后来校委会又通过教务处建议，要求研究生应同本科学生一样修习公共必修课程，但不计学分②。将马克思主义理论作为必修科目，有利于学生充分了解中国近代历史、学习马克思主义经典著作，保持理论清醒，形成实践自觉。

1949年8月30日，按照华北高等教育委员会的要求，清华大学校务委员会召开有学生代表参加的文法学院教员座谈会，发动教员担任全校公共必修课程的教学工作，引导全校师生员工进行政治学习。会上推选十位教员加上学生代表组成共同必修课委员会（后更名为辩证唯物论与历史唯物论教学委员会和政治经济学教学委员会），简称大课委员会，费孝通为召集人③。新中国刚刚成立，1949年10月5日，大课委员会邀请华北大学文工队来清华大学演出五幕话剧《思想问题》（该话剧展现了解放后华北大学改造学生思想的过程，说明了为什么要改造思想，怎样改造及改造结果，指出了集体学习的方法和学习中容易发生的各种偏向。该话剧是大课的缩型、预告和经验总结。)④。在演出晚会上，费孝通代表大课委员会宣布辩证唯物论与历史唯物论一课正式开始。费孝通指出："我们现在必须一方面努力业务学习，充实技能，另一方面，更要努力政治学习，确定我们的立场与方法观点，二者缺一都不行。充实技术好比'磨刀'，磨得快快的；建立正确的思想好比'操刀'，使我们的刀不被敌人所用，我们要保证这刀为人民所用。这政治课的目的就在于是我们清华所教育出来的每一个人，都能忠诚地去为人民服务。"⑤1950年1月23日，学生开始进行为期一周的思想总结，以巩固一学期的学习收获。一些教师和职员也旁听了部分大课，参加了学习。在全校范围内进行大课学习的同时，文法学院还进行着政治经济学课程教学。费孝通曾总结这一学期的大课经验并写作文章，以《我们的大课——清华大学政治课的经验》为题发表在1950年4月11日至13日的

---

① 教育部社会科学司.普通高校思想政治理论课文献选编（1949—2008）[M].北京：中国人民大学出版社，2008:2.
② 清华大学校史研究室.清华大学九十年[M].北京：清华大学出版社，2001:166.
③ 大课委员会、教职联、学生会编.大课的第一阶段[N].清华学习：第2期，1949-10-25.
④ 清华大学校史研究室.清华大学史料选编：第5卷（上）[M].北京：清华大学出版社，2005:197-198.
⑤ 大课委员会、教职联、学生会编.我们的大课开始了——费孝通在《思想问题》演出晚会上的报告[N].清华学习：第1期，1949-10-17.

《光明日报》上，引起了较大的反响①。

1949年11月，中央政府教育部在成立后的第一次部务会议上便研究政治课教学问题，明确政治课学习是当前课程改革的中心环节，并先后召开各门课程的教学座谈会。1950年2月，教育部又利用寒假时间召开高校新民主主义论教学讨论会，来自北京、天津两地高校共16位教师参加，会议研究教学内容、教学组织、教学方法，并编写了讲授大纲，为接下来新民主主义论课程的首次开设做好了充分准备。18日，教育部副部长钱俊瑞专门作《为什么学习新民主主义论》报告，指出"新民主主义论是马列主义与中国革命实际结合最好的典范"，因此要学习《新民主主义论》，要更进一步根据已学得的立场、观点、方法来看中国革命与建设的规律，在初步掌握基本规律的基础上以了解新民主主义革命与建设的总路线总政策及各部分的政策为主要任务。该报告的要点很快就被登载在3月8日大课委员会编的《清华学习》上加以传达和贯彻②。1950年3月，"政治学习已在比较好的基础上进入了第二阶段"③，全校范围内的新民主主义论课程正式开始，文法学院的政治经济学课程继续进行。

1950年7月24日至8月25日，全国高等学校暑期政治课教学讨论会召开。会议认为此前的政治课教学对政治思想教育方针任务的认识上出现了过"左"情绪，企图短期突击即可解决思想问题，在教学内容方面对社会发展史及新民主主义论的讲授重点不够明确，并有针对性地指出了教学重点。1950年10月4日，教育部发出关于全国高等学校暑期教学讨论会情况及下学期政治课应注意事项的通报④。同日，教育部又发布《关于华北区各高等学校本学期政治课教学计划的几点指示》并强调，通过社会发展史的学习，树立劳动观点、群众观点和阶级观点；要改造思想，首先要肃清封建的、买办的、法西斯主义的思想，树立为人民服务的思想⑤。在新学年的政治课学习中，清华大学均照此执行。

---

① 清华大学校史研究室. 清华大学史料选编：第5卷（上）[M]. 北京：清华大学出版社，2005:222-232.

② 大课委员会. 为什么学习新民主主义论——钱俊瑞副部长报告要点[N]. 清华学习：第2卷第2期，1950-03-8.

③ 清华大学校史研究室. 清华大学史料选编：第5卷（上）[M]. 北京：清华大学出版社，2005:212.

④ 教育部社会科学司. 普通高校思想政治理论课文献选编（1949—2008）[M]. 北京：中国人民大学出版社，2008:5-6.

⑤ 刘光主. 新中国高等教育大事记（1949—1987）[M]. 长春：东北师范大学，1990:17.

这一阶段，相比大课（社会发展史和新民主主义论）而言，教育部、学校当局和学生对政治经济学给予的重视则有所不足，政治经济学教学委员会在1950—1951年度工作总结中提出人员和经费短缺、工作中困难很大的问题，并"希望教育部以后能够继续加强政治经济学的领导工作"①。与此同时，在教育部的指示下，全校师生员工每周还进行着时事学习。

为了纠正一些学校中存在的将政治课与业务课对立和只有政治课才是进行思想政治教育的错误认识和现象，1951年7月24日，教育部指示各大行政区的教育部门分别召开暑期高等学校政治课讨论会，指出政治课应作为业务课之一，着重于系统的理论知识的讲授，联系实际，以解决学生的主要思想问题。9月10日，教育部又发出指示，取消"政治课"的名称，明确辩证唯物论与历史唯物论、新民主主义论、政治经济学课程同为独立的课目，是业务课的重要组成部分，应着重讲授系统的马克思列宁主义、毛泽东思想，并尽可能地联系中国的革命实际、建设实际和学生的思想实际，防止教条主义的倾向。②

1952年10月7日，教育部在近3年的调查研究和总结经验的基础上发出的《关于全国高等学校马克思列宁主义、毛泽东思想课程的指示》规定，理、工、农、医等专门学院依照第一、二年级次序分别开设新民主主义论和政治经济学课程，均为1学年，不再开设辩证唯物论与历史唯物论课程；每学期新民主主义论课程的授课次数为17次，共34学时，课堂讨论次数为8次，共16学时，1学年合计100学时；每学期政治经济学课程的授课次数为17次，共51学时，课堂讨论次数为8次，共17学时，1学年合计为136学时。③

1952年夏秋，清华大学经历了大规模的院系调整。院系调整中保留下来的相关师资、书籍及传统等成为此后清华大学马克思主义理论教育的重要凭借。受院系调整影响，1952—1953学年，清华大学只在一年级同学中开设了"新民主主义论"一门政治课④。

---

① 清华大学校史研究室. 清华大学史料选编：第5卷（上）[M]. 北京：清华大学出版社，2005:270.
② 教育部社会科学司. 普通高校思想政治理论课文献选编（1949—2008）[M]. 北京：中国人民大学出版社，2008:9.
③ 教育部社会科学司. 普通高校思想政治理论课文献选编（1949—2008）[M]. 北京：中国人民大学出版社，2008:13-14.
④ 加强学生的马克思列宁主义的教育，本学年新开两门政治课[N]. 新清华：第10期，1953-09-14（3）.

此外，这一阶段也高度重视时事学习课。1950年3月12日，教育部主持召开各大学教务长、学生代表、工会代表及政治课主要负责人参加的关于加强时事学习的座谈会。会议要求，各校在一年级进行政治课学习的基础上，二、三、四年级增添时事学习课，与业务课同样重要。参会的工会代表罗闻回校进行了传达[①]。对时事政策的关注，有助于学生认清社会现实，加深对中国共产党、社会主义制度的认识，从而坚定理想信念。随后，清华大学进一步加强了这项工作。

3.1.2　机构和师资的组建

机构载体和师资队伍状况直接影响马克思主义理论教育的成败。尽管处于草创阶段，清华大学马克思主义理论教育的机构设置和师资配备仍有许多可圈可点之处。这一阶段主要涉及的相关机构有大课委员会、政治经济学教学委员会、寒假学习委员会、时事学习委员会、辩证唯物论与历史唯物论教研组、政治经济学教研组、新民主主义论教研组等。

1949年8月30日，按照华北高等教育委员会的要求，清华大学在文法学院教员座谈会上推选组成了以费孝通教授为召集人的共同必修课委员会（表3-1）。大课委员会设常委会，统辖大课讲员、班教员、秘书组，还与教职联、学生会共同编辑《学习报》以指导集体学习。9月10日，华北高教委员会举行辩证唯物论与历史唯物论座谈会，会上决定成立由艾思奇、费孝通、张岱年、侯外庐等专家学者组成直属高教会的"辩证唯物论与历史唯物论教学委员会"，领导辅助各校进行教学，各校另行成立分会[②]。9月23日，校委会批准将共同必修课委员会改组为辩证唯物论及历史唯物论教学委员会（大课委员会）和政治经济学教学委员会（表3-2），前者召集人仍为费孝通教授，后者召集人为《资本论》最早的翻译者、著名经济学家王亚南。此时的大课在学习组织上"有五个层次：学习小组（十人到二十人），班会（一百人到二百人），全校大课（二千多人），本校的大课委员会，高教会的教学委员会"[③]。1950年9月18

[①] 加强时事学习，教育部召开座谈会[N]. 人民清华：第10期，1950-03-16(1).
[②] 清华大学校史研究室. 清华大学史料选编：第5卷（上）[M]. 北京：清华大学出版社，2005:186-187.
[③] 清华大学校史研究室. 清华大学史料选编：第5卷（上）[M]. 北京：清华大学出版社，2005:193.

日，校委会议决，大课委员会主席为叶企孙教授，副主席为费孝通教授；政治经济学教学委员会主席为郭大力教授。《资本论》（1~3卷）的第一个中译本正是由郭大力和王亚南合译并于1938年8月至9月出版的。历史地看，为了确保政治课的学习效果，学校精心组织了一支强大的师资队伍，成员多为著名学者，他们是新中国成立后清华大学最早的政治课教师。

1949年10月17日晚，吴晗教授讲授政治理论学习的第一次大课——辩证唯物论与历史唯物论引论①。10月31日晚，费孝通教授演讲"从猿到人，五种生产方式"②。11月30日、12月14日，吴景超教授先后演讲"社会主义革命与新民主主义革命""国家谓政治"③。12月28日，任华教授演讲"社会思想意识"④。1950年1—2月，为了很好地完成新中国成立后第一个学期政治学习的思想总结，大课委员会邀请马列学院著名哲学家艾思奇三进清华园作报告，全校师生通过广播设备共同聆听，引起了很大的反响。哲学系金岳霖教授曾评价道："当时对艾思奇反映很好，一是为人朴素，坐一辆木炭汽车就来了，二是毫无政治上高人一等的态度。"⑤春季学期开始，大课委员会又组织了新民主主义论的学习。为了教好学好新民主主义论这门课，3月3日，大课委员会邀请华北大学胡华教授来校为大课干部会作《怎样教学革命历史——青年的绝好教科书》报告⑥。一时之间，名师如云。

表3-1 清华大学大课委员会组成人员表

职　　务	姓　　名
常务委员（包括大课讲员）	费孝通（召集人）、吴晗、吴景超、孙毓棠、金岳霖、任华、张岱年、于振鹏、张荦群、艾知生、路人骥、陈发景
班教员	邓以蛰、王宪钧、曾炳钧、陈体强、王逊、何善周、李宗津、胡庆钧、李民范、郭以述、王荫国、严宝瑜、张锡纯、朱声绂、马万钧、张寄谦、陈庆华、李活
秘书组成员	张荦群、于振鹏、全慰天、刘静纯

注：根据《清华学习》第1期制

① 清华大学校史研究室.清华大学九十年[M].北京：清华大学出版社，2001:167.
② 十月卅一日至十一月十四日大课工作日程表[N].清华学习：第2期，1949-10-25.
③ 十一月卅日至十二月十四日大课工作日程表[N].清华学习：第5期，1949-11-29；十二月十四至十二月二十八日大课工作日程表[N].清华学习：第6期，1949-12-14.
④ 十二月二十八日至一月十一日大课工作日程表[N].清华学习：第7期，1949-12-27.
⑤ 佚名.人民的哲学家——艾思奇纪念文集[M].昆明：云南人民出版社，1997:251-252.
⑥ 清华大学校史研究室.清华大学史料选编：第5卷（上）[M].北京：清华大学出版社，2005:218-222.

表 3-2 清华大学政治课教学委员会组成人员表

组　别	姓　名
辩证唯物论及历史唯物论教学委员会	费孝通（召集人）、吴晗、金岳霖、邓以蛰、张岱年、任华、王宪钧、王逊、陈庆华、张寄谦、孙毓棠、王永兴、何善周、王荫国、李民范、郭以述、张锡纯、赵中立、吴景超、张莘群、胡庆钧、曾炳钧、陈体强、朱声绂、严宝瑜、李相崇、艾知生、袁君孚、林寿屏
政治经济学教学委员会	王亚南（召集人）、徐毓枏、赵人伟、朱声绂、金起元、林富德（以上经济系）、杜汝楫（政治）、袁方、刘世海（社会）、王永兴（历史）

注：根据清华大学档案[①]制

1950 年 2 月，为了组织广大师生在寒假中进行有系统的政治学习，学生会、教职联、青年团和大课委员会曾联合组成了寒假学习委员会。寒假学习委员会更加注重组织学生进行时事学习。关于时事学习，1951 年 4 月 23 日，校委会根据教育部的指示决定成立本校时事学习委员会，聘请著名物理学家周培源为主席，由中共清华大学委员会、青年团委员会、中国民主同盟清华大学区分部、工会、学生会、大课委员会、家庭妇女会各派代表 1 人参加。

1951 年 9 月 10 日，教育部发出《教育部关于华北区各高等学校 1951 年度上学期进行"辩证唯物论与历史唯物论"等课教学工作的指示》，明确指出："现有的政治教学委员会（或大课委员会）应改为各该课目的教学研究指导组，如'辩证唯物论与历史唯物论教学研究指导组'、'新民主主义论教学研究指导组'和'政治经济学教学研究指导组'，作为该三科目的基本教学组织。"[②]9 月 24 日，校委会议决成立辩证唯物论与历史唯物论教研组，主任为任华教授；成立政治经济学教研组，主任为张鱼教授。1952 年 2 月 12 日，根据教育部的指示，清华大学校务工作会议在此前议决撤销大课委员会的基础上，决定成立新民主主义论教研组，负责新民主主义论课程的教学工作，主任为任华教授。4 月 2 日，正式撤销大课委员会[③]。9 月 24 日，清华大学筹委会确定院系调整后作为 7 个公共教研组之一的新民主主义论教学研究指导组主任为刘弄潮教授

---

① 《第24次校务委员会会议记录》，清华大学档案，全宗号2，目录号252，案卷号49004。
② 教育部社会科学司. 普通高校思想政治理论课文献选编（1949—2008）[M]. 北京：中国人民大学出版社，2008:11.
③ 清华大学校史研究室. 清华大学史料选编：第5卷（上）[M]. 北京：清华大学出版社，2005:278.

（刘弄潮，川北渠县人，1905年生，1921年在成都参与组建社会主义青年团，后曾协助李大钊做青年工作，1925年经李大钊介绍由社会主义青年团转入中国共产党；大革命时期曾为武汉第二中山大学教授和武汉农民运动讲习所教员，讲授马克思主义理论；大革命失败后曾两度入狱，抗战期间曾任成都市政府秘书长，1945年任国民党陆军大学政治部副主任、中将教官，抗战胜利后任重庆市一中校长；新中国成立之初，由于刘弄潮经历曲折复杂，党龄等问题难以调查确认，党组织将他工作安排在清华大学，为二级教授，任新民主主义论教研组、中国革命史教研组主任，同时致力于研究李大钊思想和生平。）[①] 1952年9月27日至29日，清华大学教师曾参加华北区高等学校新民主主义论课程教学研讨会，并在会上作关于教研组工作经验的报告。会议高度肯定清华大学通过教研组培养助教讲课的做法，并要求加以大力推广，使助教在半年或一年后都能担负起教学工作[②]。

新中国成立之初，高校政治课师资紧缺。1951年9月10日，中央政府教育部曾发出指示，抽调一部分辩证唯物论与历史唯物论课程的教师集中研究半年，以培养师资[③]。1952年9月1日，中共中央发出《关于培养高等、中等学校马克思列宁主义理论师资的指示》，由中央人民政府教育部筹划，在中国人民大学创设马克思列宁主义研究班，为各高等学校培养一部分政治理论师资[④]。接到指示后，清华大学派张岱年、刘桂生、钱逊等人先后赴人民大学学习，听苏联专家讲课[⑤]。

1949年6月，清华大学党支部和党员一律公开。随后，党组织的工作主要集中在思想政治方面，积极开展党、团的思想教育活动。例如，1951年9月27日，校党委书记何东昌曾以《关于共产主义社会和党的性质》为题讲党课。此外，一些苏联专家先后来京或者来校讲学（朱镕基曾经在新民主主义论课程

---

① 林向北. 我们父子与刘弄潮[J]. 红岩春秋, 2005(6):47-51.；甘犁. 弄潮儿向潮头立 刘弄潮传奇[J]. 红岩春秋, 2006(4):48-55.
② 高教部办公厅. 高等教育文献法令汇编（1949—1952）[M]. 高教部办公厅，1958:88-89.
③ 教育部社会科学司. 普通高校思想政治理论课文献选编（1949—2008）[M]. 北京：中国人民大学出版社，2008:9-10.
④ 教育部社会科学司. 普通高校思想政治理论课文献选编（1949—2008）[M]. 北京：中国人民大学出版社，2008:11.
⑤ 方惠坚，张思敬. 清华大学志（下）[M]. 北京：清华大学出版社，2001:448,464.

的读书笔记中提及当时来京讲学的苏联经济学者马卡洛娃教授。)①；刘道生、荣高棠、钱俊瑞、陈毅、冯文彬、乔冠华、萧华、徐特立、杨之华、杨述、陈家康等各条战线上的领导干部先后来校作理论或形势政策的报告，这些流动师资也给予清华师生很多教益。

3.1.3 教材以教学提纲为主

教材是教育教学的基本依据。马克思主义理论教育的教材必须鲜明地体现出党和国家的意志。然而在新中国成立之初，我国还没有全国统一的教材，能够加以利用的教材主要包括马克思主义经典著作、党的文件、讲授大纲及其他参考书籍。1949年9月10日，华北高等教育委员会举行华北各大学辩证唯物论与历史唯物论座谈会。此次座谈会讨论了教材问题，决定以斯大林所著《辩证唯物主义和历史唯物主义》为基本教材，并应阅读毛主席所著的《改造我们的学习》《整顿学风、党风、文风》、斯大林所著的《无政府主义还是社会主义》及《中共中央关于调查研究的决定》等文件书籍。此外，高教会还成立一个教学委员会来研究课程提纲②。对于清华大学辩证唯物论与历史唯物论课程来说，华北高教会决定的教材、参考书和提纲就是学习最重要的依据。在教学过程中，清华大学大课委员会一直要求学生用以自学。《清华学习》"是为本校同人同学学习参考而编印的"③，能够发挥传达领导机构的一切决定、指导自学（提示学习方向进程和重点，检讨学习经验，分享学习心得及总结等④）的作用，事实上也起到了一些教材的作用。

1949年10月25日，《清华学习》第2期刊载了华北高等教育委员会拟定的《辩证唯物主义与历史唯物主义教学纲目》的第一讲——引论部分和《历史唯物主义与社会发展史教学纲目》。前者的主要内容包括"什么是辩证唯物论和历史唯物论""为什么要学习辩证唯物论与历史唯物论""怎样学习辩证唯物

---

① 朱镕基.关于统一战线——读书笔记[N].清华学习：第2卷第4期，1950-04-15.
② 清华大学校史研究室.清华大学史料选编：第5卷（上）[M].北京：清华大学出版社，2005:186-187.
③ 大课委员会，教职联，学生会编.启示[N].清华学习：第1期，1949-10-17.
④ 大课委员会，教职联，学生会编.改进《清华学习》[N].清华学习：第4期，1949-11-15.

论与历史唯物论"，并开列了参考书目。后者则从"从猿到人——劳动创造人，劳动创造世界""五种生产方式——阶级斗争""社会主义革命和新民主主义革命""国家与政治""社会的思想意识"五个方面进行了梗概性的介绍①。

1950年2月，在中央政府教育部主持下，由华北大学革命问题教研室牵头组织的新民主主义论教学研讨会决定以《新民主主义论》为政治课教材，讲授提纲由教育部下达各校②。1950年3月8日，《清华学习》第2卷第1期《关于参考资料的介绍》中提到："教育部拟出的第一讲提纲，很详细的写着学习的目的和内容：这些题目的顺序不是随便安排的，而是有着内在的联系：什么样性质的社会，有什么样性质的革命；从中国社会性质到革命任务，对象，动力，再到中国革命历史的特点。根据这个提纲，就可以很清楚了解中国革命的特点，就可以有系统的比较明确的掌握关于中国革命发展规律的科学理论。"③4月15日，《清华学习》第2卷第4期又以《从中国革命史总结革命主要经验》为题介绍学习重点和参考资料，指出应首先仔细阅读教育部下发的学习提纲，进行概括的了解，然后精读《共产党人发刊词》，在此基础上再参考《论人民民主专政》后半部及刘少奇在亚澳工会会议上的闭幕词等文件④。

大课委员会先后购买华北高教会、中央政府教育部制订的各种参考书，供学生们使用。1949年秋季学期进行辩证唯物论与历史唯物论课程学习时，各学习小组在登记小组名单时曾领取《社会发展简史》等四种参考书进行阅览。1950年春季学期，大课委员会又购得参考书籍六十五种，并订有《学习》《中国青年》《新华月报》等杂志，为学生们学习新民主主义论课程提供了丰富的资料⑤。

1950年全国高等学校暑期政治课教学讨论会同意中央政府教育部提出的社会发展史及新民主主义论两门课的内容重点。

社会发展史：（1）引论——社会发展史学习的目的、内容和方法；（2）劳

---

① 大课委员会，教职联，学生会编. 辩证唯物主义与历史唯物主义教学纲目[N]. 清华学习：第2期，1949-10-25.；历史唯物主义与社会发展史教学纲目[N]. 清华学习：第2期，1949-10-25.
② 刘光主编. 新中国高等教育大事记（1949—1987）[M]. 长春：东北师范大学出版社，1990:8.
③ 大课委员会. 关于参考资料的介绍[N]. 清华学习：第2卷第1期，1950-03-08.
④ 大课委员会. 从中国革命史总结革命主要经验——学习重点和参考资料介绍[N]. 清华学习：第2卷第4期，1950-04-15.
⑤ 大课委员会. 学习消息[N]. 清华学习：第2卷第1期，1950-03-08.

动创造人类世界；(3) 五种生产方式——阶级斗争；(4) 新民主主义的政治；(5) 社会思想意识。

新民主主义论：(1) 中国革命的历史特点；(2) 中国新民主主义革命史；(3) 中国革命的主要经验；(4) 新民主主义的政治；(5) 新民主主义的经济；(6) 新民主主义的文化；(7) 中国革命的前途[①]。

1950年10月4日，中央政府教育部发出《华北区1950年第一学期政治课"社会发展史"的教学内容和教学组织》，指定斯大林的《辩证唯物主义和历史唯物主义》和艾思奇的《历史唯物论——社会发展史讲授提纲（修订本）》作为社会发展史课程的基本参考书[②]。

1950年8月，《光明日报丛刊》（第二辑）刊登了《新民主主义论讲授纲目》《辩证唯物论与历史唯物论教学纲目》《政治经济学讲授提纲》，推荐各高校教学使用。1950年以后，华北大学胡华编著的《中国新民主主义革命史》、苏联学者编写的《政治经济学讲授提纲》等相关书籍也相继出版。然而，这一时期还是没有出现统一的教材。1952年10月7日，中央政府教育部在《关于全国高等学校马克思列宁主义、毛泽东思想课程的指示》中仍提出，希望各区在教学工作中选择较好的讲授提纲或讲稿上报[③]。

在教材问题上，中央教育部的一系列规定为尚处于起步阶段的清华大学马克思主义理论教育提供了基本遵循。相关学习资料的日益丰富为开阔学生眼界、提高学习效果奠定了良好基础。

3.1.4　教育方式尚在探索

总体而言，由于此时的历史条件，新中国成立之初清华大学马克思主义理论教育的教育教学方式是处于变动中的，探索过程如下。

1949年5月10日，华北高等教育委员会副主任委员钱俊瑞在高教会学习委员会上回答各校提问时说道："我们对于政治课是有信心的，因为它的内容是

[①] 教育部社会科学司. 普通高校思想政治理论课文献选编（1949—2008）[M]. 北京：中国人民大学出版社，2008:6.
[②] 何东昌. 中华人民共和国重要教育文献选编（1949—1975）[M]. 海口：海南出版社，1998:61.
[③] 教育部社会科学司. 普通高校思想政治理论课文献选编（1949—2008）[M]. 北京：中国人民大学出版社，2008:13.

真理，它的方法是走群众路线，结合实在的思想问题，帮助每一个同学去解决他自身的思想矛盾。"① 也就是说，承担马克思主义理论教育任务的高等学校政治课采用群众路线的方法来自于上级教育行政部门的要求。9月12日，在华北高教会举行辩证唯物论与历史唯物论座谈会上，"关于教学方法，北大、清华、燕京等校都曾提出比较详细的办法，大致是教员先作启发报告，然后由小组讨论，提出问题，再作解答报告，以达到进行思想教育解决思想问题的目的"。② 通过座谈，各校就具体的教学方法达成了一致意见。从学生方面来看，解放前有一些清华学生参加了华北大学的学习，解放后常常回母校传播在华北大学学习的经验，因此，学生中很早就自动分成了学习小组进行集体讨论。此外，暑假期间平津各大学毕业生短期学习团曾借用清华场地进行活动，等于为清华学习小组整个学习方式进行了一次具体的示范。"所以等到我们自己要设立政治课程时，这一套就用上了。"③

1949年10月5日，费孝通代表大课委员会在以思想问题为主题的报告中曾经这样说道："我们清华解放已经半年多了，但是这种政治课程，一直到现在才搞起来，为什么呢？因为在过去的思想上还没有搞通；教的方面，不敢负起责任来；学的方面，迷信威权，觉得非马列主义专家不能教这功课。这样，教和学愈隔愈远，这种课程只得停顿了。那是不对的。不对的地方是没有认识学习，还是依赖教师关注的教育方法。现在我们应当把这旧观念改过来，从教学相长、师生互动的精神中，靠自己努力和群众的创造性，耐心试验出一个新的课程来。"④ 可见，在新中国成立之初的清华大学，政治课教学确实存在实际困难，在实践中改进教学方式成为亟需解决的问题。于是，清华大学的政治课采取了不同于普通课程的教学方式。

那么，究竟采取怎样的教学方式呢？"主要的是结合具体问题，针对此时此地，现有情况去处理思想问题。……学习课程是这样：由大课委员会指定

---

① 清华大学校史研究室. 清华大学史料选编：第5卷（上）[M]. 北京：清华大学出版社，2005:191.
② 清华大学校史研究室. 清华大学史料选编：第5卷（上）[M]. 北京：清华大学出版社，2005:186-187.
③ 大课委员会，教职联，学生会编. 大课的第一阶段[N]. 清华学习：第2期，1949-10-25.
④ 清华大学校史研究室. 清华大学史料选编：第5卷（上）[M]. 北京：清华大学出版社，2005:191-193.

一教员在全校大课中作一启发性的演讲,并发出讨论提纲指导学习小组进行讨论,目的在暴露问题。委员会集中所有问题加以研究,由班教员传达给班会,共同解决所提出的问题。每两星期为一单位""这课程的重心是在集体学习,但是要集体学习有效果,每个教员和学生都要能有充分的自学和准备,而且必须有领导、有计划地进行工作。"①

1949年10月10日,清华大学全校同时举行了学习小组讨论,小组长由学生担任。同学们在阅读参考书和第一次小组讨论提纲的基础上,注重分析话剧《思想问题》中的典型角色,并联系自身加以讨论。10月12日,全校第一次召集班会,全校共分十七个班。班教员由原有教师担任,同时是大课委员会的委员。召集班会的目的是使教学双方能有接触,实现"教学相长,师生互动"。第一次班会上主要讨论大课委员会发出的三个问题:一是为什么要上政治课?二是业务课程和政治课程怎样联系?三是现有的学习组织形式是否合适? 10月17日,吴晗演讲《辩证唯物论与历史唯物论》的引论,开始第一个学习单位的工作②。新中国成立之初,清华大学政治课程的教学方法初步建立起来并开始发挥作用。

这套教学方法建立起来后,也先后暴露出一些问题。比如,有的小组觉得同学们对讨论的问题没有兴趣而没有进行讨论;有的班受教室场地或安排的限制,将集体讨论改为各小组讨论,没有总结,将班会开成了第二次小组会;班教员和学习干事及小组长联系不密切,以致开会前缺乏准备;大课委员会所提出的讨论问题不够具体;讨论时同学们对待发言态度不一;等等。针对这些问题,大课委员会、班教员、学习干事及小组长进行了检讨和调整③。

1949年12月14日,大课委员会决定在12月21日举行一次测验作为思想总结阶段的开始,系统地整理和坚实地巩固已取得的学习成果,在此基础上进一步推进学习。大课委员会还提出,"我们当更尽力请教育部同志或其他马列主义研究者在测验以后来帮我们作总结,帮助大家解决以前没有解决的问题及新的问题"。④

---

① 清华大学校史研究室. 清华大学史料选编:第5卷(上)[M]. 北京:清华大学出版社,2005:193.
② 大课委员会,教职联,学生会编. 大课的第一阶段[N]. 清华学习:第2期,1949-10-25.
③ 大课委员会,教职联,学生会编. 大课的第一阶段[N]. 清华学习:第2期,1949-10-25.
④ 大课委员会,教职联,学生会编. 大课委员会号召举行测验,巩固成果,推进学习[N]. 清华学习:第6期,1949-12-14.

1949年12月27日，费孝通在大课上报告了学生们政治课的学习情况，明确指出："政治课是一个群众工作，是一个政治工作，是进行思想斗争思想改造的群众运动。只有建立了新的人生观，中国才能真正进入新的时代。思想斗争并不是大课委员会与同学的斗争，乃是以无产阶级的思想与传统旧社会的意识、非无产阶级思想做斗争，斗争的场合是在每个人自己的思想中进行的。这是每个人自己对自己的斗争，自己的新思想和旧思想的斗争由于斗争中必然要发生一系列的矛盾——思想问题，这种思想上的矛盾常常是不自觉的，只有它的根源掘出来自己才会发现问题的存在。"紧接着，他代表大课委员会宣布："由今以后，大课已进入了思想总结的阶段，号召同学们运用批评与自我批评的武器来检查半年来思想上有多少改变。"①

　　1950年1月22日，《清华学习》第八期刊载《思想总结的目的》。文中指出，在政治和经济上解放后，还需在思想上求解放，而思想总结就是每个人的自我解放。文章还就怎样进行思想总结进行了详细介绍。首先，要建立理论基础。因为思想总结要以掌握的理论为武器，同学们应先结合艾思奇先生的报告进行自学。其次，要运用批评与自我批评的武器。"在思想总结时，尽力深入，适可而止，批评别人时要一贯坚持诚恳的态度，互助友爱。不追不迫，不打击，但绝不是一团和气，互相隐蔽，怕得罪人，怕人报复。这两种偏向，我们都要警惕。"② 这种批评和自我批评要先在最基层的互助小组中开始，同学们在互助小组里漫谈。"漫谈时要注意两方面：一是比较，一是分析。两方面要同时运用。比较是看自己现在的思想和过去的思想有什么不同？起了什么变化，再看自己和别人在思想上有什么不同？我们还可以依已经讲过的各个观点作自我反省，在互助小组中互相对照。于是进一步要进行分析，为什么有以往那一套思想？为什么会起变化？什么促进了这些变化？为什么我这样想而别人不这样想？在分析时我们就要运用已经学得的理论作武器。看看哪些想法是不正确的，不合无产阶级的立场和方法。"③ 同学们在漫谈的基础上写下自己的思想总结。再次，在典型报告的启发下进一步反省。"最好的启发是听取别人的典

---

① 清华大学校史研究室. 清华大学史料选编：第5卷（上）[M]. 北京：清华大学出版社，2005:204-205.
② 大课委员会，教职联，学生会编. 思想总结的目的[N]. 清华学习：第8期，1950-01-22.
③ 大课委员会，教职联，学生会编. 思想总结的目的[N]. 清华学习：第8期，1950-01-22.

型报告，把别人作面镜子照照自己。"① 结合华北人民革命大学学员的典型报告，同学们在互助小组中加以讨论。最后，个人在大组里报告自己的总结，请大家批评和帮助，进一步修改后交卷。

总的来说，大课学习的原则是学生自学为主，讨论为辅，教员的作用在于启发和推动学习。在考核方式上，则同华北人民革命大学一样，"每学习一段理论，就举行一次测验，测验之后，即进行一次思想检查或总结"②。"一次思想总结胜过半年上大课。"③ 这主要是吸收延安整风审干经验。"在民主评卷测验与紧随其后的思想总结中贯彻群众路线原则，营造出群众集体对学员个体的笼罩性存在感，使学员产生自我表达的刚性需要。同时，批评与自我批评作为自我表达的规定路径造成一种互相监督乃至自我坦白的空气。"④ 正如费孝通所总结的："这种性质的课程，虽在老解放区以及解放后转为改造思想培养干部而设立的大学中已经是办有成绩的了，但是在普通正规大学中却是一门新课程，不但内容是新的，教学组织和方法全是新的。"⑤ 当时的新民主主义论、政治经济学课程也大体上应用大课的教学方式，但这种教学方式在实际运行中也暴露出一些急躁粗暴的倾向。清华大学 1950 年春季学期的新民主主义论课程开始有了一些调整，更加注重政治理论学习，轰轰烈烈的"思想总结"也变成了以写学习心得为主的"深入反省"。此时的《清华学习》强调："有系统的政治理论学习是我们大课的内容，思想的改造有很多的道路，而有系统的理论学习，如果能适当的配合着其他方法进行，是最有效的。现在已经逐步在全国范围内和全体规模上，展开了这种学习。这样才能把经验提高到理论水平。今年我们的大课是从理论结合到具体实践来学习中国革命总路线总政策。"⑥

1950 年 5 月 29 日，第一次全国高等教育会议召开，毛泽东在同教育部负

---

① 大课委员会，教职联，学生会编. 思想总结的目的[N]. 清华学习：第8期，1950-01-22.
② 大课委员会，教职联，学生会编. 华北人民革命大学第二期情况与教育上的两点主要经验——1949年12月向中央和华北局的报告[N]. 建设：1949年第60期：12.
③ 清华大学校史研究室. 清华大学史料选编：第5卷（上）[M]. 北京：清华大学出版社，2005:231.
④ 吴起民，汪云生. "革命熔炉"是怎样炼成的——华北人民革命大学马列主义教学经验研究[J]. 党史研究与教学，2017(4):78-88.
⑤ 清华大学校史研究室. 清华大学史料选编：第5卷（上）[M]. 北京：清华大学出版社，2005:224.
⑥ 大课委员会编. 进行学习总结[N]. 清华学习：第2卷第7期，1950-06-03.

责人谈话中指出:"现在文化教育领域中的进步力量还小,马列主义的力量比起资本主义的力量来要小得多。旧式学校是资本主义的,我们的新式学校要办成社会主义的""政治课暂时维持现状,实际上放松一点。我们在这方面发动攻势要谨慎,不要使自己陷入被动。"①1950 年暑期的全国高等学校暑期政治课教学讨论会讨论了这一问题。10 月 4 日,教育部发出的《关于全国高等学校暑期政治课教学讨论会情况及下学期政治课应注意事项的通报》认为,当时教师在对政治思想教育方针任务的认识上,一般表现了过"左"情绪。因此,文件规定:"高等学校进行政治思想教育,不要采取思想总结、思想检查、整风、坦白反省及斗争大会的方式,必须着重用系统的理论知识联系思想实际,系统地和实事求是地正确解决问题,借以提高学生的思想政治水平。要展开批评与自我批评,加强领导,不要自流。评定成绩以理论学习为主要标准,由教员负责评定,同学们可漫谈讨论,提供意见,不要一般地采取民主评定的方式。"②1950 年 11 月 4 日,新民主主义青年团中央书记处副书记蒋南翔也在《中国青年》上发表文章《论学校中的思想政治教育》,批评了学校政治课程中"不加分析地搬用了共产党干部学校的'整风运动'经验"的缺点。③(经蒋南翔同意,1988 年第 4 期《中共党史研究》发表了其 1945 年 3 月写给刘少奇和党中央的《关于抢救运动的意见书》,该文曾对"整风运动"中的抢救运动提出深刻怀疑。④)

进入 1951 年,苏联教育经验开始取代老解放区经验并占据主导地位。教育部和清华大学对于政治课教学方式的认识都发生了明显变化。教育部方面,1951 年 9 月 10 日,教育部指示取消"政治课"名称,将思想政治科目作为本系业务课的重要组成部分,强调"'辩证唯物论与历史唯物论''新民主主义论'及'政治经济学'三课目,应着重于讲授系统的马克思列宁主义、毛泽东思想,并应尽可能地联系中国的革命实际、建设实际和学生的思想实际,防止教条主义的偏向"⑤。1952 年 10 月 7 日,教育部发出《关于全国高等学校马克

---

① 中共中央文献研究室.毛泽东年谱(1949—1976):第1卷[M].北京:中央文献出版社,2013:149.
② 教育部社会科学司.普通高校思想政治理论课文献选编(1949—2008)[M].北京:中国人民大学出版社,2008:5-7.
③ 中国高等教育学会,清华大学.蒋南翔文集:上卷[M].北京:清华大学出版社,1998:399.
④ 蒋南翔.关于抢救运动的意见书[J].中共党史研究,1988(4):64-74.
⑤ 教育部社会科学司.普通高校思想政治理论课文献选编(1949—2008)[M].北京:中国人民大学出版社,2008:9.

思列宁主义、毛泽东思想课程的指示》，要求上述三门课程上课时数中，讲授时数、次数均是讨论时数、次数的2~3倍。三门课程的教学方式已由自学为主转变为讲授为主[①]。清华大学方面，1951年春季学期，个别班级的政治经济学课程中已经开始试行"习明纳尔"方法并取得卓著的成效[②]。9月18日，校刊《人民清华》第22期曾刊载《改善教学态度是提高教学效率的必要条件》，文中这样写道："有一个时期，我们曾经强调过学生自学，……事实证明，这种看法是有问题的，因为，学生对于从未接触过的东西是不容易进行自学的，而且，如果不以教师讲授为主，如果教师并未把教学内容真正使学生听懂学会，学生即使自学也不易学好，至少，也将事倍功半""教学工作应以教师讲授为主"[③]。按照教育部的指示，此时清华大学的马克思列宁主义、毛泽东思想共同必修课程也开始以讲授为主、讨论为辅的方式进行教学。

这一阶段除了政治课教学以外，清华大学还组织了时事学习。1950年2月，在学生会、教职联、青年团和大课委员会的组织下，师生进行了有系统的政治学习。寒假学习以青年讲座为中心进行，讲座内容根据广大同学的需要决定，更加注重时事学习。青年讲座的第一部分是"国内外形势"的学习，分国际情势、国内形势和怎样读报三讲；第二部分是"青年团与青年修养"，包括认识青年团（共两讲）、青年切身问题、读书方法与思想方法、文艺问题[④]四个方面。从1950年开始，学校更加重视关于党和国家中心工作的时事学习，时事学习的主要方式是与政治学习和当时的社会运动相结合，以学习教育部每月传达的时事专题报告及学生读报自学等方式进行。例如，1951年1月31日，《中共北京市委关于北京市学生抗美援朝运动情况向中央、华北局的报告》在谈到群众自发批判自己的崇美思想时专门提到："最突出的表现是清华大学。该校觉悟程度最差的一年级学生，在这次考试社会发展史时，几乎全都自动地检讨过去自己的崇美思想。"（"过去有的曾认为'美国是天堂，一切东西都好'。有

---

① 教育部社会科学司. 普通高校思想政治理论课文献选编（1949—2008）[M]. 北京：中国人民大学出版社，2008:13.
② 清华大学校史研究室. 清华大学史料选编：第5卷（上）[M]. 北京：清华大学出版社，2005:270.
③ 人民清华出版委员会. 改善教学态度是提高教学效率的必要条件[N]. 人民清华：第22期，1951-09-18(1).
④ 清华通讯组. 清华师生利用寒假进行系统政治学习，北大工学院同学将参观各厂[N]. 人民日报，1950-02-10(4).

的曾以为'美国创造许多物质文明,给全世界享受','美国科学最发达'。有的曾认为'美国最民主,每个人都有一张选举票'。有的曾对于美军暴行觉得不过是'个别事件',对美帝经济侵略觉得'自己不争气,没有好的产品去和人家竞争'。有的甚至'恨错投了娘胎','要拜一个美国人做干爸爸,送我到美国去留学'。经过朝鲜战争的胜利,经过此次轰轰烈烈的抗美援朝运动,这些崇美心理被粉碎了。")[①] 此外,这一阶段党、团组织公开活动以后,进行马克思主义理论教育的方式主要是建立党课制度、普及深入时事政策宣传、领导思想斗争等[②]。

理论和实践相联系是中国共产党思想政治教育的优良传统。秉持这一传统,新中国成立初期的清华大学不断探索马克思主义理论与课堂实践相结合的方式,根据课程内容、学生接受程度等因素不断改进思想政治理论的教育方法。历史地看,这项工作必须久久为功,持续探索。

3.1.5 学生反响渐趋于好

新时代要求人们接受新思想。这一阶段,学生开始接受新社会的洗礼。关于大课刚开始时学生的学习状况,可以从当时的《清华学习》中发现一些迹象。由于班会和小组讨论安排得过于紧密,学生在情绪上不免产生腻烦。而且,一些小组觉得同学们对讨论问题没有兴趣而没有进行讨论。在班会中,"同学们总希望能从班教员得到知识,如听一堂俄文课便能得到很具体的几个生字,否则就感到不耐烦,以为浪费时间。……'凡是某门学程的教员,他就是某门学程的百科全书',同学们以为班会讨论不如听俄文实在""有一些班会上,少数人长篇大论,占去了别人发言的机会,又有些人说话教条主义色彩过于浓厚,甚至不留心还给人戴个帽子。另一方面,不说话的人始终不说话,好像没有意见似的。据说还有人在开班会时瞌睡,或者结鞋带,结了一次又一次"[③]。当大课进入思想总结阶段,仍有一些"同学中存在着旧社会的那种雇佣观点,拖宕,感到惶恐,闹情绪,怪别人,有的发生急躁的偏向,急于想一下子改造

---

① 北京市重要文献选编(1951)[M].北京:中共档案出版社,2001:20-21.
② 清华大学校史研究室.清华大学史料选编:第5卷(下)[M].北京:清华大学出版社,2005:1115-1120.
③ 大课委员会,教职联,学生会编.大课的第一阶段[N].清华学习:第2期,1949-10-25.

完！不按照客观发展的规律逐步解决问题，不把自己的思想斗争当做自己的事情而等待，依赖别人。不把理论应用在自己的思想上，而把理论当教条"①。

1950年4月，费孝通在总结大课经验时谈道："我们一开始就很顺利的么？不然。一上来就碰着严重的'思想问题'。'大课是思想统制'。'我的思想很正确，用不到改造'。'我们既是四个阶级同盟，为什么要用无产阶级思想来克服我的小资产阶级思想？''我要用功学业务课，没有时间搞这一套。'……讨论成漫谈，甚至缺课，不终堂而已作鸟兽散。"对此，大课委员会采取群众运动的方式加以克服。"当大课成为群众性的运动时，抗拒现象必然会瓦解的。接下来却是另一个阶段。在这时学生们发现了自己'百病丛生'，失去自信。"在进行批评与自我批评时，比较进步的分子能起带头作用，而不是"乱扣帽子"和"自己骂一阵"。费孝通还举了一个典型报告的例子："有一次我们请了一位地主阶级出身的学生报告他的反省，在许多小资产阶级出身的学生中引起了很深的厌恶。在加强阶级观点上是发生了作用，但是并不能感动他们，不能启发听者自己的反省。另一次有一位小资产阶级出身的学生反省他怎样好胜，怎样看见别人比他强而妒忌人，这似乎是很细微的事情，但是同他相类的学生却感动得哭了起来。"②

1950年春季学期开始，《清华学习》总结道："以现在我们同学的情况和去年政治课开始时相比较，的确有了进步。第一是由否定或轻视政治学习而接受及重视政治学习了。绝大多数已经自觉的要求加强学习。第二是由空谈教条而初步学会了联系自己的思想实际，大部分已能运用批评与自我批评的武器。第三是非无产阶级思想在群众中已成为非法的了。主观上要求进步已成了普遍现象。第四是基本上大家已接受了为人民服务的人生观，只是还不能充分表现在行为上。"③

以上主要是关于清华学生在1949年秋季学期大课学习中的表现和学习效果。在1950年春季学期新民主主义论课程的学习中，电机系三年级学生朱镕基积极向《清华学习》投稿。在《关于统一战线》的读书笔记中，他提到："这次大组会，我们班上普遍争论得很热烈。没有圆满解决的，就是关于'统一战

---

① 清华大学校史研究室. 清华大学史料选编：第5卷（上）[M]. 北京：清华大学出版社，2005:205.
② 清华大学校史研究室. 清华大学史料选编：第5卷（上）[M]. 北京：清华大学出版社，2005:226,229,231.
③ 大课委员会. 开始今年进一步的学习[N]. 清华学习：第2卷第1期，1950-03-08.

线'的问题。许多同学提出'当国民党阴谋对日妥协,公开反共时,共产党为何还坚持统一战线?''抗日统一战线到底包括大地主大资产阶级否?''搞统一战线是为了发动农民,这句话的意思实在难以体会!''抗日民族统一于人民民主统一战线到底是怎么回事?'"① 在《从新民主主义经济看总路线总政策》中,朱镕基说:"作为人民民主专政的基础,新民主主义的经济政策,也必然是体现和服从总路线总政策的,在这一学习阶段中都会感到'政策难学'、发生很多疑问。原因还是我们没有把它和总政策联系起来看,没有掌握住几个基本问题,而一切政策正是从这基本要点出发的。例如,几个普遍的问题:'为什么不能没收私人资本'是'分两步走'的问题,'为什么首先发展国营经济'便是'领导权'的问题,'怎样领导个体经济'也是一个'旧民主主义还是新民主主义'的问题。"② 土木系三年级的杨舞臣在《我怎样认识毛泽东思想的?》一文中说:"以前我也读过一些毛主席的著作,如《新民主主义论》《论联合政府》等,当时,只觉得讲得都对,但是从来没有系统地读过也没有好好地思考过。因此对毛泽东思想是中国革命的领导思想认识得非常模糊。认为毛主席的著作和讲话,都是因时制宜,随机应变,依靠经验,善观局势。惟这种想法背后就隐藏了正确的时候多,错误的时候少的极端荒谬的看法。自从本学期学习了《新民主主义论》,随着各单元的进度,比较有系统地读了毛主席在各个革命时期的论著,我才认识到毛主席思想的一贯性。"③ 从当时他们学习新民主主义论课程时的思考和收获可以看出,此时清华大学的课程与实际密切结合,学生对课程内容比较感兴趣,学习态度认真,有自己的思考,学习效果显著。

那么,文法学院学生所进行的政治经济学课程又如何呢? 1950—1951年度的《清华大学政治经济学教学委员会工作总结》总结道:"这一学年的工作是有一定的成绩的,同学们对政治经济学的学习,由开学时的散漫、不关心,到后来的有组织和重视,由被动、表面的学习,到逐渐自觉和深入的学习,有少数积极分子到比较普遍的学习热潮,所以一定的效果是不能否认的。虽然,我们的工作,还是做得很不够,同学对我们的要求也还要高得多。"④ 当时的化学

---

① 大课委员会.关于统一战线——读书笔记[N].清华学习:第2卷第4期,1950-04-15.
② 朱镕基.从新民主主义经济看总路线总政策[N].清华学习:第2卷第7期,1950-06-03.
③ 杨舞臣.我怎样认识毛泽东思想的?[N].清华学习:第2卷第7期,1950-06-03.
④ 江诗礼:《清华大学政治经济学教学委员会工作总结(1950—1951年度)》(1951年6月30日),清华大学档案,目录号 校办1,案卷号510013.

系学生龚育之在晚年回忆清华生活时，也提到大课讲员"对共产党的政治还不很熟悉，备课热情可嘉，效果不算太好，学生们不大满意"。①（此外，据张岱年回忆，新中国成立之初，金岳霖、冯友兰都努力学习辩证唯物论哲学，思想上有了重大的转变。张岱年也在二十世纪五十年代研读了此前没有读过的马克思、恩格斯所著的《自然辩证法》《神圣家族》《德意志意识形态》及列宁的《哲学笔记》，对于辩证唯物论有了更深刻的理解。在政治上，张岱年坚信只有社会主义才能救中国，没有共产党就没有新中国，他一直渴望参加中国共产党，并于1983年正式入党。②）龚育之曾任中共中央宣传部副部长、中央党校副校长，同时也是著名的马克思主义理论家，他晚年的回忆具有重要的参考价值。

综上所述，不难发现，学生们确实在政治课目的学习中取得了很多进步。与此后不同，在新中国成立之初的特定历史条件下，清华大学将原有的教师队伍和新的教学内容、教学办法组合在一起，尚在调整中的政治课程取得这样的成绩已属难能可贵。同时，由于政治学习在当时学生心目中一般具有很高的地位，所以，学生们存在不满亦在情理之中。

正如1949年10月20日教育部副部长钱俊瑞在清华大学代表会议第一次全体会议上所言："在这一时期中所有大学教育的中心，还是加强革命的政治思想教育。"③ 总的来说，1949—1952年，经过政治学习、各种政治运动、党团教育等，清华学生的马克思主义理论素养得到显著提高，一个突出表现是共青团员人数迅速增加，1952年春季，清华大学里的青年团员已发展到2400人④。

3.2 1953—1956年的清华大学马克思主义理论教育

1953年10月15日，《人民日报》在社论文章明确提出："毫无疑问，我国高等学校必须以高等工业学校为第一位的重点，必须集中较多人力、物力来

---

① 龚育之.师道师说：龚育之卷[M].北京：东方出版社，2016:22.
② 张岱年.直道而行：下[M].北京：大众文艺出版社，2006:376,387,401.
③ 《清华代表会议第一次全体会议上钱俊瑞副部长讲话》（1949年10月20日），清华大学档案，目录号校办1，案卷号49006.
④ 王伯恭.人民的清华大学[N].人民日报，1952-09-29(3).

办好高等工业学校，以适应国家经济建设的迫切需要。"①12月，毛泽东曾经在论述过渡时期总路线时指出："我们说标志着革命性质的转变、标志着新民主主义革命阶段的基本结束和社会主义革命阶段的开始的东西是政权的转变，是国民党反革命政权的灭亡和中华人民共和国的成立，并不是社会主义改造这样一个伟大的任务，在人民共和国成立以后就可以立即在全国一切方面着手施行了。"②如果说1949—1952年新中国面临的主要现实任务是要完成民主革命的遗留任务，那么，1953—1956年新中国面临的主要任务则变成了大规模的国家建设和社会主义改造。因此，贯彻落实党在过渡时期的总路线构成了这一阶段清华大学马克思主义理论教育的大背景。

1952年10月25日，院系调整后的清华大学举行了开学典礼。作为多科性的工业大学，此时清华大学担负着为祖国培养社会主义工业建设干部的任务。11月20日，中央人民政府委员会第十九次会议批准任命清华大学校友、时任新民主主义青年团中央书记处副书记蒋南翔为清华大学校长。（蒋南翔调到清华是党中央的提议，毛泽东说："蒋南翔，你到清华去杀个猪。"在这里，杀猪意为解剖麻雀。）③12月31日，蒋南翔在教职员工及学生代表的欢迎会上讲道："清华大学当前迫切的任务就是要深入教育改革，破除英美资产阶级的旧教育传统，逐步地把自己改造成为社会主义的新型工业大学。……加强党的领导，日益巩固和扩大马克思列宁主义在学校中的阵地，这是我们学校胜利完成教育改革的关键。"④从1953年开始，清华大学马克思主义理论教育正式步入正规化阶段。

3.2.1 政治理论课程参照苏联设置

1955年4月25日，在高等工业学校、综合大学校院长座谈会上，高等教育部副部长刘子载指出："系统的马克思列宁主义理论教育是提高青年社会主

---

① 为实现全国综合大学会议的决议而奋斗[N]. 人民日报，1953-10-15(3).
② 中共中央文献研究室. 毛泽东文集：第6卷[M]. 北京：人民出版社，1999:315.
③ 郑小惠，童庆钧，高瑄. 清华记忆：清华大学老校友口述历史[M]. 北京：清华大学出版社，2011:143.
④ 中国高等教育学会，清华大学. 蒋南翔文集：上卷[M]. 北京：清华大学出版社，1998:433.

义觉悟，培养青年辩证唯物主义世界观，培养青年共产主义道德和行为的基础。政治理论课程是高等学校进行经常的、系统的政治思想教育的最基本的形式。"① 经过 1949—1952 年的发展，政治理论课程教学在清华大学确立下来。院系改革以后，高等教育部曾发出《中央人民政府高等教育部关于制定高等学校工科本科各专业教学计划的规定（草案）》《关于制定高等学校工科专修科各专业教学计划的规定（草案）》。前者规定："政治教育课程的学时分量约占全部课程分量的百分之十，约计四〇〇小时，修习三年或三年半，其具体科目及学时数另订。" 后者规定："政治教育课程修习四学期，每周三小时，共计一八〇至二〇〇小时。"② 按照 1952 年 10 月 7 日教育部发出的《关于全国高等学校马克思列宁主义、毛泽东思想课程的指示》，根据不同类别的学校的规定，作为多科性工业大学的清华大学的马克思列宁主义毛泽东思想课程包括第一学年的新民主主义论和第二学年的政治经济学，并准备开设马列主义基础课程。

1953 年 2 月 7 日，毛泽东在全国政协一届四次会议闭幕会上讲道："我们现在学习苏联，广泛地学习他们各个部门的先进经验，……应该采取真心真意的态度，把他们所有的长处都学来，不但学习马克思列宁主义的理论，而且学习他们先进的科学技术，一切我们用得着的，统统应该虚心地学习。……应该在全国掀起一个学习苏联的高潮，来建设我们的国家。"③ 同日，高等教育部发出《关于确定马列主义基础自 1953 年度起为各类型高等学校及专修科（二年以上）二年级必修课程的通知》。以《联共党史简明教程》为教材的"马列主义基础"正式成为一门高等学校的政治科目。该文件规定："自 1953 年度起，有条件者即在二年级开设马列主义基础，政治经济学改为三年以上各类型高等学校的三年级必修课程。"④ 尽管已将政治课列入教学计划，但由于院系调整后师资等条件不具备，1953 年春季学期清华大学仅开设新民主主义论课程，而并

---

① 教育部社会科学司. 普通高校思想政治理论课文献选编（1949—2008）[M]. 北京：中国人民大学出版社，2008:20-21.
② 《中央人民政府高等教育部关于制定高等学校工科本科各专业教学计划的规定（草案）》，清华大学档案，全宗号2目录号校3，案卷号102；《中央人民政府高等教育部关于制定高等学校工科专修科各专业教学计划的规定（草案）》，清华大学档案，全宗号2目录号校3，案卷号102.
③ 中共中央文献研究室. 毛泽东文集：第6卷[M]. 北京：人民出版社，1999:264.
④ 教育部社会科学司. 普通高校思想政治理论课文献选编（1949—2008）[M]. 北京：中国人民大学出版社，2008:15.

未开设马克思主义基础、政治经济学课程。

1953年6月17日,高等教育部发出通知,考虑到课程内容的重复问题,将高等学校一年级开设的"新民主主义论"一律改为"中国革命史",讲授、课堂讨论和自学时数同"新民主主义论"课程原规定,要求从1953年秋季学期开始实行[①]。1953年9月清华大学增设马列主义基础及政治经济学两课,一、二、三年级学生循序学习中国革命史、马列主义基础、政治经济学[②]。此后三年,清华大学政治理论课程的设置相对稳定。

1956年9月9日,高等教育部根据此前高等学校校院长和教务长座谈会的精神,发出《关于高等学校政治理论课程的规定(试行方案)》。根据文件,五年制工科大学有三门政治理论课程必修,分别是马克思主义基础课程(68学时)、中国革命史课程(102学时)、政治经济学课程(136学时);建筑学专业开设辩证唯物主义与历史唯物主义课程,工科其他各系选修;一、二、三、四年级循序学习马列主义基础、中国革命史、政治经济学、辩证唯物主义与历史唯物主义四门课程[③],此规定于1956—1957学年度开始试行。

此时,清华大学正式申请成为五年制工科大学。1953年3月,在《向习仲勋、杨秀峰、中宣部、北京市委并中央的报告》中,蒋南翔提出:"为了使清华大学能够更有效地担负起培养工程师及高等工业学校师资的任务""希望即把清华大学的学制改为五年制"[④]。6月,清华大学申请获中央文委及高教部批准[⑤]。1954年2月发布的《清华大学暂行规程》第4条规定:"本校学制各专业,除建筑学专业为六年制外,均为五年制(自一九五二年入学新生起)。"[⑥] 1954年8月,高等教育部颁布的《关于清华大学工作的决定》肯定道:"清华大学两年来的工作是有显著成绩的。……已从过去抄袭英美资产阶级教育制度的旧

---

① 教育部社会科学司.普通高校思想政治理论课文献选编(1949—2008)[M].北京:中国人民大学出版社,2008:16.
② 清华大学校史研究室.清华大学九十年[M].北京:清华大学出版社,2001:191.
③ 教育部社会科学司.普通高校思想政治理论课文献选编(1949—2008)[M].北京:中国人民大学出版社,2008:27-30.
④ 蒋南翔:《向习仲勋、杨秀峰、中宣部、北京市委并中央的报告》,清华大学档案,目录号党办1,案卷号53028.
⑤ 清华大学校史研究室.清华大学九十年[M].北京:清华大学出版社,2001:189.
⑥ 清华大学新清华编辑委员会.清华大学暂行规程[N].新清华:第31期,1954-02-09(1).

型大学，逐步地改造为实行苏联五年制教育制度的新型多科性工业大学。"① 因此，按照高等教育部的规定，清华大学作为国家优先发展的五年制多科性工业大学，其1956年秋季学期的政治理论课程应该再一次按照规定进行调整。

需要提出的是，在苏联专家指导下，1953年清华大学参照苏联同类高等学校的教学计划制订了新的教学计划。该教学计划规定，一、二、三、四年级分别开设中国革命史、马列主义基础、政治经济学、辩证唯物主义课程。② 根据五年制教学计划，1954年5月校长蒋南翔向高教部领导汇报工作时总结道："清华大学对学生进行马列主义思想教育的主要形式，是通过正规的政治课程来进行的。一九五二年开设政治课一门（新民主主义论）；一九五三年已开设政治课三门（中国革命史、马列主义基础、政治经济学）；拟于一九五五年争取再增设一门辩证唯物主义和历史唯物主义的课程。在正规的政治课以外，还提倡结合其他各门业务课，注意宣传唯物主义的世界观及爱国主义的思想。"③ 1955年，清华大学正式开设辩证唯物主义和历史唯物主义课程④。以此为基础，为了贯彻和落实1956年8月高等学校校院长和教务长座谈会的精神，清华大学于1956年将"政治课减少100学时，改为中国革命史102学时，马列主义基础68学时，政治经济学136学时，哲学改为选修课，本年度暂开42学时"。⑤ 1956年9月18日，《新清华》第150期报道："本学期开始，哲学教研组为四年级同学开设了辩证唯物论课程。这是本校最先开设的必修课之一，学习期限为一学期，42学时。建筑系还要学历史唯物主义，学习期限共一学年，68学时。"⑥ 这一调整与高等教育部9月9日发出的《关于高等学校政治理论课程的规定（试行方案）》是完全一致的。至此，一套完整的政治理论课程体系已经建立起来了。

总的来说，这一阶段高校政治理论课程主要是模仿苏联而设置的，清华大学结合了自身实际情况而有所发展，走在了全国前列。此外，这一阶段校内

---

① 《中央人民政府高等教育部关于清华大学工作的决定》，清华大学档案，目录号校办1，案卷号55002。
② 《清华大学怎样执行"培养学生全面发展"的教育方针》，清华大学档案，目录号党办1，案卷号55055；方惠坚，张思敬主编.清华大学志：上册[M].北京：清华大学出版社，2001:107-114.
③ 《关于清华大学工作的报告》，清华大学档案，目录号 党办1，案卷号54029。
④ 方惠坚，郝维谦，宋廷章，等.蒋南翔传[M].北京：清华大学出版社，2005:166.
⑤ 一九五六年修改教学计划及教学大纲措施（节选）[J].新清华双月刊，1956年第4期.
⑥ 哲学教研组为大四开设哲学[N].新清华：第150期，1956-09-18(1).

党、团课学习也在有秩序地进行,党委第一书记袁永熙、团支部书记滕藤都曾作关于总路线等内容的报告①,反响热烈。

3.2.2 机构和师资逐步完备

院系调整以后,承载着清华大学马克思主义理论教育任务的组织机构和师资队伍建设逐渐走上了正轨。

《教育部1952年工作计划要点》指出:"在全国高等学校中有重点地建立政治工作的制度和机构,以加强对学校的政治领导,改进学校的政治思想教育,健全师生员工的政治社会活动""抽调一定数量的政治质量较好的干部,参加中等以上学校的行政领导工作,加强学校政治思想领导和学生政治思想教育。"②1952年10月,教育部发出《关于在高等学校有重点的试行政治工作制度的指示》,规定高等学校政治辅导处的任务:"(1)指导教职员工的政治理论学习;(2)协助教务处指导马列主义理论课程的教学;(3)指导教职员工和学生的社会活动;(4)掌握教职员工和学生的政治思想情况,管理教职员和学生的历史、政治材料;主持毕业学生的鉴定,参加毕业生分配工作;参加教职员的聘任、升迁、奖惩等工作。"另外,还指出:"政治辅导处设辅导员若干人,应就教师和学生中选择具有一定理论水平和政治品质优良者充任。其主要任务为,在政治辅导处主任领导下辅导一系或几系学生的政治学习和社会活动,组织推动教职员的政治理论学习和社会活动。政治辅导员中应选择若干人兼任政治理论课助教,以便逐渐培养成为政治课教员。"③此时党和国家更加重视学校政治思想教育工作,并将政治辅导员作为一项重要的制度提上议程。按照文件要求,清华大学积极开展了相应的机构建设。

1953年2月18日,校务行政委员会议决成立政治辅导处,校长蒋南翔兼任政治辅导处主任(4月改由何礼担任),何东昌任副主任(9月12日改由袁永熙担任)④。政治辅导处后设立组织科、宣传科、群众运动科⑤。4月3日,《清

---

① 同学学习过渡时期总路线,在政治上和思想上收获很大[N]. 新清华:第24期,1953-12-22(3).
② 何东昌. 中华人民共和国重要教育文献(1949—1975)[M]. 海口:海南出版社,1998:166-167.
③ 何东昌. 中华人民共和国重要教育文献(1949—1975)[M]. 海口:海南出版社,1998:176-177.
④ 清华大学校史研究室. 清华大学九十年[M]. 北京:清华大学出版社,2001:184.
⑤ 《清华大学各级机构的任务和执掌》,清华大学档案,目录号校办1,案卷号55003。

华大学关于设立政治辅导员给中央高等教育部、人事部的报告》中提出："挑选学习成绩优良，觉悟较高的党团员担任辅导员，其学习年限延长一年，学科则相应减少，每周进行二十四小时工作，这样，并可培养辅导员成为比一般学生具有更高政治质量及业务水平的干部。"①1953年春季学期，按此方法选拔方惠坚等第一批学生政治辅导员二十四人②。"学生中的政治工作应保证各门政治课教学大纲的实现""每个政治学习小组设政治干事，为同学们政治课学习的学生代表，受政治教员和政治辅导员的双重领导"③。

与此同时，从机构设置到人员配备，承担系统的马克思主义理论教育的政治理论课教研组都得到充实和发展。1953年9月12日，校务委员会议决定，成立马克思列宁主义基础教研组、政治经济学教研组，将新民主主义论教研组改为中国革命史教研组。马克思列宁主义基础教研组主任暂缺，副主任为艾知生、张荦群；政治经济学教研组主任暂缺，副主任为朱声绂（张荦群、朱声绂都是西南联大的优秀毕业生。其中，张荦群是研究生毕业。新中国成立之初，朱声绂曾作为党员代表参加校务委员会。）④；中国革命史教研组主任为刘弄潮⑤。此时，高等教育曾确定中国革命史教研组为直接联系的重点教研室，但是，清华大学因教学任务繁重、师资不足等原因陈情回绝⑥。后来，"在校长的关怀和领导下，政治课教研组一方面自己培养了师资，一方面争取外援，终于排除了种种困难，现在，已由十六人增到卅余人"（1954年4月，清华大学三个政治课教研组总人数达到40人。）⑦。根据《一九五三年度上学期学生政治工作计

---

① 《清华大学关于设立政治辅导员给中央高等教育部、人事部的报告》，清华大学档案，目录号 团委，案卷号046.
② 本学期政治工作计划[N]. 新清华：第1期，1953-04-02(3).
③ 清华大学新清华编辑出版委员会. 一九五三年度上学期学生政治工作计划[N]. 新清华：第10期，1953-09-14(3).
④ 北京大学，清华大学，南开大学，等. 国立西南联合大学史料：（五）学生卷[M]. 昆明：云南教育出版社，1998:519,534；郑小惠，童庆钧，高瑄. 清华记忆：清华大学老校友口述历史[M]. 北京：清华大学出版社，2011:182.
⑤ 《清华大学关于新成立教研组及人事任免的议决事项》，清华大学档案，目录号 校办1，案卷号 53004.
⑥ 高等教育部：《关于确定你校"中国革命史教研组"为我部直接联系的重点教研室的通知》，清华大学档案，目录号 教务处，案卷号 197.
⑦ 唐绍明. 加强学生的马克思列宁主义的教育，本学年新开两门政治课[N]. 新清华：第10期，1953-09-14(3)；清华大学新清华编辑出版委员会. 本校三个政治课教研组在成长中[N]. 新清华：第38期，1954-04-02(5).

划》，清华大学三个教研组由教务处、政治辅导处双重领导，并附设图书资料室一个，以供教学之用①。1955年春，又成立哲学教研组。10月21日，1955—1956年度校务委员会第一次扩大会议通过的教研组主任及科学秘书名单中，哲学教研组主任为蒋南翔，科学秘书为羊涤生；中国革命史教研组主任为刘弄潮，副主任为吴万永；马克思列宁主义基础教研组副主任为艾知生、张荦群，科学秘书为钱逊；政治经济学教研组副主任为朱声绂，科学秘书为王绍先②。此一阶段，"清华党委会大力协助教务处指导有关政治课的教学工作，并有党委会的负责干部参加政治课教研组的实际领导工作"。③

在教师进修方面，1953年6月13日，《新清华》第3期曾报道了新民主主义论教研组的教员进修情况："教研组十七人分别进修了中国革命史、马列主义基础、政治经济学和苏联社会主义经济建设理论，其中大部分是听苏联专家讲课。时间保证上午全部用在进修上。目前情况是：革命史组已写好约八星期的讲课初稿，试讲了两次，效果尚好。马列主义基础组已学完联共党史第五章，每人都认真地读了一千一百页以上的经典著作。政治经济学组已学完六章，苏联社会主义经济建设组已快学完。自从进修以来，同志们感到理论水平正在逐步提高。"④《一九五三年度上学期学生政治工作计划》指出："政治教员应在可能条件下有计划地进修理论，学习党的政策，并参加一定的社会工作，以不断提高政治理论水平与实际工作经验；今后并在学校的帮助下逐渐熟悉工业建设的实际情况，使教学能与培养工业干部的任务更加密切结合起来。"⑤此后，政治课教研组一直坚持学习。1953年10月，三个政治课教研组开始进行有组织地时事政策学习⑥。1954年寒假，为了解总路线宣传后农村的新情况、农村互助合作运动的发展，增强理论与实际的联系，以刘弄潮为首的三个政治课教研

---

① 清华大学新清华编辑出版委员会. 一九五三年度上学期学生政治工作计划[N]. 新清华：第10期，1953-09-14(3).
② 清华大学校长办公室编. 清华大学各系主任、教学秘书、行政秘书名单[N]. 清华公报：第18期，1955-11-23.
③ 《清华在院系调整以来做了些什么工作》，清华大学档案，目录号党办1，案卷号54029。
④ 唐绍明. 新民主主义论教研组执行计划有成绩[N]. 新清华：第6期，1953-06-13(2).
⑤ 清华大学新清华编辑出版委员会. 一九五三年度上学期学生政治工作计划[N]. 新清华：第10期，1953-09-14(3).
⑥ 清华大学新清华编辑出版委员会. 政治课三教研组举行时事讨论会[N]新清华：第16期，1953-10-27(2).

组的九位教师还参加了北京市高等学校一部分政治课教员的下乡参观和访问活动①。1956年9月，各政治课教研组开展反教条主义学习活动②。

这一阶段党委、政治课教研组、团组织之间的联系更加密切。政治辅导处的工作本身就是与党委的工作相结合的，团组织更加注重通过群众文化活动来进行共产主义教育③。《清华大学团支部工作纲要（初稿）》明确规定团支部宣传委员的经常工作包括协助政治课教研组搞好班级政治课学习、研究和推动班上的时事政策学习、利用团刊、团报、文艺小说等多种方式进行思想教育等④。为报道学校情况、交流教学经验、领导政治学习及反映群众意见，1953年2月25日，清华大学校务行政会议议决出版校刊《新清华》⑤。1955年4月，校长蒋南翔曾在高教部召开的高等工业院校、综合大学院校长座谈会上的发言中介绍道："学校中党和团的组织也一再强调学好政治课的重要意义，并号召党、团员要带头学好政治课。校刊也出专号，以交流全校同学学习政治课的心得，开展批评与自我批评，并发表短评，指出同学学习中存在的问题和努力的方向。"⑥

此外，为更好地推动教师学习，1953年1月15日，清华大学第一次校务行政会议通过成立教师学习委员会⑦；为了加强职工的政治学习和文化学习，1月28日经校务行政会议决定，正式成立职工学习委员会⑧。1954年5月，校长蒋南翔曾总结道："在北京市委的领导下，全校教师及工作人员，还进行业余的政治学习。去年学习毛主席的《实践论》《矛盾论》及斯大林的《论社会主义经济问题》等著作；今年学习了《联共党史》。并配合《联共党史》第九、第

---

① 贾观.政治课部分教师寒假中下乡参观与访问[N].新清华：第34期，1954-03-02 (6).
② 清华大学新清华编辑出版委员会.政治课教研组进行反教条主义学习[N].新清华：第150期，1956-09-18(2).
③ 清华大学新清华编辑出版委员会.团委会第二次会议讨论群众文化、体育锻炼和义务劳动工作[N].新清华：第22期，1953-12-8(6).
④ 《清华大学团支部工作纲要（初稿）》，清华大学档案，全宗号2，目录号党11，案卷号098。
⑤ 《清华大学关于成立爱国卫生运动委员会的议决事项》，清华大学档案，目录号校办1，案卷号53003。
⑥ 《清华大学怎样执行"培养学生全面发展"的教育方针》清华大学档案，目录号 党办1，案卷号55055。
⑦ 《清华大学关于建立会议制度及"成立教师学习委员会"等事项的提案》，清华大学档案，目录号 校办1，案卷号53003。
⑧ 《清华大学关于成立职工学习委员会的布告》，清华大学档案，目录号 校办1，案卷号53006。

十两章，学习了中国过渡时期的总路线。这种学习对于提高全校教师及工作人员的马列主义的水平，有相当成效。"①1956年2月8日，校长蒋南翔在清华大学第十次教学研究会上提出："争取在四年之内（1959年年底以前），按照自愿的原则，全校教师一般都能系统地学完中国革命史、马列主义基础、政治经济学、辩证唯物主义和历史唯物主义四门政治理论课程，基本上确立辩证唯物主义的世界观，并且能够逐步地把马克思列宁主义的立场、观点和思想方法，运用到自己的教学工作和科学研究工作中去。""教学改革的最后目的，就是要确立马克思列宁主义对于我们学校的完全的领导。"②此时清华大学的机构建设和师资队伍建设日趋完备，除了建立政治辅导员制度，党、团组织进一步参与到马克思主义理论教育工作中来，在师资培训方面也更加注重提升教师的马克思主义素养。

3.2.3 教材带有浓厚苏联色彩

1953年6月，高等教育部发出的《关于改"新民主主义论"为"中国革命史"及"中国革命史"的教学目的和重点的通知》提出："中国革命史的教学目的，在于通过五四以来的基本史实，结合列宁、斯大林有关中国革命问题的主要著作，特别是毛泽东主席各个时期的重要著作，阐明马克思列宁主义在中国的新的胜利，系统地讲授毛泽东思想的基础知识，使学生认识中国政治的发展规律，了解中国革命的基本问题，和中国共产党的总路线总政策，领会中国共产党和毛主席的光荣、伟大、正确。藉以加强爱国主义与国际主义教育，从而提高思想与政治水平，树立和巩固革命的人生观，为自觉地积极地参加祖国建设做好思想准备。"可见，对于新开设的"中国革命史"课程来说，基本教材是毛泽东及列宁、斯大林的著作。此外，"拟试用人民大学一九五三年起草的'中国革命史纲目'，该纲目现正在修改，暑假中即可印发"。③

据1953年9月14日第10期《新清华》报道，刚刚成立的清华大学中国

---

① 《清华在院系调整以来做了些什么工作》，清华大学档案，目录号 党办1，案卷号 54029。
② 《清华大学三年来教学改革的基本总结和今后的任务》，清华大学档案，目录号 党办1，案卷号 56011。
③ 教育部社会科学司. 普通高校思想政治理论课文献选编（1949—2008）[M]. 北京：中国人民大学出版社，2008:16-17。

革命史教研组、马列主义基础教研组、政治经济学教学组抓紧时间，充分备课，"由于大家努力的结果，中国革命史教研组可在九月二十日以前制定出全年讲授的详细纲目，并继续分组编写讲稿和试讲，争取在大一同学入学之前完成全部准备工作。马列主义基础和政治经济学教研组也可以在九月十五日以前完成一学期的讲稿的初稿或大部分，保证一学期教学工作的进展"①。

关于这个阶段政治理论课的教材，1958年教育部政治教育司起草的《对高等学校政治教育工作的几点意见》曾经回顾道："原'马列主义基础'课的教本是《苏共党史简明教程》，1956年苏共二十大后，改为社会主义原理的专题讲授；原'中国革命史'课的主要教材是何干之主编的'中国现代革命史讲义'；原'政治经济学'课的教材是苏联编的'政治经济学教科书'；原'辩证唯物主义与历史唯物主义'课没有教材（有的学校对于历史唯物主义部分仍用苏联康士坦丁诺夫著的《历史唯物主义》），由教师自编讲稿，其内容实际上是1953年中国人民大学苏联专家克列的讲稿。"②站在批判的立场上，这一论述不尽准确，却也对搞清楚这一阶段政治理论课的教材状况有一定帮助。

关于马列主义基础课程以《联共（布）党史简明教程》为教本，其实早在延安时期就是通过学习联共党史来学习马克思列宁主义。当时延安各校的"马克思列宁主义的基础"课程也仿照苏共中央高级党校的做法，将二者结合起来研究和学习③。毛泽东曾经指出，干部研究马克思列宁主义"应以《苏联共产党（布）历史简要读本》为中心的材料"④。时任中央干部教育部副部长的李维汉也曾言及："研究联共党史，是解决精通马列主义任务的最重要的道路。"⑤

其实，通过彼时学生们撰写的心得体会，可以明显看出，当时清华大学政治理论课教学的主要依据仍是原著⑥。同时，苏联教材在政治理论课程教学

---

① 唐绍明. 加强学生的马克思列宁主义的教育，本学年新开两门政治课[N]. 新清华：第10期，1953-09-14(3).
② 教育部社会科学司. 普通高校思想政治理论课文献选编（1949—2008）[M]. 北京：中国人民大学出版社，2008:33.
③ 杨松. 关于《联共（布）党史简明教程》一书与马克思列宁主义底宣传[N]. 群众：第6卷第10期，1941-09-30.
④ 毛泽东. 毛泽东选集：第3卷[M]. 北京：人民出版社，1991:802.
⑤ 罗迈. 我们要学习什么?怎样学习?[N]. 解放：第79期，1939-08-05.
⑥ 田福庭. 大一同学中国革命史学习有收获[N]. 新清华：第22期，1953-12-08(5)；董文达. 学习政治经济学的体会[N]. 新清华：第22期，1953-12-08(5)；等等.

中也发挥着重要作用①。1953年9月21日,《新清华》第11期曾报道:"二年级的同学知道要学马列主义基础都很兴奋,有许多人都登记买联共党史。无二·一班的同学更写信到东北、天津去买莫斯科版的""这几天,本校新华书店每日拥挤不堪,单是联共党史就已卖出四百多本,《共产党宣言》已卖出四百五十本。"②10月底至11月初,《斯大林全集》第1卷在清华大学新华书店发行,师生踊跃购买和预订③。"一部分同学还在课外阅读一些《列宁文选》中的著作。"④1954年3月,时值斯大林逝世一周年,新清华第34期刊登马克思列宁主义基础教研室副主任艾知生的文章《关于学习联共党史第九——十二章的几点意见》、政治经济学教研室副主任朱声绂的文章《学好社会主义政治经济学》。二人在文章中都多次提及《联共(布)党史简明教程》和《苏联社会主义经济问题》⑤。可见,这两本书是当时清华大学马列主义基础课程、政治经济学课程教学中的重要参考书目。

　　1955年4月25日,高等教育部副部长刘子载在高等工业学校、综合大学校院长座谈会上指出:"教师讲课前一定要充分准备,搜集有关的事迹材料及学生的思想情况,加以分析研究,并适当地把它组织到讲稿中去,使学生体会能够更深刻些,借以逐步克服讲课中枯燥无味的教条主义偏向。同时,各校还应建立和健全马克思列宁主义教研组的资料室工作,大量搜集政治理论课程的资料、图表、挂图及其他直观教材,予以陈列,这对学生有很大的教育作用。高

---

① 　此时,据教务长钱伟长介绍,"我们全校课程一百零七种中除了少数七种外,都已经全部或大部分采用了苏联教材。……苏联教材一般有严密的科学系统和最先进的科学理论。并且处处强调实际运用。这些优越的教材在学生里发生了良好的作用。但是因为这些教材准备仓促,一般教师对苏联教材的体会是不深入的,也有教师还认为换了书就把问题解决了,甚至少数人把采用苏联教本看作和采用另一种英美教本同一看待"。(钱伟长:《我们在学习苏联的道路上前进》,《新清华》第3期,1953年5月2日,第2版。)他在1953年的教学研究会上总结1952年度教学工作时进一步说,"除中国建筑史,新民主主义论等课程应该要用我们自编的教材以及其他少数实在找不到苏联的教本的课程外,一般都采用了苏联教材,大部分是全部采用的,小部分是部分采用的。"(清华大学一九五二年度教学工作总结[N].新清华:第10期,1953-09-14(2).)
② 　宫莲.教学新气象[N].新清华:第11期,1953-09-21(4).
③ 　清华大学新清华编辑出版委员会.踊跃购买《斯大林全集》[N]新清华:第17期,1953-11-03(3).
④ 　清华大学新清华编辑出版委员会.电机系无线电系二年级同学座谈学习马列主义的收获[N].新清华:第22期,1953-12-08(5).
⑤ 　艾知生.关于学习联共党史第九——十二章的几点意见[N].新清华:第34期,1954-03-02(2).

等教育部将逐步编订出较完善的四门政治理论课程的教学大纲并适当地解决教材问题，印发必要的教学参考资料，组织编制直观教材来帮助学校改进这方面的工作。"[1] 这一要求在清华大学也得到了积极的贯彻和落实。1956 年 1 月 3 日至 1 月 15 日，中国革命史教研室和团委会、图书馆在新水利馆三个教室联合举办了"中国革命史图片及文献展览"[2]。对于中国革命史课程教学来说，图片和文献展览确实起到了一定的教材作用。此前，在文艺社的推动下，《远离莫斯科的地方》等红色书籍也在学生间广泛流传，"大家都感到这是一本很好的生活教科书"[3]。值得一提的是，中国革命史教研组教师刘桂生于 1954—1955 年于校图书馆发现《法俄革命之比较观》等李大钊佚文多篇，并写成考释评介文章发表于《历史研究》杂志[4]。

1956 年 9 月 9 日，高等教育部颁发的《关于高等学校政治理论课程的规定（试行方案）》指出："根据新的学时规定，教学大纲，须加修订或重新编写。马列主义基础的新教学大纲已发出，中国革命史教学大纲仍用原来的，但各章节的原定学时，学校可作适当变动，有些内容，亦应根据《关于无产阶级专政的历史经验》（《人民日报》4 月 5 日）一文的精神进行讲授。原大纲中规定的课堂讨论时间较多，可根据本规定适当减少。辩证唯物主义与历史唯物主义与政治经济学教学大纲正在编写，在新大纲印发以前，各校可参考苏联 1956 年出版的大纲（草案）备课。"[5] 从这个规定可以看出，1956 年 2 月，苏共二十大批判了对斯大林的个人崇拜，全盘否定斯大林执政时期的各种理论，对社会主义阵营产生了重大影响。因此，1956 年秋季学期开始，受苏联影响较大的各门政治理论课的教学内容和教材均需要作出相应的调整，在思想上与党中央保持一致。在这样的重大政治问题面前，清华大学政治课教研组在开学前组织了一次关于"无产阶级专政的历史经验""改进我们的学习""整顿党的作风""反对

---

[1] 教育部社会科学司. 普通高校思想政治理论课文献选编（1949—2008）[M]. 北京：中国人民大学出版社，2008:19-21.

[2] 清华大学新清华编辑出版委员会. 团委会中国革命史教研室图书馆联合举办中国革命史图片展览[N]. 新清华：第120期，1956-01-07(1).

[3] 文艺社. 文艺社讨论《远离莫斯科的地方》[N]. 新清华：第23期，1953-12-15(3).

[4] 蔡乐苏. 刘桂生[J]. 北京党史研究，1995(6):65.

[5] 教育部社会科学司. 普通高校思想政治理论课文献选编（1949—2008）[M]. 北京：中国人民大学出版社，2008:27-28.

党八股""关于若干历史问题的决议"等五个文件和反对教学中的教条主义的学习,对教学内容和教学作风中存在的缺点或错误进行了具体的分析和批判①。

此外,随着时事学习的不断推进,大多数学生养成了读报的习惯,许多班级和宿舍纷纷订阅了《人民日报》《中国青年报》及《中国青年》杂志等。这些报纸杂志也发挥着马克思主义理论教育的教材作用。许多同学将《新清华》"看成是每周必读的政治教材"②,"很能帮助马列主义理论学习"③。

3.2.4 马克思主义理论教育日趋常态化

1954年8月20日,高等教育部颁发《关于清华大学工作的决定》,强调:"根据中央'重点发展'的方针,高等教育部认为在高等工业教育方面有必要首先以较多的力量办好清华大学,这对推动和协助全国高等工业学校的教学改革有重要意义""必须着重指出,清华大学应在全校师生员工中,进一步加强政治思想工作,巩固和扩大马克思列宁主义在学校中的思想阵地,这是胜利完成教学改革的最重要的关键。"④1955年4月25日,高等教育部副部长刘子载在高等工业学校、综合大学校院长座谈会上指出:"我们在高等学校进行马克思列宁主义理论教育的基本任务,不仅要教育学生懂得马克思列宁主义基本原理,更重要的是教育学生知道如何在具体条件下正确去运用它们,也就是要教育学生运用马克思列宁主义的立场、观点、方法去分析和观察具体事物和现象,去阐明实际问题和解决实际问题。"⑤清华大学马克思主义理论教育的各种方式无疑都是围绕这一目标和任务进行的。

这一阶段清华大学马克思主义理论教育的教育方式包括政治课、其他业务课、时事学习及各种活动等。对此,校长蒋南翔认为,不同于解放前和解放初

---

① 清华大学新清华编辑出版委员会. 政治课教研组进行反教条主义学习[N]. 新清华:第150期, 1956-09-18(2).
② 清华大学新清华编辑出版委员会. 大家都来办好校刊[N]. 新清华:第16期, 1953-10-27(5).
③ 读者对本刊意见摘要[N]. 新清华:第16期, 1953-10-27(5).
④ 《中央人民政府高等教育部关于清华大学工作的决定》,清华大学档案,目录号 校办1,案卷号 55002.
⑤ 教育部社会科学司. 普通高校思想政治理论课文献选编(1949—2008)[M]. 北京:中国人民大学出版社, 2008:21.

期，此时学校的政治思想教育要由搞临时性的政治运动转为经常学习，政治与业务相结合，逐渐在各项课程中贯穿马克思列宁主义的思想观点，使学生通过课程学习，受到更深入的马克思列宁主义的教育[①]。1953年8月31日，蒋南翔在清华大学教学研究会上的报告中指出："使学生循序渐进地学好政治课，同时，要结合业务学习、时事学习和各种活动进行马列主义的思想教育。"[②]1954年5月，他向高等教育部领导汇报工作时总结道："清华大学对学生进行马列主义思想教育的主要形式，是通过正规的政治课程来进行的。……在正规的政治课外，还提倡结合其他各门业务课，注意宣传唯物主义的世界观及爱国主义的思想。"[③]1955年4月，蒋南翔在高教部召开的高等工业院校、综合大学院校长座谈会上发言介绍清华大学的政治思想教育经验："政治理论课程是学校对学生进行思想教育的主要阵地，学校必须很好地利用这个阵地来培养学生唯物主义的世界观和革命的人生观。""学校把马克思列宁主义的政治课程，当作培养社会主义建设干部的最基础的课程"。"结合同学的日常生活进行共产主义的道德品质的教育"[④]。1956年2月8日，蒋南翔在清华大学第十次教学研究会上的报告中再次指出："在我们学校的教学计划中，马克思列宁主义的政治理论课程，作为全校学生最重要的公共必修课程。……教师们随着自己思想水平的提高，也逐步注意通过全部教学过程进行政治思想教育，贯彻辩证唯物主义的观点和爱国主义思想。"[⑤]以下是对这一阶段清华大学在实践中运用过的各种马克思主义理论教育方式的具体阐述。

在政治理论课教学方式方面，这一阶段高等教育部多次发出指示和规定。1952年10月7日，教育部发出《关于全国高等学校马克思列宁主义、毛泽东思想课程的指示》规定，讲授的时数和次数是课堂讨论的2倍至3倍[⑥]。1953

---

① 中国高等教育学会，清华大学．蒋南翔文集：上卷[M]．北京：清华大学出版社，1998:498．
② 清华大学新清华编辑出版委员会．蒋南翔校长在教学研究会上的报告摘要[N]．新清华：第10期，1953-09-14．
③ 《清华在院系调整以来做了些什么工作》，清华大学档案 目录号 党办1，案卷号 54029。
④ 《清华大学怎样执行"培养学生全面发展"的教育方针》，清华大学档案，目录号 党办1，案卷号 55205。
⑤ 《清华大学三年来教学改革的基本总结和今后的任务》，清华大学档案，目录号 党办1，案卷号 56011。
⑥ 教育部社会科学司．普通高校思想政治理论课文献选编（1949—2008）[M]．北京：中国人民大学出版社，2008:13-14．

年 6 月 17 日，高等教育部《关于改"新民主主义论"为"中国革命史"及"中国革命史"的教学目的和重点的通知》指出："我部决定自一九五三年度起，将高等学校一年级开设的'新民主主义论'一律改为'中国革命史'，其讲授、课堂讨论和自学时数，同'新民主主义论'课程原规定""在讲授过程中，必须多从革命运动，对敌斗争、革命建设的历史实际来说明毛泽东思想，必须着重正面的系统理论的讲授，同时结合学生认识水平，解决学生的政治思想和思想方法上所存在的有关重要问题。"① 如前所述，刘子载在高等工业学校、综合大学校院长座谈会上明确指出："今后必须切实改进政治理论课的教学工作，提高教学质量，认真贯彻理论联系实际的方针，克服目前教学工作中脱离实际的教条主义偏向和背诵公式、死记条文、并在名词和概念上兜圈子的书呆子习气""教师必须用创造性的方法进行教学，一方面要注意正确地、适当地启发和引导学生联系自己的思想实际，也就是善于引导他们运用自己所学的马克思列宁主义的观点和方法，批判和检查自己的错误观点和思想方法，使学生能够通过马克思列宁主义理论的系统学习，达到提高认识，改造思想，树立正确的世界观和人生观的目的。另一方面还要特别注意引导和帮助学生能够恰当地、逐步深入地联系生产建设的实际、阶级斗争的实际，特别是联系我国社会主义建设和社会主义改造的重大实际问题，及党和国家的总路线和重要政策，来加深学生对政治理论课的理解和丰富学生的知识。"② 1956 年 9 月 9 日，高等教育部《关于高等学校政治理论课程的规定（试行方案）》将讲授和课堂讨论的学时比例规定为"按四比一或五比一。即讲授四学时或五学时，课堂讨论一学时。学校可根据具体情况，作适当安排"。对考试和考查的规定为"凡半年学完的，学完考试；一年学完的，第一学期考查，第二学期考试。这一规定，一般都应按照执行；个别系科，如某一学期因考试科目太多，可由学校根据具体情况决定"。③

以上各指示和规定，清华大学均悉数遵照执行。1953 年 6 月 13 日，据《新清华》第 6 期报道，春季学期新民主主义论教研组"由于仔细订了计划，改进

---

① 教育部社会科学司. 普通高校思想政治理论课文献选编（1949—2008）[M]. 北京：中国人民大学出版社，2008:16.

② 教育部社会科学司. 普通高校思想政治理论课文献选编（1949—2008）[M]. 北京：中国人民大学出版社，2008:21-23.

③ 教育部社会科学司. 普通高校思想政治理论课文献选编（1949—2008）[M]. 北京：中国人民大学出版社，2008:27-28.

了工作方法，教学质量也有提高，讲课方面同学反映比上学期更系统了。辅导方面，课堂讨论由上学期期初的十班到本学期期初的三十班，现在更扩充到五十一班，由十个辅导助教担任""最近教研组检查了辅导工作，研究贯彻'面向同学'的方针，指导同学的自学方法，进一步推动同学向系统理论学习的方向前进。"[1] 此时，新民主主义论教研组副教授张莘群也在《新清华》上撰文指出："我们的教学过程是分为上课、自学、讨论、解答四个步骤。"[2] 1953年9月，"为了长远打算，培养年轻师资，并使政治理论教育更加深入，更加正规化和系统化，决定照顾在可能情况，普遍开设小班讲课"[3]。1953年12月，《新清华》发表社评文章《进一步提高马列主义教育的水平》，文章指出，全体政治教员"要继续贯彻理论结合实际的教学方针，要不断努力做到能系统地、有重点地讲授理论，同时又加强与历史实际、与当前斗争及国家建设的实际、与学生思想的实际联系，既不应只讲史料没有理论分析，或生硬地甚至错误地联系实际，又不应脱离实际，只讲空洞的理论"。[4] 清华大学《一九五四——一九五五年度教学工作计划》提出："政治理论课程要在现在基础上提高讲课的思想性、科学性和系统性，增加课堂讨论时间，培养学生独立阅读和思考能力。"[5]

其实，对于政治课的教育教学方法，有一些教师也有不同的看法。一些教师认为"政治理论课主要是正确传授知识，不必联系实际"，主张"先让同学建立起一个完整的科学理论体系，联系实际的问题，可等学生毕业后再去自行解决"。针对这一情况，政治课党支部专门召开了讨论会，批判了这种教条主义的教学方法，说明了理论联系实际是马克思列宁主义对待理论的根本态度，强调"科学地阐明理论是必要的，但最重要的是帮助学生通过政治理论的学习确立起正确的世界观和人生观；在政治课程中不能单讲抽象的理论，回避对尖

---

[1] 唐绍明. 新民主主义论教研组执行计划有成绩[N]. 新清华：第6期，1953-06-13(2).
[2] 张莘群. 明确系统地学习理论的方向——大一同学改进自学方法[N]. 新清华：第6期，1953-06-13(5).
[3] 唐绍明. 加强学生的马克思列宁主义的教育，本学年新开两门政治课[N]. 新清华：第10期，1953-09-14(3).
[4] 清华大学新清华编辑出版委员会. 进一步提高马列主义教育的水平[N]. 新清华：第22期，1953-12-08(5).
[5] 清华大学新清华编辑出版委员会. 一九五四——一九五五年度教学工作计划大纲[N]. 新清华：第56期，1954-09-3(2).

锐的现实问题的解答"。① 此后，这一问题在一定程度上得到了纠正。尽管如此，在政治理论课程的各个环节中仍然存在着一些教条主义倾向。1956年下半年，政治课党支部再次进行了针对教条主义的批判和检查②。

如前所述，这一阶段学校高度重视教师的政治理论学习，旨在促使全校教师将马克思主义的立场、观点、方法运用到教学工作中去，使业务课与政治课同向同行。例如1956年2月8日，理论物理教研组主任徐亦庄曾在清华大学第十次教学研究会作《在物理讲课中贯彻辩证唯物主义》的发言③。另外，时事学习仍然是马克思主义理论教育的重要方式，读报是时事政策学习的主要方式，而时事政策学习的指导以大报告、印发文件资料索引以及学生的时事简评广播、展览会等方式进行④。这一阶段的时事政策学习主要是围绕普选、宣传国家总路线等党和国家的中心工作展开的。

党、团组织在这一阶段的马克思主义理论教育工作中发挥了更大的作用。1956年，清华大学实行党委领导下的分工负责制。此前，在学校的工作关系中，学校行政居于主导地位，而党、团是基层组织，起保证和协助的作用⑤。1953年3月2日，校长蒋南翔曾向清华大学全体教师党、团员讲话，指出："政治辅导处基本是属于党委会并与党的工作相结合的。成立政治辅导处可使党委在行政上有一工作地位，便于更有效地进行政治工作。党员在学校现在还是少数，有些场合以党委出面号召还不太好，有了政治辅导处可以给党委开辟出更大更方便的工作园地，它可面向全体同学进行工作，配合业务计划，统一学校的社会活动。"⑥ 除了党、团组织，在这个阶段，设立了政治辅导处并将其作为衔接学校党委和学生工作之间的桥梁，使政治辅导员制度有了相应的组织

---

① 《清华大学怎样执行"培养学生全面发展"的教育方针》，清华大学档案，目录号 党办1，案卷号 55055。
② 周礼杲. 让我们的思想都活跃起来[N]. 新清华：第144期，1956-07-03；清华大学新清华编辑出版委员会. 政治课教研组进行反教条主义学习[N]新清华：第150期，1956-09-18；清华大学新清华编辑出版委员会. 党委宣传部、团委会、政治课教研组检查政治理论课的教学和学习[N]. 新清华：第160期(1)；等等.
③ 《第十次教学研究会发言日程》，清华大学档案，全宗号2目录号 校3，案卷号 236。
④ 清华大学新清华编辑出版委员会. 一九五三年度上学期学生政治工作计划[N]. 新清华：第10期，1953-09-14(3).
⑤ 中国高等教育学会，清华大学. 蒋南翔文集：上卷[M]. 北京：清华大学出版社，1998:506.
⑥ 中国高等教育学会，清华大学. 蒋南翔文集：上卷[M]. 北京：清华大学出版社，1998:446-447.

基础，并在之后培养了一大批学校和国家的党政骨干。

这一阶段学校的学生政治工作非常注重协助和配合政治课进行马克思主义理论教育工作。《一九五三年度上学期学生政治工作计划》就提出，学生中政治工作要"协助政治课各教研组，共同研究学生在政治课学习中的学习方法问题，例如学习中如何联系实际，怎样阅读参考书籍，怎样准备课堂讨论等，以帮助改进教学""协助政治课各教研组，在二、三年级重点试行组织政治理论研究小组，培养学生独立研究马列主义理论的兴趣和能力，具体方式为结合政治课内容，挑选某些专题进行较深入的钻研。这种理论研究小组必须在教师指导下，吸收对理论研究较具兴趣和能力的学生参加，有领导、有计划地进行。内容包括阅读马克思列宁主义的专门著作，组织讨论会等"[1]。《一九五四——一九五五学年学生政治工作计划要点》又提出："协助教研组端正同学对待政治理论学习的态度，使同学认真学习政治课。"[2] 此后，这一计划得到了严格地贯彻和实施[3]。

如前所述，作为党的可靠助手，这一阶段团组织积极协助党组织和政治课教研组开展工作。此外，党、团课教育本身就是在进行马克思主义理论教育工作。

3.2.5 学生的学习兴趣和学习效果逐渐提升

以教师辅导来配合课堂讨论，是来自苏联的先进教学方法，1953年春季学期，这一方法在清华大学得到推广，并受到同学们的欢迎，新民主主义论的学习效果显著提高[4]。同学们学习热情很高，开始按照计划掌握学习时间，不仅学到了一些基本理论知识，并且领会了一些分析问题的正确观点和方法。"在学习中表现了两个很显著的特点：一个特点是深入学习系统的政治理论，成为普

---

[1] 清华大学新清华编辑出版委员会. 一九五三年度上学期学生政治工作计划[N]. 新清华：第10期，1953-09-14(3).

[2] 清华大学新清华编辑出版委员会. 一九五四——一九五五学年学生政治工作计划要点[N]. 新清华：第60期，1954-10-09(3).

[3] 清华大学新清华编辑出版委员会. 电机系无线电二年级同学座谈学习马列主义的收获[N]. 新清华：第22期，1953-12-08(5).

[4] 清华大学新清华编辑出版委员会. 新民主主义论教研组执行计划有成绩[N]. 新清华：第6期，1953-06-13(2).

遍的要求,大家都要讲课的系统性加强。在课堂讨论或小组讨论以前,同学们都准备了系统的发言提纲,听课、自学时写笔记已逐渐成为普遍的习惯。另外一个特点是自觉地学习态度已逐步建立,为祖国学习的目的已表现在具体行动上。"① 少数上学期学习态度不好的同学也逐渐转变,课下积极准备课堂讨论所需材料,课上积极参与。

1953年秋季学期开始,同学们对学习政治一般报以很高的热情。"三年级的同学们注意到这学期要上政治经济学,大家都准备努力学这一门课。在实习中我们感到祖国对建设干部要求高度的政治水平,谢绍雄说:'做好红色的电机工程师一定要懂得马列主义。我要系统地学,建立无产阶级的人生观。'金振东说:'我早就要学好政治理论,可是上学年指导少,只能自己乱看,这次可好了。'二年级的同学知道要学马列主义基础都很兴奋,有很多人都登记买联共党史。"② 许多同学将政治理论学习纳入个人计划,并严格要求自己参照执行③。

但此时,一些大一新生却对中国革命史的学习不够重视,他们认为"政治课没有什么可学的,中国革命史在中学时已学过了"④,于是"常常因搞其他工科而挤掉了政治课的自学时间""自学时迟开始早结束""自学时在看其他功课"⑤。在学校行政、党团组织的思想动员下,随着听讲、课堂讨论的日益深入,"大家开始知道学习革命史不是为了单纯的背诵历史事实,而知道要用阶级观点来分析问题。普遍地感觉到通过革命史的学习可以学到毛泽东同志关于中国革命的理论,不再认为内容简单,而认为内容真是无比丰富"。也有一些新生"企图很快就解决自己全部思想意识问题、思想方法问题"⑥,因此,一些班的新生表现出对政治理论课的极大热情,出现了政治课自学超学时现象。

1953年12月8日,第22期《新清华》刊发社评文章《进一步提高马列主义教育的水平》,总结期中教学检查中同学们取得的收获。文章提到:"一年级

---

① 张荦群. 明确系统地学习理论的方向——大一同学改进自学方法[N]. 新清华:第6期,1953-06-13(5).
② 宫莲. 教学新气象[N]. 新清华:第11期,1953-09-21(4).
③ 徐伯雄. 我怎样订个人计划[N]. 新清华:第14期,1953-10-13(3);訾兆芬. 我要争取作一个青年团员[N]. 新清华:第19期,1953-11-17(3).
④ 《清华大学怎样执行"培养学生全面发展"的教育方针》,清华大学档案,目录号 党办1,案卷号 55055.
⑤ 读者来信[N]. 新清华:第22期,1953-12-08(4).
⑥ 田福庭. 大一同学中国革命史学习有收获[N]. 新清华:第22期,1953-12-08(5).

同学说:'现在知道学中国革命史不只学一堆历史材料,而是要通过革命史领会毛主席关于中国革命的理论。'二年级同学的体会又进一步,他们说:'去年了解了中国共产党是按照苏联共产党的榜样建立起来的,毛主席把马列主义与中国革命的实践集合起来,但是究竟苏联共产党又是如何建立和发展起来的,马列主义的普遍真理是怎样在斗争中产生发展的呢?这些基本问题在学习马列主义基础(联共党史)中得到了解决。'三年级同学学了政治经济学以后,体会就更多了,对社会的发展规律,特别是资本主义的剥削实质,及资本主义社会发生发展和灭亡的规律,有了比较科学的认识。"[1] 此时,同学们还成立课外阅读小组,阅读原著,组织学习经验交流会,推动政治理论学习[2]。

1955年4月,清华大学校长蒋南翔在高教部召开的高等工业院校、综合大学院校长座谈会上发言时曾总结道:"两年来,政治理论课的效果,一般是良好的。清华绝大多数同学不但重视政治理论课的学习,而且有着相当高的兴趣。有不少同学,除了完成规定的学习任务以外,还自动阅读和钻研更多的参考书籍。许多同学通过政治课程的学习以后,就能比较深刻地认识到资本主义必然灭亡,社会主义必然胜利的道理,认识自己资产阶级家庭的剥削本质,认识为什么要加入革命组织等等问题。这样就在学习过程中增强了他们的革命胜利信心和爱国主义精神,增强了抵制资产阶级的思想影响的能力。"[3]

在政治理论学习中,面对政治理论课教师出现过的教条主义教学方法,学生反映听不懂,"在课堂上只听到马恩列斯如何讲,听不到先生如何讲"。[4] 此后,政治课教师的教学方法得到调整,不再单讲抽象的理论,也注重对尖锐的现实问题的解答,使课程的讲授质量以及学生的学习兴趣得到显著提高。

在时事政策学习方面,读报已代表一种新的气象,深刻地影响着同学们的生活及行为方式。许多人将时事学习纳入个人计划,养成了读报的习惯,也出

---

[1] 清华大学新清华编辑出版委员会. 进一步提高马列主义教育的水平[N]. 新清华:第22期,1953-12-8(5).
[2] 清华大学新清华编辑出版委员会. 电机系无线电系二年级同学座谈学习马列主义的收获[N]. 新清华:第22期(5).
[3] 《清华大学怎样执行"培养学生全面发展"的教育方针》,清华大学档案,目录号 党办1,案卷号 55055。
[4] 《清华大学怎样执行"培养学生全面发展"的教育方针》,清华大学档案,目录号 党办1,案卷号 55055。

现过一些不重视时事学习的现象①，后逐渐纠正。经过对总路线、普选、党的八大等内容的学习，同学们在政治上和思想上收获很大②。

这一阶段，如果说党组织主要通过学校的政治辅导处和政治辅导员来发挥作用，那么团组织则更多通过学生来行使职责。不仅团支部积极协助同学们学习政治理论课，而且团组织还积极开展着多种多样学生们喜闻乐见的文艺体育等思想教育活动。学校党、团负责人袁永熙、何东昌、滕藤等人所作的报告在学生中产生了很大反响。

1953 年 12 月 30 日，《新清华》第 25 期发表社论《迎接一九五四年，在总路线照耀下继续前进》。文中曾这样总结："同学们经过系统的马克思列宁主义课程的学习，经过总路线和时事政策的学习，以及党课、团课的学习，初步树立起革命的世界观和懂得了党的政策，把自己的学习和美好的社会主义前途联系起来。"③ 可见，学生们已在上述各种方式的马克思主义理论教育之下日益进步。

进行马克思主义理论教育与发展党、团组织从来是分不开的。"在提高觉悟以后，全校有许多同志希望参加到共产党和青年团的队伍中来，以便更好地把自己的力量贡献给共产主义的事业，并经常得到组织的教育和帮助。一年来新参加党的在教员中有卅一人，在同学中有一百二十四人，在职工中有四人；一年来新参加青年团的全校共有六百余人。党和团的组织一年来得到进一步的发展和巩固。"④ 这还只是 1953 年的情况。仅一年级学生来说，"在党团多方面的教育下，经过一学期的革命史学习，启发了不少同学加入革命组织的要求。"⑤ 根据袁永熙于 1956 年 5 月 19 日作的《中国共产党清华大学委员会向第一次党代表大会的工作报告》，1953 年 9 月以来，在学生中员所占比例从 66.2% 增长到 84.5%；1956 年 5 月全校学生党员 555 人，占学生总数的 9.6%，学生中没有党员的班下降到 8 个；30% 新学生党员获得了学习优良奖状或奖学

---

① 读者来信[N]. 新清华：第23期，1953-12-15(4).
② 清华大学新清华编辑出版委员会. 同学学习过渡时期总路线，在政治上和思想上收获很大[N]. 新清华：第24期，1953-12-22(3).
③ 清华大学新清华编辑出版委员会. 迎接一九五四年，在总路线照耀下继续前进[N]. 新清华：第25期，1953-12-29(1).
④ 清华大学新清华编辑出版委员会. 迎接一九五四年，在总路线照耀下继续前进[N]. 新清华：第25期，1953-12-29(1).
⑤ 甘山. 热八·三座谈学习革命史收获[N]. 新清华：第29期，1954-01-26(3).

金[①]。党、团组织在学生中的发展间接反映出这一阶段清华大学马克思主义理论教育工作取得了一定的成效。

3.3 1957—1960 年的清华大学马克思主义理论教育

1956 年 4 月 25 日，毛泽东基于我国的实践经验在中共中央政治局会议上作了《论十大关系》报告，提出探索适合我国国情的社会主义建设道路。1956 年 8 月 3 日，在北京市第二次党代会上，市委高校党委负责人蒋南翔、杨述、宋硕直言北京市高等教育工作在学习苏联经验的问题上存在"相当普遍的教条主义倾向"[②]。10 月 13 日，刘少奇主持第一届全国人民代表大会常委员会第四十八次会议，在听取高教部部长杨秀峰的汇报后表示："教学中的教条主义恐怕相当严重，学习苏联是好坏一起学，不顾中国条件，结合实际不够，有相当严重的教条主义倾向。"[③]

与此同时，苏共二十大以后，西方国家借斯大林问题，在国际上掀起反对苏联和共产主义的浪潮，波兰、匈牙利事件相继发生。为此，以毛泽东为核心的党中央发表了一系列重要论述。1956 年 12 月 29 日，《人民日报》继 4 月 5 日发表《关于无产阶级专政的历史经验》之后又发表《再论无产阶级专政的历史经验》。1957 年 2 月 27 日，毛泽东在中华人民共和国最高国务会议第十一次（扩大）会议上作《关于正确处理人民内部矛盾的问题》的讲话。他特别指出："在知识分子和青年学生中间，最近一个时期，思想政治工作减弱了，出现了一些偏向。在一些人的眼中，好像什么政治，什么祖国的前途，人类的理想，都没有关心的必要。好像马克思主义行时了一阵，现在就不那么行时了。针对着这种情况，现在需要加强思想政治工作。不论是知识分子，还是青年学生，都应该努力学习。除了学习专业之外，在思想上要有所进步，政治上也要

---

① 《中国共产党清华大学委员会向第一次党代表大会的工作报告》，清华大学档案，全宗号2，目录号 党1，案卷号 56003。
② 陈大白. 北京高等教育文献资料选编（1949—1976）[M]. 北京：首都师范大学出版社，2002:318.
③ 中共中央文献研究室.刘少奇年谱（1898—1969）：下卷[M].北京：中央文献出版社，1996:377.

有所进步，这就需要学习马克思主义，学习时事政治。没有正确的政治观点，就等于没有灵魂。"① 3 月 12 日，毛泽东在全国宣传工作会议上讲话指出："新的社会制度还刚刚建立，还需要有一个巩固的时间。不能认为新制度一旦建立起来就完全巩固了，那是不可能的。需要逐步地巩固。要使它最后巩固起来，必须实现国家的社会主义工业化，坚持经济战线上的社会主义革命，还必须在政治战线和思想战线上，进行经常的、艰苦的社会主义革命斗争和社会主义教育。"他认为："可以这样说，500 万左右的知识分子对待马克思主义的状况是：赞成而且比较熟悉的，占少数；反对的也占少数；多数人是赞成但不熟悉，赞成的程度又很不相同。这里有三种立场，坚定的、动摇的、反对的三种立场。应该承认，这种状况在一个很长的时间内还会存在。如果不承认这种状况，我们就会对别人要求过高，又会把自己的任务降低。我们作宣传工作的同志有一个宣传马克思主义的任务。"② 4 月 27 日，中共中央发出《关于整风运动的指示》，整风运动开始。

在 1957 年 1 月 12 日，国内外形势发生重要变动之际，中共中央总书记邓小平来校在大礼堂作形势报告。他论述了国际无产阶级专政的历史经验，回答了青年学生关心的对斯大林的功过评价、马列主义还灵不灵、社会主义制度还有没有优越性、究竟什么是民主及艰苦奋斗等问题③。在谈到苏联问题时，邓小平说："苏联有错误，可以纠正。对苏联的估计不适当，造成一种反苏情绪，这是极端错误的。"在谈到社会主义制度时指出："这个制度好不好，决定于是否能够促进生产力的发展。应该说，我们现在的制度是适合生产力发展的。基本制度是好的，但还要注意调整。我们的事业还很年轻，经验还不足，我们的制度还不完善。"④ 邓小平的报告在清华大学师生中引起热烈反响。

1957 年 1 月 21 日，中共北京市高等学校委员会召开学生工作会议，分析了当前学生的政治思想状况，确定做好政治思想教育工作的方法。会议认为，建设社会主义只能依靠马克思列宁主义的指导，接受共产党的领导，在当下应

---

① 毛泽东. 关于正确处理人民内部矛盾的问题[N]. 人民日报，1957-06-19(1).
② 何东昌. 中华人民共和国重要教育文献选编（1949—1975）[M]. 海口：海南出版社，1998:730-731.
③ 清华大学校史研究室. 清华大学九十年[M]. 北京：清华大学出版社，2001:210.
④ 中共中央文献研究室. 邓小平年谱（1904—1974）：下卷[M]. 北京：中共中央文献研究室，2009:1337-1338.

着重宣传党的总路线,指出学校里政治思想教育纲领就是用无产阶级的思想逐步地克服资产阶级和小资产阶级的思想,使学生成为社会主义建设的人才①。正是在这样的历史背景之下,新一阶段的清华大学马克思主义理论教育开启了。

3.3.1 政治理论课处于破立之间

为了纠正政治理论课教学中的教条主义倾向,1956年10月20日,陆定一在中国共产党中央委员会宣传部举行的党内外科学家和学术、艺术工作者座谈会上明确指出,高校讲授马列主义课程,既要讲正面,也要讲反面,社会主义运动经常有两条路线的斗争,只讲正确路线,不讲错误路线,就没有对比,就不容易了解,就会陷入背诵教条的情况②。为改进教学,1957年春季学期,清华大学继续开设中国革命史、马列主义基础、政治经济学、哲学课程。但是,由于国际国内形势的变化,这些课程中酝酿着一些变化。

根据中共北京市高等学校委员会指示,1957年2月18日至2月24日,清华大学党委、校委会决定延迟一周开学,组织全校教师、学生、青年职工学习《人民日报》编辑部文章《关于无产阶级专政的历史经验》《再论无产阶级专政的历史经验》③。3月,《中共清华大学委员会1957年上半年政治工作要点》指出:"上学期以来,由于国际国内情况深刻的变动,群众中产生了一系列思想问题,我们及时采取了加强党的政治思想领导的方针,在群众中进行了大规模的政治思想工作,提高了群众的政治觉悟,初步地澄清了群众中的某些混乱思想。……因此,今后必须继续把思想教育工作作为党委的首要工作,把'破资本主义立社会主义',当作思想教育工作的基本方针,系统地加强马列主义的思想教育,批判资产阶级的政治观点(超阶级的"民主""自由""个性解放",否定社会主义制度优越性,取消党的领导),轻视劳动、轻视实践、轻视群众的观点和严重违反共产主义道德的思想、行为。"并且要求:"各项政治理论课程是从根本上改进非无产阶级立场、观点、方法的重要阵地,必须在学生各门

---

① 刘光. 新中国高等教育大事记(1949—1987)[M]. 长春:东北师范大学出版社,1990:118.
② 陈清泉,宋广渭. 陆定一传[M]. 北京:中共党史出版社,1999:433-434.
③ 清华大学校史研究室. 清华大学九十年[M]. 北京:清华大学出版社,2001:211.

政治课和教职员理论学习中针对已经暴露的政治思想问题进行教育。"[1] 4月，党委常委会召开了扩大会议，提出进一步贯彻"学习理论，联系实际，提高认识，改造思想"的教学方针，加强政治理论教育应着重加强对学生的思想改造，从根本上树立马克思主义世界观与革命人生观，并通过了《关于加强学生政治理论教育的决议》[2]。5月底，清华校务行政会议决定，政治课内容配合整风，改变考试方式[3]。

1957年6月，反右运动开始以后，康生在高教部政治理论课程大纲编写小组座谈会上提出，恢复华北革大式马列主义教育经验，同时融合"大鸣、大放、大字报、大辩论"的整风经验，作为社会主义教育课程的运作方式[4]。9月30日，校务委员会扩大会议讨论通过社会主义思想教育计划，决定在全校师生员工中开展社会主义大辩论，原本全校师生员工的政治理论学习都改为"社会主义教育课程"，课程时间暂定一年。学习的总目标是"灭资产阶级思想兴无产阶级思想"；共分为思想动员、高等教育战线和科学工作上两条路线的斗争和党的领导问题、思想战线两条路线的斗争、思想总结四个阶段；总的精神就是要结合边整边改进行社会主义思想教育和劳动教育，开展大辩论[5]。《1957—1958年度教学工作计划纲要》指出："'社会主义教育课程'是一个社会主义革命运动中的阶级教育，它是一个大辩论，不是普通政治课程，每周需要8小时以上，全校必须从思想上，教学工作组织上与行政领导上采取措施加以保证。"[6] 10月11日，校长蒋南翔向全校师生员工13 000余人作关于进行社会主义教育的动员报告[7]。

---

[1] 《中共清华大学委员会1957年上半年政治工作要点》，清华大学档案，全宗号2，目录号 党1，案卷号57028。
[2] 党委常委会讨论加强政治理论课工作[N]. 新清华：第179期，1957-04-24(1).
[3] 校务行政会议决定为鸣放创造条件[N]. 新清华：第188期，1957-05-29(1).
[4] 《康生同志谈政治理论教学中的若干问题（记录）》，中国人民大学档案馆馆藏档案，档号：教务处188C。
[5] 清华大学新清华编辑出版委员会. 全面讨论学校几项主要工作[N]. 新清华：第224期，1957-10-16(1).
[6] 清华大学新清华编辑出版委员会. 1957—1958年度教学工作计划纲要[N]. 新清华：第224期，1957-10-16(3).
[7] 清华大学新清华编辑出版委员会. 社会主义教育应从"整改"开始[N]. 新清华：第224期，1957-10-16(2).

1957年12月10日，根据中共中央批转的中央宣传部《关于设立社会主义教育课程向中央的报告》，高等教育部、教育部发出《关于在全国高等学校开设社会主义教育课程的指示》，规定："在全国高等学校各年级普遍开设'社会主义教育'课程，全体学生和研究生必须无例外地参加学习。"① 相对全国大多数高校，清华大学较早地开设了社会主义教育课程。

1958年7月，清华大学曾发布《1958年7月修订教学计划的一些原则》，提出："加强政治课以毛主席著作为纲，贯彻学习理论，联系实际，提高工作，改造思想的方针和群众路线。每个年级都排政治课。"② 1958年10月8日，党委常委会讨论政治理论教育工作，根据中央政治局北戴河会议精神和市委、高校党委的指示，决定从下周起在全校师生员工和家属中展开一个声势浩大的共产主义教育运动。"这一思想运动的主要目的是：大力宣传共产主义思想，批判资产阶级个人主义思想和资产阶级法权思想，以进一步改造思想，提高觉悟，树立共产主义的人生观和世界观，为建设社会主义和从社会主义向共产主义过渡准备条件。"③ "这是又一次兴无灭资的教育运动，是较之社会主义教育运动更深刻更宽广的政治思想革命。"④

1959年1月8日，清华大学召开第十二次教学研究会。校长助理李寿慈在《一九五八年教学工作的总结报告》中说明，半年来在政治理论课方面进行了关于形势的教育，并且把它同群众运动结合起来，及时宣传党的方针政策，提高了群众思想觉悟，推动了各方面的工作。李寿慈认为，这种方式今后应当同系统讲授马列主义基本知识相辅并存，成为政治课的两条腿⑤。2月，在中国共产党清华大学第二届代表大会上，党委第一副书记刘冰在《中共清华大学第一届委员会工作报告》中提到："一九五八年学校教育工作中，由于生产和科学研

---

① 教育部社会科学司. 普通高校思想政治理论课文献选编（1949—2008）[M]. 北京：中国人民大学出版社，2008:31.
② 清华大学校史研究室. 清华大学史料选编：第6卷（第3分册）[M]. 北京：清华大学出版社，2009:184.
③ 清华大学新清华编辑出版委员会. 党委决定在全校开展共产主义思想教育运动[N]. 新清华：第364期，1958-10-22(1).
④ 清华大学新清华编辑出版委员会. 再破再立开展共产主义学习运动[N]. 新清华：第364期，1958-10-22(3).
⑤ 清华大学新清华编辑出版委员会. 我校举行第十二次教学研究会[N]. 新清华：第399期，1959-01-15(1).

究这个新的因素的增长，教学工作有了巨大的改进。现在的任务是要在过去的基础上进一步提高教学质量。……系统地进行政治理论教育，提高政治课教学的质量问题。"①校长、党委书记蒋南翔在作总结报告时指出，在今后党的工作中应该着重开好马列主义课程②。

1959年4月4日，《新清华》第426期进行报道："本学期政治理论课程的学习采取两条腿走路的方针，一方面开设'形势和任务'课，密切结合各项政治运动及教学、生产、科学研究及党的工作进行党的方针和政策的学习，另一方面开设'马克思列宁主义基础'课进行系统的政治理论学习""'形势与任务'课是全校同学的必修课程。通过它来教育群众正确认识当前国内外形势，积极贯彻党的方针政策，并把自己的学习工作和思想与当前的政治斗争紧密结合起来""关于'马克思列宁主义基础'课，这学期开出了'哲学'及'社会主义和共产主义概论'两门课，下学期还将开出政治经济学和中共党史。本学期一、二、三年级学生规定学习'社会主义和共产主义概论'，四、五年级学习哲学课程。"③可见，此时清华大学政治理论课分为两个部分，分别是"形势和任务"课和"马克思列宁主义基础"课。换言之，"形势和任务"正式成为一种政治理论课程。

1959年4月6日至7月27日，教育部举办马克思列宁主义课程教师学习会，提出将高等学校的马列主义系列课程定为四门，分别是社会主义、政治经济学、哲学、中共党史，理、工、农、医院校一般开三门④。10月13日晚，党委第一副书记刘冰向全体大一同学作了总路线学习的动员报告，作为入学以后系统地学习马列主义理论的开始。刘冰在报告中提到："今后政治理论课有社会主义概论、政治经济学和哲学三门，这三门课是从二年级开始学习。一年级另外开设专题，讲授有关树立共产主义人生观的问题。"他宣布要开展一次总路线的学习："我们可以围绕着：总路线、大跃进、大炼钢、人民公社和党的教育

---

① 刘冰. 中共清华大学第一届委员会工作报告[N]. 新清华：第418期，1959-03-09(5).
② 清华大学新清华编辑出版委员会. 本校党代表大会胜利闭幕[N]. 新清华：第416期，1959-03-03(1).
③ 清华大学新清华编辑出版委员会. 本学期政治理论学习开始上课[N]. 新清华：第426期，1959-04-04(1).
④ 刘光主. 新中国高等教育大事记（1949—1987）[M]. 长春：东北师范大学出版社，1990:147.

方针等问题，学习文件进行辩论。在辩论中要勇于坚持真理，修正错误。"①

1960年，全校各专业一律改为六年制。7月27日，校务委员会通过了《关于修订新教育计划的若干意见》，规定："政治课：（包括四门理论课程）约400学时。根据1959年修订教育计划的规定暂定：1-3年级每学期每周3学时，4年级每学期每周4学时，每学期上课以16周计（生产劳动中也安排）。"② 又规定，因变更学制产生的过渡班各年级的政治课每学期每周安排3学时，具体安排由政治课教研组规定。③ 1960年下半年，全校同时开设了中共党史（一、二、三年级及研究生），哲学（四年级），政治经济学（五、六年级）三门课程④。至此，政治理论课程教学逐渐趋于稳定。

3.3.2　机构和师资变更较大

1957年2月18日至2月24日，清华大学全校延迟一周开学学习《关于无产阶级专政的历史经验》《再论无产阶级专政的历史经验》等文件。全校的学习由党委会及各系党总支进行领导。为此，2月17日晚上已召开干部会，说明了这次学习的意义、要求、方法和步骤，党委宣传部同时拟发了学习参考提纲。⑤ 3月，《中共清华大学委员会1957年上半年政治工作要点》要求由党委宣传部主管各项理论学习并帮助政治课教研组贯彻四十次常委会决议，各系党总支应研究如何结合理论学习进行思想改造，团委及团总支应大力协助搞好政治课。⑥

政治课教研组同全校学生一起学习了《关于无产阶级专政的历史经验》

---

① 清华大学新清华编辑出版委员会. 刘冰同志向大一同学作总路线学习动员报告[N]. 新清华：第477期，1959-10-19(1/2).
② 《关于修订新教育计划的若干意见》，清华大学档案，全宗号2 目录号 校3，案卷号 109。
③ 《有关修订过渡班教育计划的几点补充规定》，清华大学档案，全宗号2 目录号校3，案卷号 109。
④ 《党委宣传部关于政治理论课教学工作的意见》，清华大学档案，全宗号2 目录号校3，案卷号 109。
⑤ 清华大学新清华编辑出版委员会. 全校学习《再论无产阶级专政的历史经验》[N]. 新清华：第171期，1957-02-20(1).
⑥ 《中共清华大学委员会1957年上半年政治工作要点》，清华大学档案，全宗号2，目录号党1，案卷号57028。

《再论无产阶级专政的历史经验》等文件,①此后又积极开展了关于政治与业务关系问题的讨论。②整风运动中,政治课理论课党支部在全体教职工座谈会上"对校党委和行政领导在工作中的缺点提出了坦率的尖锐的批评"。③7月初,清华大学党委扩大会议认为"马列主义政治理论课教研组特别猛烈地对党发动进攻",主管领导、党委常委、校长助理袁永熙应该对此负责,结合其他问题决定开除袁永熙党籍。④根据《1955—1958年度教研组设置情况表》,1955年、1956年政治课教研组一直包括哲学、中国革命史、马列主义基础、政治经济学四个教研小组,这种状况一直持续到1957年下半年。整风、反右派运动以前,哲学教研组主任为蒋南翔,秘书为羊涤生;中国革命史教学组主任为刘弄潮,秘书为贾观;马列主义基础教研组副主任为艾知生、张莘群,秘书为钱逊;政治经济学教研组主任为朱声绂,秘书为王绍先。⑤政治课教研组党支部书记为吴万永。⑥由于"在大鸣大放期间,政治课教研组犯了严重的政治错误",1957年6月中旬到9月底,政治课教研组在党委的领导下"改组了教研组的党、团支委会;斗争了右派分子十多人;学习了党的'学习理论、联系实际、提高认识、改造思想'的教学方针,批判了政治课教学中的资产阶级方向,在这一基础上普遍进行了思想总结""下放教师参加农业劳动锻炼。动员二十多人下乡。今后制定制度轮流组织政治教员下乡参加较长时间的体力劳动,进行思想改造""留校的十多位政治教员参加了学校的'社会主义教育'和党团的宣传工作。在大辩论中进一步改造思想,提高社会主义觉悟。"⑦此时,教育部政治教育司对全国高校政治课教师队伍的情况进行统计的结果是"全国227所高等学校的现有教师数为4600左右:其中右派分子占7.4%,中右分子占8.6%,政治历史问题严重的占2.7%,思想品质恶劣的占3%,业务上没有培养前途的

---

① 吴万永. 为什么会出现政治上的摇摆不定[N]. 新清华:第171期, 1957-02-20(2).
② 吴万永. 我们对政治与业务关系的认识[N]. 新清华:第172期, 1957-03-02(2).
③ 清华大学新清华编辑出版委员会. 要求党委根据政治理论课的特点进行工作[N]. 新清华:第189期, 1957-06-01(1).
④ 清华大学新清华编辑出版委员会. 全体一致通过开除袁永熙出党[N]. 新清华:第219期, 1957-09-03(1).
⑤ 《1955—1958年度教研组设置情况表》,清华大学档案,目录号 教务处,案卷号 092-1.
⑥ 清华大学新清华编辑出版委员会. 政治课教研组反右派斗争取得重大胜利[N]. 新清华:第252期, 1958-01-22(2).
⑦ 党委宣传部. 对几个问题的答复[N]. 新清华:第250期, 1958-01-16(4).

占 9.5%，共占全体教师的 31.2%"①。相对于其他高校而言，清华大学政治课教师队伍在整风和反右派运动中受到了更多错误的批判，出现了队伍弱化问题。"文革"结束后，他们的错划"右派"问题陆续得到改正。

1957 年 10 月开始的社会主义教育课程的学习由党委统一领导，各系由党总支负责，工会与共青团配合组织学习，政治理论教员分别参加各总支的学习组织，在总支领导下进行工作②。10 月 22 日，《新清华》第 226 期刊发表的校党委对我校党、团政治思想教育工作所提意见的答复中专门强调，根据政治课有脱离学生思想实际的缺点，政治课教师下乡参加劳动，进行思想改造，党委的主要负责干部直接领导和参加政治课的教学工作。③ 在 1957 年底召开的清华大学第二次科学讨论会上，党委副书记、马克思列宁主义基础教研组副主任艾知生作了《马列主义理论教育工作中两条路线的斗争》的发言④。1958 年 2 月 28 日，经校务会议讨论，决定聘马侠同志为政治经济学教研组副主任⑤。此后，党委主要负责同志直接领导和参加政治课教学工作逐渐成为清华大学的传统，并一直延续至今。

1959 年春季学期，"为了保证和提高政治教学的质量，我校实行了'书记挂帅，全党动手'。校长、党委书记蒋南翔同志，党委第一副书记刘冰同志和其他几位副书记分别领导了几个政治课教研组，并担任了讲课教员。各系党总支都把政治理论教育工作作为政治思想工作的首要任务，不少党总支书记担任了系辅导组组长""为了适应政治课目前及今后发展的要求，党委已着手建立一支政治理论教师队伍，除原有政治理论教员外，现已由各系抽调一部分党员干部担任专职政治理论教员，此外还规定了各系半脱产干部担任本系兼职理论教员。"⑥ 此时，各教研组教师都在积极备课，并注意及时收集全校学习中提出

---

① 教育部社会科学司. 普通高校思想政治理论课文献选编（1949—2008）[M]. 北京：中国人民大学出版社，2008:34.
② 清华大学新清华编辑出版委员会. 全面讨论学校几项主要工作[N]. 新清华：第224期，1957-10-16(1).
③ 清华大学新清华编辑出版委员会. 党委会对群众所提意见的答复[N]. 新清华：第226期，1957-10-22(1).
④ 艾知生. 马列主义理论教育工作中的两条路线斗争[N]. 新清华：第249期，1958-01-15(6).
⑤ 清华大学校长办公室. 清华大学关于干部任命的通知[N]. 清华公报：第48期，1958-05-08.
⑥ 清华大学新清华编辑出版委员会. 本学期政治理论学习开始上课[N]. 新清华：第426期，1959-04-04(1).

的问题整理成学习参考资料；许多辅导老师参加到班级讨论中，和团支部一起讨论理论学习计划。①

1959 年 5 月初，为了把理论与实践紧密地结合起来，准备下学期的政治经济学课程，政治经济学教研组全体教师从备课中抽出一段时间去郊区四季青人民公社参加部分体力劳动、收集材料、丰富实践知识。② 7 月 28 日，党委宣传部、政治经济学教研组召开第一次政治经济学辅导组长会议。会议指出，在教研组人力不足的情况下，为了保证政治经济学课程教学的顺利进行，提高教学质量，下学期的教学工作仍将本着全党动手的原则，在各系党总支成立辅导组、配合教研组进行教学。③

1959—1960 年，政治课教研组设置为哲学教研组、社会主义概论教研组、政治经济学教研组④。1960 年又改为哲学教研组、中国革命史教研组（1959 年 4 月时称"社会主义和共产主义概论教研组"，1959 年 9 月时称"社会主义课教研组"）⑤、政治经济学教研组。1960 年 3 月 6 日，清华大学党委在《清华大学关于培养党团政治工作干部的经验》中提到："在目前政治课和党委宣传部工作的党员干部中有 67% 是 1959 年新从各系抽调的。""哲学教研组几乎全部是新调去的年轻同志，他们之中有些人在刚调去时还没有学过哲学，但是由于坚持了理论联系实际的正确方针，边学习边战斗，他们除了进行正规的理论学习外，还经常深入到学校各项中心任务中去，积极参加了反右倾整风运动的学习，用辩证唯物主义去分析批判各种错误思想，使干部成长很快。"⑥

1960 年 3 月下旬至 7 月，党委宣传部开展了干部轮换工作（从宣传部下放干部至系里工作，同时调派系里干部到宣传部工作）。7 月，在《清华大学干部轮换工作总结》中提到："对下系的干部来说，总结中也突出地提到了实际，深入了群众，对过去长年在政治课教研组工作的同志来说，这一点体会特别深。

---

① 清华大学新清华编辑出版委员会. 教师和四、五年级同学热烈讨论哲学[N]. 新清华：第427期，1959-04-09(3).
② 高程德. 政治经济学教研组在公社[N]. 新清华：第450期，1959-06-29(4).
③ 党委宣传部. 政治经济学教研组召开辅导组长会议[N]. 新清华：第457期，1959-08-03(1).
④ 《清华大学1959—1960学年度公共教研组》，清华大学档案，目录号 教务处校3，案卷号092-1。
⑤ 杨树先，金丽华. 正确对待"概论"的学习[N]. 新清华：第428期，1959-04-11(4)；金丽华. 要掌握住马列主义的武器[N]. 新清华：第466期，1959-09-19(3).
⑥ 《清华大学关于培养党团政治工作干部的经验》，清华大学档案，全宗号2，目录号 党1，案卷号 60024。

政治课教研组冯思孝同志从1951年作理论工作后，工作近十年了，一直没上过第一线。他们说，由于过去缺乏真刀真枪作战的实践，因此听党委讲形势，总是隔了一层，体会不深，消化不好，这次下去工作，首先就要分析实际情况，分析群众思想，既提高独立分析能力，也对党委精神体会更具体了""下系的干部加强了实践的观点，例如樊月清去年由人大分配到清华工作，开始时认为在清华搞理论没有前途，既没有专家指导，也没有丰富材料，况且工科学生也要不了那么多理论，因此不安心工作。这次下到水利系搞教学革命，才发现自己学了几年政治经济学，但是在水能经济上分析问题、理论联系实际就不如系里同志。如托克理论为什么是资本主义的，翻了不少书，做梦都想，也没有解释出来，但是系里的同志分析得很清楚。这才认识到自己学了一些条条，离解决问题还差得很远，同时也体会到工科大学马列主义理论要在业务领域插红旗的重要性，受到很大教育。"① 这就使理论与实际进一步结合起来。

　　以上是这一阶段政治理论课程教学的基本情况。值得注意的是，这一阶段政治课教学实行"两条腿走路"，高度重视"形势与任务"教育。1957年3月发布的《中共清华大学委员会1957年上半年政治工作要点》就指出，所有党委委员、总支委员、政治理论教员、政治辅导员均应抽出一定时间适当参加基层群众以深入贯彻毛主席最近的讲话精神为中心的时事政策学习②。后来进行的社会主义教育课程、共产主义思想教育运动等均由党委直接领导进行，校内团组织、学生会、政治理论教员、政治辅导员等积极参与并协助做好学生思想工作。一些班级还自发地成立了毛主席著作学习小组③。总的来说，实行党委制之后，党、团的马克思主义理论教育不再仅仅体现为党课和团课，而更多地与全校的马克思主义理论教育工作紧密地结合起来了。此外，这一阶段的马克思主义理论教育较多地采用群众运动的方式，业务课教师也积极参加并努力将马克思主义理论运用到教学和科研工作之中。

---

① 《清华大学干部轮换工作总结》，清华大学档案，全宗号2，目录号 党1，案卷号 60061。
② 《中共清华大学委员会1957年上半年政治工作要点》，清华大学档案，全宗号2，目录号 党1，案卷号57028。
③ 制11全体同学，制11毛主席著作学习小组. 创议成立毛主席著作学习小组[N]. 新清华：第321期，1958-07-14(3)。

3.3.3 教材"以毛主席著作为纲"

1958年教育部政治教育司起草的《对高等学校政治教育工作的几点意见》曾指出:"原'马列主义基础'课的教本是《苏共党史简明教程》,1956年苏共二十大后,改为社会主义原理的专题讲授;原'中国革命史'课的主要教材是何干之主编的《中国现代革命史讲义》;原'政治经济学'课的教材是苏联作者编的《政治经济学教科书》;原'辩证唯物主义与历史唯物主义'课没有教材(有的学校针对历史唯物主义部分,采用苏联康士坦丁诺夫著的《历史唯物主义》),由教师自编讲稿,其内容实际上是1953年中国人民大学苏联专家克列的讲稿。"[①]1957年春季学期及上一阶段清华大学的四门政治理论课程的教材大致如此。

1957年前半年,清华大学还组织全校师生员工陆续学习了《人民日报》编辑部的文章《关于无产阶级专政的历史经验》《再论无产阶级专政的历史经验》和毛泽东在全国宣传工作会议上的讲话及《关于正确处理人民内部矛盾的问题》等[②]。这些文章、讲话无疑是马克思主义理论教育的重要教材。

1957年10月,清华大学社会主义教育课程正式开始。按照课程计划,"学习内容以毛主席《关于正确处理人民内部矛盾的问题》这个报告为中心教材,并以这个报告为提纲规定若干中央负责同志的报告、《人民日报》的重要社论为主要学习材料"[③]。清华大学对社会主义教育课程教材的规定与高等教育部、教育部12月10日发出的《关于在全国高等学校开设社会主义教育课程的指示》(以下简称《指示》)所作规定是一致的。《指示》明确指出:"这一课程学习的内容,中央宣传部规定是以毛主席的'关于正确处理人民内部矛盾的问题'为中心教材,同时阅读一些必要的马克思列宁主义经典著作、党的文件和

---

① 教育部社会科学司. 普通高校思想政治理论课文献选编(1949—2008)[M]. 北京:中国人民大学出版社, 2008:33.

② 清华大学新清华编辑出版委员会. 全校师生热烈学习《再论无产阶级专政的历史经验》[N]. 新清华:第166期, 1957-01-09(1);全校学习《再论无产阶级专政的历史经验》[N]. 新清华:第171期, 1957-02-20(2);本校全体党员和教师热烈学习毛主席的两次讲话[N]. 新清华:第179期(1);全校师生认真学习毛主席的报告[N]. 新清华:第201期, 1957-06-27(1);等等.

③ 清华大学新清华编辑出版委员会. 全面讨论学校几项中心工作[N]. 新清华:第224期, 1957-10-16(1).

其他文件。各校应根据中共中央宣传部编写的《社会主义教育课程的阅读文件》，结合本校大鸣大放期间和反右派斗争中暴露出来的政治思想问题，规定切合本校实际的教学计划和阅读文件。"①《社会主义教育课程的阅读文件》第一编所列阅读文件是最低限度的阅读文件，第二编所列阅读文件则为最高限度的阅读文件。

教育部政治教育司起草的《对高等学校政治教育工作的几点意见》提出："今后'马列主义基础'以《社会主义教育课程的阅读文件汇编》为教材，中心内容是莫斯科会议宣言所指出的九条普遍规律。'政治经济学'和'辩证唯物主义与历史唯物主义'，要从中国当前的阶级斗争、革命形势、党的任务和具体教育对象出发，进行专题讲授或开设讲座，经过两年的教学实践，编写出较为完整的、系统的中国化讲义来，择优交流，逐步成为教材。对党的重要方针、政策、任务，毛主席的著作和国内外重大时事，应当占用政治课的正课时间及时进行教学""要一律课前印发讲义。"②

清华大学曾发布《1958年7月修订教学计划的一些原则》，提出"加强政治课以毛主席著作为纲"③。同时，学生们也自发地组织毛主席著作学习小组。④1958年11月6日，《新清华》第372期报道了清华大学师生、职工、家属热烈学习毛主席论纸老虎文献的情况，"许多同志到'新华书店'和邮局争购刊载毛主席文章的《红旗》杂志和《人民日报》"⑤。1959年4月9日，《新清华》第427期报道了教师和四、五年级同学热烈讨论哲学的情况，特别提及建1班"听完第一讲后仔细钻研文件，除了学习制定文件外，还学习了莫斯科会

---

① 教育部社会科学司. 普通高校思想政治理论课文献选编（1949—2008）[M]. 北京：中国人民大学出版社, 2008:31.
② 教育部社会科学司. 普通高校思想政治理论课文献选编（1949—2008）[M]. 北京：中国人民大学出版社, 2008:34.
③ 清华大学校史研究室. 清华大学史料选编：第6卷（第3分册）[M]. 北京：清华大学出版社, 2009:184.
④ 制11全体同学, 制11毛主席著作学习小组. 创议成立毛主席著作学习小组[N]. 新清华：第321期, 1958-07-14(3).
⑤ 清华大学新清华编辑出版委员会. 帝国主义者的寿命不会很长了[N]. 新清华：第372期, 1958-11-06(1).

议宣言的第三部分和《北京日报》关于学习马克思主义理论的社论"①。同一期《新清华》另一篇文章提到物02班"在学习'形势和任务'时，同学们认真钻研了党的八届六中全会文件"。② 4月26日，《新清华》第432期报道了物36班的理论学习情况："为了更深刻地体会毛主席对左倾与右倾的批判，有的同学就精心阅读了《毛主席的工作方法与思想方法》一书。读书的风气就逐渐形成了，同学们常常到政治阅览室去阅读政治理论书籍。"③

1959年6月5日，《新清华》第444期报道了全校师生员工阅读马列主义书籍的情况："据图书馆阅览科最近一周的统计，政治理论参考书籍的出借量已达到往日出借量的4.5倍，最多的一天借出900余本。我校新华书店在最近一月内出售的政治理论书籍，仅《关于正确处理人民内部矛盾》一书就达2500余册，而《实践论》和《矛盾论》的销售量共达10 000余册。"④ 7月17日，党委宣传部副部长林泰在《新清华》第454期上发表文章《谈马列主义理论学习》，特别强调"重要的是读书""学会读些经典著作"⑤。经过了一学期的系统学习，"不少同学围绕讲课内容，已经能够开始独立阅读有关经典著作和参考文件。金11班的同学在'社会主义和共产主义概论'学习中，全班36人有11人买了毛泽东选集进行阅读。五年级部分同学在哲学学习中，除认真复习了笔记和阅读必读文献外，还自动地阅读了《唯物主义和经验批判主义》《自然辩证法》《矛盾论》《实践论》等著作。自203班有个同学在概论学习中，为了搞清过渡到共产主义六个条件之一的关于国家消灭的问题，仔细地阅读了《国家与革命》"。⑥ 8月，政治经济学教研组、校刊《新清华》曾推荐学生暑假自学《政治经济学教科书》（第三版）和马克思的《哥达纲领批判》、列宁的《国家与革命》、斯大林的《苏联社会主义经济问题》、毛泽东的《关于正确处理人民内部矛盾的问题》⑦。

---

① 清华大学新清华编辑出版委员会. 教师和四五年级同学热烈讨论哲学[N]. 新清华：第427期，1959-04-09(3).
② 工程物理通讯组. 联系实际学习理论和党的政策[N]. 新清华：第427期，1959-04-09(3).
③ 清华大学新清华编辑出版委员会. 抓紧三个环节[N]. 新清华：第432期，1959-04-26(3).
④ 清华大学新清华编辑出版委员会. 全校理论学习热情日益增长[N]. 新清华：第444期，1959-06-05(1).
⑤ 林泰. 谈马列主义理论学习[N]. 新清华：第454期，1959-07-17(2).
⑥ 清华大学新清华编辑出版委员会. 用马列主义武装起来[N]. 新清华：第456期，1959-07-29(2).
⑦ 清华大学新清华编辑出版委员会. 暑假想自学政治经济学应该看什么书?[N]. 新清华：第458期，1959-08-07(4).

1959年9月，全校师生职工热烈地开展党的八届八中全会决议文件学习[①]。10月，全校又学习刘少奇在《人民日报》上发表的文章《马克思列宁主义在中国的胜利》，邮局和新华书店短时间内卖出《红旗》三千余册、单行本两千余册、登有刘少奇文章的报纸五千余份[②]。此后，全校又学习周恩来在《人民日报》上发表的文章《伟大的十年》[③]。4月中下旬，全校师生职工深入学习《人民日报》和《红旗》杂志编辑部的三篇文章：《列宁主义万岁》《沿着伟大列宁的大路前进》《在列宁的革命旗帜下团结起来》。此外学校还举办了"伟大的导师——列宁"图片展览，图书馆展出40幅介绍列宁生平事迹的油画及几十种中俄文列宁著作，各系黑板报出了专刊[④]。1960年3月至5月，《新清华》第517期、537期曾对王怀顺刻苦学习毛泽东著作的事迹进行报道[⑤]。10月，全校掀起了学习《毛泽东选集》第四卷的热潮[⑥]。

　　概而言之，这一阶段清华大学马克思主义理论教育主要以毛泽东著作、党的一些重要文件为教材。此外，《红旗》杂志和《人民日报》《新清华》等党报、党刊也在一定程度上发挥着教材作用。

3.3.4　教育方式以政治运动为主

　　1957年2月18日至2月24日，全校延迟开学一周，学习《再论无产阶级专政的历史经验》《关于无产阶级专政的历史经验》等文件。采用的具体方法是"在学习中，首先用一天半的时间精读文件；然后联系实际、联系思想展开

---

① 金丽华. 要掌握住马列主义的武器[N]. 新清华：第466期，1959-09-19(3).
② 清华大学新清华编辑出版委员会. 全校同志认真学习刘少奇主席的文章《马克思列宁主义在中国的胜利》[N]. 新清华：第474期，1959-10-09(1).
③ 肖立. 不断革命，不断跃进[N]. 新清华：第486期，1959-11-21(2)；张润淳. 学好文件拿起武器战斗[N]. 新清华：第487期，1959-11-28(4)；吴景柏. 坚信人民群众是历史的创造者[N]. 新清华：第488期，1959-12-03(2)；等等.
④ 清华大学新清华编辑出版委员会. 我校举行纪念列宁诞生90周年大会[N]. 新清华：第534期，1960-04-28(1).
⑤ 杜丕锡，鲍立力. 作毛主席的好学生[N]. 新清华：第517期，1960-03-15(1)；用毛泽东思想指导向科学进军[N]. 新清华：第537期，1960-05-04(2).
⑥ 清华大学新清华编辑出版委员会. 全校掀起学习《毛泽东选集》第四卷热潮[N]. 新清华：第572期，1960-10-22(1).

讨论；最后进行学习总结"①。1957年3月，《中共清华大学委员会1957年上半年政治工作要点》要求，政治理论学习中应充分运用"独立思考，自由争论"的方法达到明白是非的目的，用适当方式帮助学员联系自己的思想认识来总结学习收获，时事政策学习环绕毛主席最近的讲话组织2～3次时事报告（或传达），适当组织座谈，有系统地进行党课（团课）教育，开展讨论和批评与自我批评②。4月，清华大学党委召开常委会扩大会议讨论加强政治理论课工作，通过了《关于加强学生政治理论教育的决议》，提出贯彻"学习理论，联系实际，提高认识，改造思想"的教学方针；明确政治理论课的根本目的在于树立学生马列主义世界观与革命人生观，改造学生思想；特别强调"教员讲授理论时要着重强调联系学生思想实际，采取有的放矢、重点讲授的办法，正面教育与思想批判相结合，加强讲课的思想性、战斗性，克服教条主义和片面性。在学生学习理论中要提倡独立思考，民主讨论，自由争辩，以理服人的精神，联系实际开展批评与自我批评"③。为了落实教学方针，该决议还从"提高讲课和课堂讨论的质量""加强政治理论课教研组的学生工作""改进政治理论课的考试方法"三个方面提出了具体措施。5月27日，校务行政会议认为政治理论课应该进行总结，而总结的方式要从长计议，要求本学期政治课的考试改为考查，通过书写学习心得等方式进行④。

1957年6月19日，毛泽东著作《关于正确处理人民内部矛盾的问题》在《人民日报》正式发表。6月下旬，全校师生对文进行了热烈学习和讨论，并联系全国、校内的右派言行进行了批判⑤。10月22日，《新清华》第226期刊载《党委会对群众所提意见的答复》，认为"各种群众性的社会改革运动的形式是在我国进行社会主义革命最适宜的形式，它是加速社会主义革命和建设最有

---

① 清华大学新清华编辑出版委员会. 全校学习《再论无产阶级专政的历史经验》[N]. 新清华：第171期，1957-02-20(1).
② 《中共清华大学委员会1957年上半年政治工作要点》，清华大学档案，全宗号2，目录号 党1，案卷号57028。
③ 清华大学新清华编辑出版委员会. 党委常委会讨论加强政治理论课工作[N]. 新清华：第179期，1957-04-24(1).
④ 清华大学新清华编辑出版委员会. 校务行政会议决定为鸣放创造条件[N]. 新清华：第188期，1957-05-29(1).
⑤ 清华大学新清华编辑出版委员会. 全校师生员工认真学习毛主席的报告[N]. 新清华：201期，1957-06-27(1).

利、代价最少、最为深刻、最为民主的办法。因此认为政治运动太多的意见是不妥当的。关于思想工作，如果从和资产阶级思想斗争来说，我们认为抓的还很不够而不是太紧了，参加政治运动进行思想学习也是学习，不能说这是影响学习"。① 在同一期《新清华》上，教务处针对学生所提"教师教课只讲业务，上课来，下课走，一点政治思想工作也不做，政治工作单纯是党团的事，政治业务分得太明显"问题，明确回复道："我们完全同意而且一贯提倡教师上课应对学生进行政治思想教育工作及政策教育，应在讲授中贯彻辩证唯物主义与历史唯物主义的观点，并应结合学生具体思想进行教育。"②

1957年9月30日，党委副书记艾知生向校务委员会扩大会议报告了本学年开设社会主义教育课程的计划。根据这一计划，"这次学习的方法，将打破以往政治学习的常规，参照学习《再论无产阶级专政的历史经验》的经验，认真阅读文件，提出问题，自学准备，展开辩论，最后小结。必须提出不同的思想观点，放手展开争鸣，贯彻'独立思考，畅所欲言，自由争辩，以理服人'的精神，以大辩论和自学必读文件为主要方法，有必要时作专题报告。此外，根据知识分子必须与工农相结合，在实践中改造思想的原则，配合学习将适当组织下乡下厂参观或参加辩论，义务劳动"。③ 会议一致拥护社会主义教育课程计划，并强调要将教学工作与社会主义思想教育结合起来④。10月11日，校长蒋南翔做社会主义教育的动员报告。他提出社会主义教育应从"整改"开始，采纳鸣放中提出的正确意见，号召大家运用各种方式来进行整改，特别是要很好地运用大字报这一有效方式；要有重点地学习一些基本文件、解决一些基本政治观点问题；最后是总结思想收获⑤。

1957年11月27日，校长兼党委书记蒋南翔以《怎样做一个劳动者，怎

---

① 清华大学新清华编辑出版委员会.党委会对群众所提意见的答复[N].新清华：第226期，1957-10-22(2).
② 清华大学新清华编辑出版委员会.教务处对整风期间群众所提意见的回答[N].新清华：第226期，1957-10-22(6).
③ 清华大学新清华编辑出版委员会.全面讨论学校几项中心工作[N].新清华：第224期，1957-10-16(1).
④ 清华大学新清华编辑出版委员会.会议基本上通过各方面提出的计划[N].新清华：第224期，1957-10-16(4).
⑤ 清华大学新清华编辑出版委员会.社会主义教育应从"整改"开始[N].新清华：第224期，1957-10-16(2).

样做工人阶级知识分子》为题，向全校学生作报告，号召大家积极投入到这一问题的辩论中去。针对报告，各班同学纷纷展开讨论[1]。12月，学生们又围绕"为科学而科学的人生观，还是为共产主义奋斗的人生观"和"是走'多专少红'的'粉红色道路'，还是走'又红又专'的道路"展开激烈的争论，而且由小型辩论会发展为大型辩论会，学生社会主义大辩论进入高潮"[2]。经过五个星期的辩论，全校共举行大中型辩论会100多次，以班为单位的小型辩论会2000多次，"又红又专"的口号已深植学生心中。1月4日，蒋南翔向全体同学作总结报告，学生社会主义大辩论取得重大胜利[3]。蒋南翔通过辩论的形式为学生营造了浓厚的理论氛围，激发了同学们的学习热情，坚定了实现共产主义的信心和决心。

1958年10月8日，党委常委会开会讨论政治理论教育工作，决定在全校师生职工及家属中开展共产主义思想教育运动。"会议认为这一运动必须采取大搞群众运动的方式，采取大鸣大放、大字报、大辩论的做法。这样，这一运动才能显示出热气大，火焰高，才能达到辩论得深，问题解决得透的目的。"[4] 此后，清华大学一些师生员工参观访问了人民公社，组织了多次漫谈、讨论，有的班级贴出了大字报。19日，校长蒋南翔在全校师生员工动员大会上作了"关于共产主义教育运动"的报告。他强调，立共产主义的劳动态度，破资产阶级的法权思想，对于学校工作和社会主义建设是一个关键问题。他号召同学们就这个问题进行讨论[5]。24日下午，校务委员会就如何进行共产主义教育问题进行了讨论[6]。25日，《新清华》发表社评文章《怎样学？怎样辩？》，文章

---

[1] 清华大学新清华编辑出版委员会. 全校学生展开社会主义大辩论[N]. 新清华：第236期，1957-12-04(1).

[2] 清华大学新清华编辑出版委员会. 学生社会主义大辩论进入高潮[N]. 新清华：第242期，1957-12-21.

[3] 清华大学新清华编辑出版委员会. 学生社会主义大辩论取得重大胜利[N]. 新清华：第248期，1958-01-11(1).

[4] 清华大学新清华编辑出版委员会. 党委决定在全校开展共产主义思想教育运动[N]. 新清华：第364期，1958-10-22(1).

[5] 清华大学新清华编辑出版委员会. 立共产主义劳动态度，破资产阶级法权思想[N]. 新清华：第364期，1958-10-22(1); 立共产主义劳动态度，破资产阶级法权思想[N]. 新清华：第364期，1958-10-22(3).

[6] 清华大学新清华编辑出版委员会. 校务委员会召开第三次会议讨论炼钢和开展共产主义教育[N]. 新清华：第367期，1958-10-25(1).

指出，首先应当从形势教育入手，学习人民公社化运动和当前形势，认清共产主义是社会发展的必然趋势，树立起不断革命的思想；在学习形势的基础上运用大鸣、大放、大字报的方法进行自觉革命；鸣放之后，要围绕"要不要终生做一个劳动者？""共产主义是否在一切方面胜过社会主义"等问题展开辩论；在辩论中应当注意学习马列主义关于共产主义的理论和中央的方针政策并运用插红旗的方法①。从1958年年底到1959年年初，随着清华大学第三次科学讨论会和第十二次教学研究会的召开，师生更加注重将科学研究、教学工作与辩证唯物主义结合起来②。

在实践中，广大师生员工意识到"只有学习了马克思主义，用辩证唯物主义思想来根本改造人们的宇宙观和人生观，才能使马克思列宁主义的红旗不仅插到政治思想领域上去，而且插到科学技术领域上去，插到学校教育的各个领域上去，才能使党对学校工作的领导进一步得到巩固"，有必要系统学习理论，"纷纷提出了学习马克思列宁主义的迫切要求"③。1959年春季学期，学校党委决定在政治理论课程方面采取两条腿走路的方针，一方面，在"形势和任务"课方面密切结合各项政治运动及教学、生产、科学研究及党的工作，进行党的方针和政策的学习；另一方面，在"马克思列宁主义基础"课方面继续贯彻"学习理论、联系实际、提高认识、改造思想"的方针，既要反对轻视实践的教条主义倾向，也要反对轻视理论的错误倾向，教研组要根据这个方针安排各个教学环节，特别是在深入学习理论的基础上继续发扬和贯彻鸣放辩论的精神，充分暴露矛盾，以便针对思想和实际工作有的放矢④。此时，"马克思列宁主义基础"课大致包括报告、自学、讨论、总结等多个环节，并同时运用理论联系实际的教学方法和大鸣大放、大争大辩的学习方法⑤。

庐山会议结束后，全校深入学习党的八届八中全会文件，"随着学习的逐

---

① 清华大学新清华编辑出版委员会. 怎样学?怎样辩?[N]. 新清华：第366期，1958-10-25(2).
② 清华大学新清华编辑出版委员会. 自觉地学习辩证唯物主义[N]. 新清华：第404期，1959-01-24(1);在专业课中贯彻辩证唯物主义思想[N]. 新清华：第415期，1959-02-27(3);等等.
③ 清华大学新清华编辑出版委员会. 掀起学习马克思列宁主义的高潮[N]. 新清华：第426期，1959-04-04(1).
④ 清华大学新清华编辑出版委员会. 本学期政治理论学习开始上课[N]. 新清华：第426期，1959-04-04(1).
⑤ 清华大学新清华编辑出版委员会. 掀起学习马克思列宁主义的高潮[N]. 新清华：第426期，1959-04-04(4).

步深入,同学们进一步认识反右倾、保卫总路线是我国过渡时期又一次尖锐而深刻的阶级斗争"[1]。1959年10月13日晚,党委第一副书记刘冰向全体大一学生作了总路线学习的动员报告。他提出,总路线的学习要围绕总路线、大跃进、大炼钢、人民公社和党的教育方针等问题,学习文件、进行辩论,并号召全体大一学生积极投入到大辩论中去,联系自己的思想,大鸣大放,大争大辩,提高认识和觉悟。刘冰强调:"我们的学习方法,就是联系实际——联系革命历史实际,联系自己的思想实际,联系当前国内外的阶级斗争实际。学习马列主义理论,如果离开当前斗争,就是教条主义。"[2]

1960年年初,清华大学开展学习毛泽东思想的群众运动。1月27日,清华大学举行学习毛泽东思想心得交流大会[3]。2月27日,清华大学召开学习运用马克思列宁主义、毛泽东思想广播大会[4]。3月20日晚,校长蒋南翔在大礼堂作学习毛泽东著作动员报告[5]。4月22日,清华大学隆重举行伟大的无产阶级革命导师列宁诞辰九十周年纪念大会。开展《人民日报》《红旗》杂志编辑部发表的《列宁主义万岁》《沿着伟大列宁的道路前进》《在列宁的革命旗帜下团结起来》的学习活动,举办了"伟大的导师——列宁"图片展览,图书馆展出40幅介绍列宁生平事迹的油画及几十种中俄文列宁著作,各系黑板报出了专刊[6]。5月23日通过的《共青团清华大学第五次团员代表大会决议》号召全校共青团员和学生努力学习马列主义毛泽东著作,积极参加各项政治运动,进一步提高共产主义觉悟[7]。此时,"很多班级和教研组,都成立了各种形式的学习组织,他们结合实际有计划地开展了对毛主席著作的阅读、讨论等学习活

---

[1] 清华大学新清华编辑出版委员会. 全校深入学习党的八届八中全会文件[N]. 新清华:第477期,1959-10-19(1).
[2] 清华大学新清华编辑出版委员会. 刘冰同志向大一同学作总路线学习动员[N]. 新清华:第477期,1959-10-19(1).
[3] 清华大学新清华编辑出版委员会. 高举毛泽东思想的红旗攀登科学高峰[N]. 新清华:第514期,1960-03-06(1).
[4] 清华大学新清华编辑出版委员会. 全校掀起学习马克思列宁主义、毛泽东著作的高潮[N]. 新清华:第517期,1960-03-15(1).
[5] 清华大学校史研究室. 清华大学九十年[M]. 北京:清华大学出版社,2001:232.
[6] 清华大学新清华编辑出版委员会. 我校举行纪念列宁诞生90周年大会[N]. 新清华:第534期,1960-04-28(1).
[7] 清华大学新清华编辑出版委员会. 共青团清华大学第五次团员代表大会决议[N]. 新清华:第543期,1960-05-27(2).

动,创造了政治答辩会、学术讨论会、理论研究会、论文报告会等多种生动活泼的学习方式"①。7月,清华大学开展了对两年来,特别是近半年来政治理论教育工作的收获和经验的总结工作②。10月,全校又采用上述方式掀起《毛泽东选集》第四卷的学习热潮。

总的来说,受国内外形势影响,这一阶段马克思主义理论教育更加注重时事政治学习,方式则以政治运动为主。取代苏联经验,老解放区的高校马克思主义理论教育经验转居主导地位。其基本思路在于将过去党在战争中、土地改革中大搞群众运动的传统工作方法应用到马克思主义理论教育工作之中。(薄一波在总结"大跃进"历史经验时指出:"'大跃进'发展战略的基本思路,就是把我们党在战争中、土改中大搞群众运动的传统工作做法运用到经济建设上来。"③)

3.3.5 学生不断接受思想改造

1957年2月20日,《新清华》第171期头版头条刊发社论文章《社会主义的一课》。文章指出:"最近一个时期以来,国际形势中发生了一些重大事件,它对于我们每一个人都有着不同情况的和一定程度的影响。经过上学期的时事政治学习,大家有了不少收获,从学习的过程来看,全校师生员工思想的主流基本上是健康的,工作和学习是积极的。但是,由于有的同志缺乏阶级斗争的锻炼和受资产阶级政治观点和个人主义思想的影响,在这些事件中还不善于明辨是非,划清敌我。一方面,不少人在不同程度上对社会主义制度与资本主义制度、无产阶级民主与资产阶级民主、国际主义与民族主义等问题上还存在着界限不清……;另一方面,在党的领导、政治与业务、个人与集体等问题上还存在一些错误的思想。"④4月,清华大学党委第44次常委会正式通过的《关于加强学生政治理论教育的决议》,进一步判断:"由于我校学生多数出身于非工

---

① 清华大学新清华编辑出版委员会. 学习为了战斗,在战斗中学习[N]. 新清华:第554期,1960-07-01(1).
② 清华大学新清华编辑出版委员会. 巩固成绩,总结收获,进一步加强政治理论教育工作[N]. 新清华:第559期,1960-07-26(1).
③ 薄一波. 若干重大决策与事件的回顾:下卷[M]. 北京:中共党史出版社,2008:507.
④ 清华大学新清华编辑出版委员会. 社会主义的一课[N]. 新清华:第171期,1957-02-20(1).

人阶级家庭，并且仍然受到非工人阶级思想影响。而且缺乏生产斗争和阶级斗争的锻炼，思想方法上容易发生主观性和片面性的毛病，在目前社会大变动的时期，如何帮助青年正确地分清敌我，明辨是非，划清资本主义和社会主义的思想界限；正确认识和处理政治与业务、个人与集体、理论与实际的关系，是一个十分重要的问题。"① 基于上述对学生思想状况的判断，加强政治思想工作已成为清华大学教书育人工作中的一项重大而迫切的任务。

1957年5月，清华大学开始整风。5月23日，党委会邀请部分学生参加座谈会。在座谈会上，有学生反映学校政治思想工作笼统，没有抓住学生思想特点，没有解决实际问题；也有学生反映政治课枯燥无味，课堂讨论教条主义，考试促使人死背书②。25日，有学生在《致新清华》中写道："我认为我们工科学生现在负担的政治理论课之多是全世界绝无仅有的现象，政治理论课比数学物理电工等基础课还多，学那么多分的专门性理论有什么必要，为什么不采用几个有内容的精彩的报告会就可以了。我希望不要把我们当成北京鸭一样硬填。建议大量削减不必要的内容，内容要问题突出越精越少越好。"③ 5月27日，又有学生在《新清华》上发表文章《向政治经济学教研组进一言》，该文建议政治课采用做小结、讨论问题、做论文等评定方式④。6月5日，有学生反映政治理论学习枯燥无味，时事学习放任自流，"实在不能满足我们的要求"⑤。6月7日，又有学生提出政治课课目的重复问题，认为联共党史可以取消⑥。此外，也有学生针对政治辅导员制度存在的不足和业务课教师丝毫不做政治思想工作的问题提出批评⑦。在整风期间，学生们针对此前马克思主义理论教育工作中存在的一些问题较为集中地提出了意见。后来，校党委将整风运动中学生对学校组织的政治思想教育工作的批评意见集中归纳为六点：①取消马列主义思想教育；②马列主义政治课选修；③政治运动太多、思想工作抓得太紧，影响

---

① 清华大学新清华编辑出版委员会. 关于加强学生政治理论教育的决议[N]. 新清华：第179期，1957-04-24(1).
② 李运. 党委会邀请部分同学座谈[N]. 新清华：第187期，1957-05-27(1).
③ 陈直. 致新清华[N]. 新清华：第186期，1957-05-25(2).
④ 邬象牟. 向政治经济学教研组进一言[N]. 新清华：第186期，1957-05-27(3).
⑤ 王怀顺. 改进我们的政治理论和时事政策学习[N]. 新清华：第192期，1957-06-05(3).
⑥ 曾益民. 对教学工作的几点意见[N]. 新清华：第193期，1957-06-07(3).
⑦ 清华大学新清华编辑出版委员会. 党委会对群众所提意见的答复[N]. 新清华：第226期，1957-10-22(3)；教务处对整风期间群众所提意见的回答[N]. 新清华：第226期，1957-10-22(6)；等等.

学习；④思想工作中有生硬简单化的缺点；⑤政治课教学中有教条主义脱离实际的缺点；⑥会议太多①。

1957年11月27日，蒋南翔校长向全校学生作了"怎样做一个劳动者，怎样做工人阶级知识分子"的报告。报告后，各班学生纷纷展开讨论，一些班级就红与专等问题展开了辩论，有的班级还进行了访问活动②。12月，各班逐渐展开激烈的争论，并由班或小组为单位举行小型辩论会发展为一个年级或几个年级联合举行大型辩论会。学生社会主义辩论进入高潮③。1958年1月初，历时五周的大辩论结束了，"又红又专"的口号在同学们中深入人心。很多同学感到收获很大，原来持反面意见的"辩论团"都纷纷转过来批判了自己错误的意见，认为这次真正做到了心服口服，有的同学甚至认为这次辩论是"自己生命史上的转折点"。此外，大部分同学都通过辩论明确了方向，认识到必须做一个工人阶级的"又红又专"的知识分子④。此时，一些同学就马克思主义理论教育工作又向党委宣传部提出意见：希望时事报告能够制度化，并组织学生漫谈和讨论；加强"社会主义教员"课程的计划性，建立"社会主义思想教育"阅览室；除在校内进行大辩论外，还应组织同学到工厂和农村去参观；彻底肃清右派言论在同学中的影响；从组织上整顿政治课教研组，加强对政治教员的领导和教育；等等⑤。

1958年7月，制11班全体同学创议成立毛主席著作学习小组⑥。10月，校党委决定在全校范围内开展共产主义思想教育运动。相对教师、职工，学生发动较快，各系很快就进入了大鸣、大放、大辩论的高潮，纷纷就"要不要终生做个劳动者？"进行辩论。有同学认为，"大学生终身做一个普通劳动者是最大的浪费"，也有同学认为，"共产主义也有分工，不必消灭体力劳动与脑力劳

---

① 清华大学新清华编辑出版委员会. 党委会对群众所提意见的答复[N]. 新清华：第226期，1957-10-22(2).
② 清华大学新清华编辑出版委员会. 全校学生展开社会主义大辩论[N]. 新清华：第236期，1957-12-04(1).
③ 清华大学新清华编辑出版委员会. 学生社会主义大辩论进入高潮[N]. 新清华：第242期，1957-12-21(1).
④ 清华大学新清华编辑出版委员会. 学生社会主义大辩论取得重大胜利[N]. 新清华：第248期，1958-01-11(1).
⑤ 党委宣传部. 对几个问题的答复[N]. 新清华：第250期，1958-01-16(4).
⑥ 创议成立毛主席著作学习小组[N]. 新清华：第321期，1958-07-14(3).

动的界限"①。11月13日,《新清华》社论文章《为了共产主义的理想,鼓足干劲,加速社会主义建设》指出:"在运动中,许多人对开展这次共产主义学习的意义认识不足,认为目前大张旗鼓的宣传共产主义为时过早。他们问:'社会主义还没有建成,怎么又宣传共产主义?'不错,我们现在的主要任务是建设社会主义,还不是已经向共产主义过渡。但是,他们不明白,共产主义社会是社会发展的必然的结果,是我们长久以来奋斗的目标。我们在现阶段建设社会主义的同时,就必须树立起明确的共产主义方向。这样就可以少走弯路,以不断革命的思想来武装大家,为将来向共产主义社会过渡准备条件。"②11月29日,《新清华》社论文章《以虚带实抓紧中心全面跃进》又指出:"由于共产主义教育是一次更为深刻的革命,在经过学习以后,许多人思想上有了深刻的变化,在对待当前的各项工作中,人与人关系上出现了新的动力、新的局面。如无线电电子学系经过学习以后,许多同学检查了自己的劳动态度,要把共产主义劳动态度贯彻到实际工作中,要使'劳动成为人生第一需要',要'打掉懒散现象,坚毅地勤奋地学习'。"③此时,大部分师生职工参加了这场思想教育运动,但是仍然有一部分人存有思想困惑。

1959年1月8日,校长蒋南翔在第十二次教学研究会上的总结报告中指出,1958年教学和科学研究工作中的一个可喜现象,不论是年长教师还是年轻学生,在学习运用唯物论和辩证法方面,大家都有了相当的成绩。许多教师和学生都在学习毛主席的《实践论》和《矛盾论》,并且学习把辩证唯物主义的观点运用到实际工作中去。④3月上旬,校长助理李寿慈在工会第八届代表大会上的发言中,谈到加强马克思列宁主义教育时指出:"目前广大师生要求学习辩证唯物主义的热情很高,这是一个好现象。但是也有不少同志,对学习辩证唯物主义还存在着一定的神秘感和害怕困难的情绪,觉得辩证唯物主义难学,

---

① 要不要终生作一个普通劳动者?[N]. 新清华: 第366期,1958-10-25(2).
② 清华大学新清华编辑出版委员会. 为了共产主义的理想,鼓足干劲,加速社会主义建设[N]. 新清华: 第375期,1958-11-13(1).
③ 清华大学新清华编辑出版委员会. 以虚带实抓紧中心全面跃进[N]. 新清华: 第382期,1958-11-29(1).
④ 清华大学校史研究室编. 清华大学史料选编: 第6卷(第3分册)[M]. 北京: 清华大学出版社,2009:70.

学了也不一定会用。"① 3月20日,清华大学第十四届学生代表大会号召全校同学"掀起一个群众性的学习马克思列宁主义理论和党的政策的高潮"②。同日,校务委员会在学生代表大会的闭幕会上授予铸9班等20个班、年级和团体以先进集体的光荣称号。据《新清华》报道:"这些先进集体的共同的特点是:在努力学习政治、自觉进行思想革命方面做得较好,一年来进步很大。如房03、04和物02等班,过去班上不少同学严重存在着资产阶级人生观,迷恋资产阶级的白专道路。通过一年来的政治思想革命运动,同学们在运动中勇于暴露思想,自觉进行革命,从而提高了认识和觉悟,在生产劳动实践中,更进一步批判了轻视实际、鄙视工农的思想,培养了热爱劳动的共产主义品质,并在劳动中受到了工人农民的赞扬。"③ 3月21日,水9班、建9班、铸9班、热9班、自904班全体同学倡议毕业班同学在最后的留校时间里用最后冲刺的精神做到"要努力学习辩证唯物主义,掌握党的方针政策,在实践中,逐步运用辩证唯物主义观点作为指导思想,指导毕业设计及其他工作"。④ 将马克思列宁主义中的立场、观点、方法与学生的专业实际相结合,成为此时马克思主义理论教育的实践要求。

为强化马克思主义理论教育,1959年春季学期学校开设"马克思列宁主义基础"课。起初一些同学不理解这种安排,认为"既然我们可以通过参加实际斗争和生产劳动改造思想,是否还有系统学习理论的必要?""既然党中央的政策和人民日报社论等文件都是结合当前实际斗争的生动的马克思列宁主义,是否学习这些文件就不必再系统地学习理论了?""我们是学工的,只要听党的话就行了,不一定要系统学习马克思列宁主义。"⑤"工农群众没有系统学习理论,但有鲜明的阶级立场,而某些人虽读了不少马列主义经典著作,却不改造思想,在整风运动中丧失立场,甚至有些人堕落为右派分子。"⑥ 还有些同

---

① 清华大学新清华编辑出版委员会.当前教学工作的主要任务[N].新清华:第421期,1959-03-19(2).
② 清华大学新清华编辑出版委员会.清华大学第十四届学生代表大会决议[N].新清华:第422期,1959-03-24(1).
③ 清华大学新清华编辑出版委员会.把先进集体的种子撒遍清华园[N].新清华:第423期,1959-03-26(1).
④ 水9建9铸9热9自904全体同学.对毕业同学的倡议[N].新清华:第423期,1959-03-26(1).
⑤ 清华大学新清华编辑出版委员会.掀起学习马克思列宁主义的热潮[N].新清华:第426期,1959-04-04(1,4).
⑥ 黄寅宝.马列主义理论学习和无产阶级立场[N].新清华:第427期,1959-04-09(1).

学提出:"社会主义和共产主义概论,只是讲些实际问题,不能算是系统的马列主义理论""概论课的内容过去已经学过了,辩论过了。"① 为了纠正这些想法,帮助学生进一步明确学习目的,党、团组织和政治课教研组做了大量工作。为此,全校同学理论学习的热情因之日益高涨,图书馆和新华书店马列主义书籍的出借量和出售量不断增长。②

1959 年 7 月,各班学生在政治课教研组的指导下总结了学习收获和心得体会,大多数同学能将课上所学的政治理论课知识运用于分析现实社会现象之中。同时也有极少数学生对期末总结的方式存在质疑,他们认为"复习做总结花许多时间不见得有成效,不论是否总结,收获还是这许多"。③ 但是,大多数学生感觉政治理论学习收获很大。有学生以"离开革命理论的实践,是盲目的实践"为题撰写了学习"社会主义和共产主义概论"课的体会④。有学生在"社会主义和共产主义概论"课中通过听课、讨论、自学等环节学习了"两类矛盾",并且想到:"既然现在的主要矛盾是两条道路两个阶级的斗争,那么为什么现在要大抓生产,大搞建设,而不天天搞整风运动呢?这里就牵涉思想意识和物质基础的联系。要使资产阶级思想意识彻底根除,不仅决定于教育,也不仅要消灭旧的资产阶级经济基础,重要的是还要使新的社会主义的经济基础完全形成和彻底巩固,社会生产力大大发展。"⑤ 有学生通过学习哲学,对"冲天干劲"和"科学分析精神"之间的关系有了新的把握,认为二者是辩证统一的,"科学分析是认识事物内在规律的根本手段,是鼓足干劲的依据"⑥。

1959 年后半年,清华大学全体学生又开始学习党的八届八中全会精神,开展反右倾、坚持总路线的学习。有学生在心得体会中写道:"总路线把全国人民的主观能动性发挥了出来,它唤醒了过去沉睡了几千年的人民的力量,创造了我国社会主义建设的高速度。我开始体会到,总路线确是劳动人民的殷切希望

---

① 杨树先,金丽华. 正确对待"概论"的学习[N]. 新清华:第428期,1959-04-11(4).
② 清华大学新清华编辑出版委员会. 全校理论学习热情日益增长[N]. 新清华:第444期,1959-06-5(1).
③ 黄寅宝. 怎样做好哲学学习总结[N]. 新清华:第456期,1959-07-29(2).
④ 沈刚. 离开革命理论的实践,是盲目的实践[N]. 新清华:第454期,1959-07-17(3).
⑤ 吴沈东. 在学习"两类矛盾"中所想到的[N]. 新清华:第455期,1959-07-22(2/3).
⑥ 李洲. 对冲天干劲和科学分析精神的关系的一些体会[N]. 新清华:第459期,1959-08-15(4).

和光辉的毛泽东思想的结晶,并对它有了较深的感情。"① 类似的心得体会还有很多。进入 1960 年,全校学生掀起了学习毛泽东著作的新高潮。许多学生在毛泽东思想的指导下反对现代修正主义,开展学术批判,向科学进军。②

总的来说,这一阶段国内外形势变动较多,清华大学的马克思主义理论教育更多地采用了政治运动的方式。在这一过程中,学生不断地结合政治运动进行思想改造。值得一提的是,这一阶段清华大学全校共青团员数量大幅增加,从 1956 年 11 月的 9212 人增长到 1960 年 12 月的 13311 人,在原基础上增长了 44.50%。③

3.4 1961—1966年的清华大学马克思主义理论教育

1960 年,中国遇到严重经济困难,台湾国民党妄图趁机在东南沿海地区建立进犯大陆的"游击走廊"。国际方面,1960 年开始中苏分歧不断扩大,1961 年美军侵略越南,1962 年中印发生边境战争,苏联赫鲁晓夫决定撤走全部在华苏联专家,撕毁几百个协定和合同,停止对华供应重要设备。正如邓力群所说,"1960 年,内忧外患,真是困难到了极点啊!"④ 这样复杂的国际形势促使党中央对国内外形势重新作出判断。1961—1966 年,党和国家亟须解决这些问题并在此基础上进一步探索独立自主的发展道路。

1961 年 1 月中旬,中共八届九中全会正式批准对国民经济实行"调整、巩固、充实、提高"八字方针⑤。2 月 24 日校委会讨论新学期教学工作,贯彻中央八字方针,明确"执行以教学为主,教学、生产劳动、科学研究三结合的原则",强调加强教学第一线,做好教材等准备⑥。6 月 30 日,校长蒋南翔在清华大学教师大会上讲话,对"大跃进"三年时间内学校的工作及存在的问题进行

---

① 张润淳. 学好文件拿起武器战斗[N]. 新清华:第487期,1989-11-28(4).
② 机械制造系精密仪器制造专业五年级. 在毛泽东战略思想指导下攻克科学堡垒[N]. 新清华:第514期,1960-03-06(1);高举列宁主义红旗,反对现代修正主义[N]. 新清华:第531期,1960-04-22(1);高举毛泽东思想红旗开展学术批判[N]. 新清华:第554期,1960-07-01(2).
③ 《清华大学1952—1961团员统计数》,清华大学档案,全宗号2,目录号 党11,案卷号041。
④ 邓力群. 邓力群自述(1915—1974)[M]. 北京:人民出版社,2015:315.
⑤ 中共中央文献研究室编. 建国以来重要文献选编:第14册[M]. 北京:中央文献出版社,2011:72.
⑥ 清华大学校史研究室编. 清华大学九十年[M]. 北京:清华大学出版社,2001:237.

了总结和反思①。伴随着国民经济的恢复调整，9月15日，中共中央批准试行《教育部直属高等学校暂行工作条例（草案）》（以下简称《高教六十条》）②。清华大学校长蒋南翔参与主持起草该条例，并起草向中央工作会议汇报的"说明"，何东昌、高景德也参加了起草工作③。《高教六十条》是在中央书记处领导下起草的，邓小平、林枫都提出过意见。这个文件曾受到毛泽东的直接肯定，他说："我们（的教育）终于有了自己的东西。"④10月以后，在中央统一部署下，清华大学贯彻《高教六十条》。政治思想工作纠正了简单粗暴的偏向，更加注意政策⑤。

在国民经济恢复调整中，党中央进一步推动社会主义教育运动。1963年5月10日，清华大学校委会讨论社会主义教育运动的部署问题。5月11日，党委副书记、副校长高沂代表校党委向全校师生员工做社会主义教育运动的动员报告⑥。

1964年2月13日，毛泽东在人民大会堂召开教育工作座谈会（后称春节座谈会），校长蒋南翔参加了座谈。毛泽东在会上对教育工作提出尖锐批评，说"教育的方针路线是正确的，但是办法不对。我看教育要改变，现在这样还不行"⑦。1965年5月7日，毛泽东阅读了中华人民共和国中央军事委员会后勤保障部《关于进一步搞好部队农副业生产的报告》，并写复信，即《五·七指示》，提出："学生也是这样，以学为主，兼学别样，即不但学文，也要学工、学农、学军，也要批判资产阶级。学制要缩短，教育要革命，资产阶级知识分子统治我们学校的现象，再也不能继续下去了。"⑧5月15日，中共中央转发了这封信，要求各省、市、自治区及中央各有关部门"认真学习、研究，积极地、有计划有步骤地贯彻执行"⑨。随后"文化大革命"爆发，清华大学成为"重灾区"，蒙受了巨大损失。

---

① 中国高等教育学会，清华大学编.蒋南翔文集：下卷[M].北京：清华大学出版社，1998:755-773.
② 刘光主编.新中国高等教育大事记（1949—1987）[M].长春：东北师范大学出版社，1990:180-181.
③ 清华大学校史研究室编.清华大学九十年[M].北京：清华大学出版社，2001:240.
④ 高沂.沂水流长：我的往事忆语[M].北京：人民教育出版社，2008:204-205.
⑤ 刘冰.风雨岁月：1964—1976年的清华[M].北京：当代中国出版社，2010:4.
⑥ 清华大学校史研究室编.清华大学九十年[M].北京：清华大学出版社，2001:248.
⑦ 刘冰.风雨岁月：1964—1976年的清华[M].北京：当代中国出版社，2010:4.
⑧ 全国都应该成为毛泽东思想的大学校——纪念中国人民解放军建军三十九周年[N].人民日报，1966-08-01(1).
⑨ 刘光主编.新中国高等教育大事记（1949—1987）[M].长春：东北师范大学出版社，1990:247.

1961—1966 年清华大学的马克思主义理论教育正是在上述背景下进行的。因此,也不可避免地呈现出日益"左"倾的特征。

3.4.1　政治理论课程回归稳定

从 1960 年下半年开始,清华大学同时开设了中共党史(一、二、三年级及研究生)、哲学(四年级)、政治经济学(五、六年级)三门课程。[①] 1961 年,中央文教小组及教育部决定改变前一阶段政治理论课程和教学内容不稳定的情况。根据 4 月 8 日中央教材编选计划会议制定的《改进高等学校共同政治理论课程教学的意见》,高等学校共同政治理论课程包括马克思列宁主义基础理论及形势和任务两个部分;马克思列宁主义基础理论课程的门数和学时在不同年制的学校、不同的专业有所不同,文科各专业一般设中共党史、马克思列宁主义基础(主要学习毛泽东同志的政治学说)、政治经济学、哲学四门;理、工、农、医各专业和艺术、体育院校一般设中共党史、马克思列宁主义概论(包括马克思主义三个组成部分)两门;形势和任务课为各专业、各年级的必修课程(主要内容是国内外形势、党和国家的任务、方针、政策)。这一文件还规定:"政治理论课程课堂教学时数(不包括自习):在文科各专业,一般不超过课堂教学总时数的 20%,在理、工、农、医各专业,一般不超过课堂教学总时数的 10%。其中形势和任务课的课堂教学时间,一般平均每周为一至二学时""自习时间和课堂教学时间的比例,一般不少于一比一。"[②]

依照这一文件,清华大学也着手开始调整。1961 年 5 月 4 日,校长蒋南翔在清华大学"五四"纪念晚会上的讲话中指出:"我们政治课占总学时十分之一左右,十分之九或大多数学时要用在业务上。这里是辩证的。政治重要,但并不是它的分量要很多。"[③] 6 月,根据清华大学实际,党委宣传部曾提出下学年政治理论课程教学工作的意见:"可暂开设三门:中共党史(开一年半,一年级下

[①]　《党委宣传部关于政治理论课教学工作的意见》,清华大学档案,全宗号2 目录号 校3,案卷号 109。
[②]　教育部社会科学司组编. 普通高校思想政治理论课文献选编(1949—2008)[M]. 北京:中国人民大学出版社,2008:41-42.
[③]　中国高等教育学会,清华大学编. 蒋南翔文集:下卷[M]. 北京:清华大学出版社,1998:739.

学期开始），政治经济学（开一年，三年级），哲学（开一年，四年级），自然辩证法作为选修课，研究生则必修。""时事报告及讨论（即形势任务课），为各年级的必修课程""我校政治理论课程教学时数可定为：中共党史 120 学时（课堂教学时数），政治经济学 80 学时，哲学 80 学时，每学年按上课 32 周计，平均每周 2.5 学时。课外自学时间与课堂时数的比例为一比一。时事报告及讨论每周 1 学时，每学年 32 学时，六年共计 192 学时，课外每周 0.5 学时，课内外每月共 6 学时。这样，政治课课内教学时数为 280 + 192 = 472。我校各专业教学计划总时数约为 4500 学时。政治理论课课内教学时数约占总学时的 10.5%。"① 7 月 19 日，教务处起草的《关于修订教学计划的几点意见》又提出政治课"设马克思列宁主义概论和中共党史两门政治课，共 270 学时左右；形势与任务教育每周课内 1 小时；政治理论课和'形式与任务'课的课内时间约占教学计划总学时 10% 左右"。② 1961 年下半年，清华大学正式开设三门政治课，一年级学生学习中共党史，五年级学生学习政治经济学，六年级学生学习哲学。全校师生员工一起参加形势和任务课的学习。这门课的内容主要是结合国内外形势及党的方针政策组织报告，必要时进行座谈讨论③。

  1962 年 9 月 16 日，校长蒋南翔在迎新大会上的讲话中曾指出："我们学校政治理论课大体上只占全部教学实践的 1/10，10% 左右。当然从时间上看这并不是政治不重视，忽视政治和政治的重要性，这样想是不对的。我们同学是学工科的，将来参加工业建设方面的工作，但是政治的重要性实在不能忽视。一个人的成就和他对社会贡献的大小，不仅决定业务水平的高低，而且在政治上往往成为他的决定因素。当然也并不是仅念几门政治课的知识，要通过政治学习、政治锻炼解决问题。"④ 这样一来，政治理论课和其他专业课之间的关系就得到了较好的协调，政治理论中的一些基本原则和方法在其他科目的学习中也能够得到较好的运用。

---

① 《党委宣传部关于政治理论课教学工作的意见》，清华大学档案，全宗号2 目录号校3，案卷号 109。
② 《关于修订教学计划的几点意见》，清华大学档案，全宗号2 目录号 校3，案卷号109。
③ 清华大学新清华编辑出版委员会. 加强马克思列宁主义基本理论学习，全校开出三门政治课[N]. 新清华：第607期，1961-09-13(1)。
④ 《蒋南翔校长在1962—1963年度欢迎新同学大会上的讲话》，清华大学档案，目录号 校办1，案卷号 62009。

1964 年 3 月 6 日，《新清华》第 691 期发表评论文章《结合政治课学习毛泽东著作》，文章提出"政治课是活学活用毛主席著作的好场所"①。4 月 23 日，《新清华》第 696 期发表社论文章《学生如何学好毛主席著作》，文章指出："结合政治课学，这是同学学习毛主席著作一个最主要的方式。因为政治课是学校对同学进行马列主义、毛泽东思想教育的一个重要阵地。中共党史、马克思主义政治经济学、马克思主义哲学都是以毛泽东思想为指针的马列主义课程。特别是中共党史课，全部内容都是直接学习毛主席著作，初步估计，通过三门政治课的学习，同学们能够阅读到三四十篇毛主席的主要著作。而且，结合政治课学习毛主席著作，还有它特殊的有利条件：同学们大学六年中，三年有政治课学习，包括讲课自学每周平均有 5 学时，这就保证了学习时间；而且还有政治课教师直接辅导，有利于提高学习质量；再加上全班同学都参加学习，同学之间就可以相互交流学习体会经验，进行群众性的自我教育。"②此后，直至"文革"爆发，学校一直号召所有正在学习政治理论课的同学都应"结合政治理论课，从自己的实际情况出发，活学活用毛主席的著作，推动自己更好地进行兴无灭资的世界观改造，更好地贯彻毛主席的教育思想，把自己培养成为无产阶级革命事业的接班人"③。

经过调整，清华大学政治理论课的内容和学时有所减少并逐渐趋于稳定。1964 年 9 月的《清华大学简介》中介绍道："政治课 220 学时左右，内容为中共党史、政治经济学、哲学，三门课程学习材料为经典著作，另外还有形势课共 160 多学时。"④据《1964—1965 学年度课程设置门数统计表》可见，清华大学这一学年设置"思想政治教育报告"课程 1 门、政治课 3 门。⑤

1965 年 3 月 27 日至 4 月 17 日，清华大学举行第 15 次教学研究会。教务处处长何东昌在会上作《关于当前教学改革工作的几点意见》的报告。他

---

① 清华大学新清华编辑出版委员会. 结合政治课学习毛泽东著作[N]. 新清华：第691期，1964-03-06(2).
② 清华大学新清华编辑出版委员会. 学生如何学好毛主席著作[N]. 新清华：第696期，1964-04-23(3).
③ 清华大学新清华编辑出版委员会. 革命化靠的是毛泽东思想[N]. 新清华：第768期，1966-02-15(6).
④ 《清华大学简介》，清华大学档案，目录号 教务处 案卷号 037.
⑤ 清华大学校史研究室编. 清华大学史料选编：第6卷（第3分册）[M]. 北京：清华大学出版社，2009：204.

指出："现阶段教学改革的中心任务，是在毛主席教育思想和党的教育方针指导下，把四个改革（学制、课程、教学方法、考试的改革）落实到教研组和人。"①3月，供清华大学校务委员会讨论的《关于教学改革的原则规定（讨论稿）》提出："政治课理论学时，应当适当削减（约180小时）。"②4月，《贯彻主席春节指示，就清华大学教学改革向高等教育部的报告》的附件《清华大学关于教学改革的方案（草稿）》又改为："政治课理论的学时，考虑到学制缩短的情况，应有所调整，具体安排有待统一规定。"③

1963年9月6日至1964年7月14日，毛泽东亲自撰写了九篇评论苏共中央《公开信》的文章，指名批判赫鲁晓夫的修正主义。1964年7月5日，毛泽东在与中国人民解放军军事工程学院学生毛远新④谈话时说："阶级斗争是你们的一门主课。"⑤此后，各高校更加重视阶级斗争在人才培养中的意义。1964年10月11日，中央宣传部、高等教育部党组、教育部临时党组联合颁发的《关于改进高等学校、中等学校政治理论课的意见》明确指出："高等学校、中等学校政治理论课的根本任务，是用马克思列宁主义、毛泽东思想武装青年，向他们进行无产阶级的阶级教育，培养坚强的革命接班人；是配合学校中各项思想政治工作，反对修正主义，同资产阶级争夺青年一代。"⑥

不难看出，经过了前一阶段的剧烈变动，这一阶段清华大学马克思主义理论教育的政治课程不论是从课程内容或是课程安排上一直都比较稳定。与此同时，阶级斗争的色彩也愈发浓厚。

3.4.2 机构和师资突出政治

这一阶段，中央宣传部及教育部、高教部都非常重视政治理论师资队伍建

---

① 清华大学校史研究室编.清华大学九十年[M]北京：清华大学出版社，2001:258-259.
② 《关于教学改革的原则规定（讨论稿）》，清华大学档案，全宗号2目录号校1，案卷号65002。
③ 《贯彻主席春节指示，就清华大学教学改革向高等教育部的报告》，清华大学档案，全宗号2目录号 校4，案卷号 194。
④ 毛远新系毛泽东之弟毛泽民之子，1941年生，1960年9月毛远新考入清华大学无线电系，1961年2月转入中国人民解放军军事工程学院就读。
⑤ 中共中央文献研究室编.毛泽东年谱（1949—1976）：第5卷[M]北京：中央文献出版社，2013:380.
⑥ 教育部社会科学司组编. 普通高校思想政治理论课文献选编（1949—2008）[M]北京：中国人民大学出版社，2008:50.

设，并作出具体规定。1961年4月中央教材编选会议制定的《改进高等学校共同政治理论课程教学的意见》规定："现有教师队伍，除少数必须调整外，应该稳定下来；教师的社会工作，应该适当减轻。教师数量不足的问题，应该积极设法逐步解决""各高等学校应该在总结已有经验的基础上，采取有效措施，提高现有教师的政治、业务水平""现有教师中没有系统学习过马克思列宁主义基础理论的约四千人左右，计划在两三年内，采用短期集中、单科独进的办法轮训一遍。中国人民大学负责轮训两千，其余由各中央局负责""政治理论课程教师的培养，由中国人民大学、各中央局指定的高等学校和省、区、市的中级党校负责。骨干教师，由中央高级党校、中国人民大学研究班和中央教育部指定的高等学校负责培养。"[1]

1964年10月11日，中央宣传部、高教部党组、教育部临时党组又联合颁发《关于改进高等学校、中等学校政治理论课的意见》，对教师队伍提出了"革命化"的要求："政治理论课教师应当成为反修、防修，培养革命接班人服务，成为马克思列宁主义、毛泽东思想的宣传员，兴无灭资的战士""应该在自己的教学活动中，积极配合学校党、团组织对学生进行思想政治工作""除随同学生一起下乡下厂外，在五六年内，要有计划地从头至尾参加一期到两期农村的社会主义教育运动，和一期到两期城市的社会主义教育运动""首先应当通读、精读毛主席著作，认真学习党中央重要文件，同时也要选读一些马、恩、列、斯的著作。教师应当关心和积极参加学界的争论，有条件的教师应当结合教学进行学术理论研究""政治理论课教师同全校学生的比例，应当做到1∶100。……政治思想不好、不适宜教政治理论课的教师，应尽快处理，调动工作。从现在起，就要注意选拔做过基层工作的干部、复员军人和参加过两年以上体力劳动锻炼的知识青年，经过训练提高，补充这支队伍""高等学校的党委书记和中等学校的支部书记、党员校长，都应当尽可能地兼课""党委应当积极帮助政治课教师解决听报告、看文件的困难""省、市、自治区党校或有条件的地、市委党校，尽可能地举办政治理论课教师进修班，这种班要设置讲授思想政治工作经验的课程。"[2] 这就对政治理论课教师的政治觉悟、学习进

---

[1] 教育部社会科学司组编. 普通高校思想政治理论课文献选编（1949—2008）[M]北京：中国人民大学出版社，2008:42.
[2] 教育部社会科学司组编. 普通高校思想政治理论课文献选编（1949—2008）[M]北京：中国人民大学出版社，2008:52-53.

修和专业技能提出了更高的要求。

经过1959年、1960年的调整，这一阶段清华大学的政治理论课教研组发展比较稳定。如前所述，1960年学校恢复政治理论课教研组工作，设立中国革命史教研组（1962年改为中共党史教研组）、哲学教研组、政治经济学教研组。从1959年上半年开始，清华大学实行"书记挂帅，全党动手"。校长蒋南翔，党委第一副书记刘冰和其他几位副书记分别领导各政治课教研组，并担任了讲课教员。1963年1月，校务委员会任命林泰为哲学教研组副主任，董新保为政治经济学教研组副主任，冯思孝、贾观为中共党史教研组副主任，同时免去马侠的政治经济学教研组副主任职务[①]。1964—1965年哲学教研组主任为艾知生，副主任为林泰；政治经济学教研组副主任为董新保；中共党史教研组主任为刘冰，副主任为冯思孝、贾观[②]。此时，学校还从本校工科毕业生中选拔出刘美珣、黄美来、孙殷望等60届、61届学生留校改行做政治理论课教师[③]。这些新教师熟悉工科学生的特点和思维方式，在自学、听课及做辅导教师的过程中成长迅速。

1961年2月14日，政治理论课教研组曾在《新清华》第585期上向同学们推荐阅读毛泽东和其他经典作家的著作[④]。1961年秋季学期开学以前，政治理论课各教研组"拟定了详细的教学日历，认真研究了教学内容和安排了教学进度，同时加强了教学过程的讲授环节"；"学校党委各个书记分别参加了三门课程的教学工作，并担任了部分班级的讲课"；通过校内调配和选留毕业生，"政治课讲课的教师比过去增多了"[⑤]。1961年底，在"一二·九"时期的校友杨述的领导下，政治理论教师蒋卫壁、唐纪明、杨树先、冯虞章、徐葆耕、孙敦恒、樊月清、赵时雨、杨德溥和北京大学历史系一些同学集体编写的八万多

---

① 《清华大学关于教研组正副主任任免事项的布告》，清华大学档案，目录号 校办1，案卷号 63008。
② 清华大学校史研究室编.清华大学史料选编：第6卷（第1分册）[M]北京：清华大学出版社，2007:648.
③ 方惠坚，张思敬主编.清华大学志：下册[M]北京：清华大学出版社，2001:427,449.
④ 清华大学新清华编辑出版委员会. 政治理论课教研组. 寒假中读哪些政治理论书籍[N]. 新清华：第585期，1961-02-14(3).
⑤ 清华大学新清华编辑出版委员会. 加强马克思列宁主义基本理论学习，全校开出三门政治课 [N]. 新清华：第607期，1961-09-13(1).

字的《一二九运动史》由北京出版社出版①。

1962年2月11日，清华大学举行校务行政会议，讨论新学期的工作计划和开学前的准备工作。会议指出，政治是一切工作的统帅，全校要进一步做好政治思想工作，加强对马克思列宁主义、毛泽东著作的学习，开展共产主义道德品质教育，不断提高师生员工的政治觉悟②。同时，为了提高教学质量，政治课各教研组对如何进一步贯彻理论结合实际的方针、理论教育与如何结合思想教育等问题进行了总结和研究，并准备采取措施提高讲课质量，加强辅导、讨论等工作③。

总的来说，这一阶段政治理论课教师的数量和专业能力均得到了提升，工作态度也比较认真，教学经验也逐渐丰富。1962年5月15日，清华大学团委会表扬了政治理论课教师樊月清④。1963年2月11日，校务委员会表扬了认真贯彻"少而精"原则并且在教学上有显著成效的中共党史教研组的冯思孝（讲师）、政治经济学教研组的董新保（讲师）⑤。1964年3月，校务委员会表扬中共党史教研组为1963—1964年度"五好教研组"（政治思想好、教学质量好、完成任务好、队伍成长好、四个作风好）⑥。中共党史教研组曾在《新清华》发表文章，向同学们介绍学习党史的目的和方法⑦；重视学生的思想实际，结合教学加强阶级教育，引导同学们活学活用毛泽东思想⑧。《新清华》在报道中共党

---

① 清华大学新清华编辑出版委员会. "一二·九"运动史开始出售[N]. 新清华：第617期，1961-12-09(1).
② 清华大学新清华编辑出版委员会. 校务行政会议讨论新学期工作[N]. 新清华：第624期，1962-02-22(1).
③ 清华大学新清华编辑出版委员会. 进一步加强全校的政治理论学习[N]. 新清华：第624期，1962-02-22(1).
④ 清华大学新清华编辑出版委员会. 清华大学团委会"五四"青年节表扬团员名单[N]. 新清华：第634期，1962-05-15(3).
⑤ 清华大学校长办公室. 校务委员会关于表扬一批认真贯彻"少而精"原则，教学上有显著成效的教师的决定[N]. 清华公报：第108期，1963-02-18(1).
⑥ 清华大学新清华编辑出版委员会. 校委会关于表扬五好教研组、四好实验室的决定[N]. 新清华：第694期，1964-04-04(1).
⑦ 李润海，徐葆耕. 把毛泽东思想真正学到手——和一年级同学谈谈如何学习党史[N]. 新清华：第646期，1962-09-30(2).
⑧ 清华大学新清华编辑出版委员会. 党史教研组结合教学加强阶级教育，引导同学活学活用毛泽东思想[N]. 新清华：第684期，1963-12-02(1).

史教研组的先进事迹时指出:"除了通过党史课本身对同学进行思想教育外,教师们能主动地关心学生的全面发展。他们在学校所进行的形势教育、阶级教育、劳动教育中,发挥了积极作用。教师们还注意帮助大一同学适应大学生活,端正学习目的,关心学生的全面发展""中共党史教研组新教师较多,他们都能自觉地认识到自己是兴无灭资斗争最前线的阶级战士,热爱政治理论教育工作,抵制各种轻视马列主义政治理论教育的资产阶级思想,在战斗中逐步得到成长。"①1964年下半年开始,政治理论课教研组教师积极参加学术批判和意识形态方面的斗争,先后批判了杨献珍的"合二为一"论、冯定的《平凡的真理》《共产主义人生观》两书及"为科学而科学""政治上只求过得去"等观点,直到"文革"开始时批判邓拓、吴晗②。受当时"左"的思想影响,学术批判逐渐变为政治批判。当时,这些文章在清华大学师生员工中产生了较大影响。

这一阶段党委、团组织也非常重视政治理论教育。1962年10月12日,刘冰代表中共清华大学委员会向第四次党的代表大会作报告,在明确今后的工作任务时指出:"必须提高马克思列宁主义的理论教育的质量。在政治理论课的教学工作中,要努力做到以毛泽东思想为指针,正确地讲授马克思列宁主义的基本原理;要努力做到较好地联系国内外形势、党的方针政策和群众的思想实际;深入浅出,以形成理论联系实际、生动活泼的战斗作风。要教育学生自觉地学好政治理论课,把政治理论作为思想改造的重要武器。"③1963年,在政治辅导员制度创建十周年时,清华大学制定了《关于政治辅导员若干问题的规定》,使辅导员制度得以健全发展④。在党委领导下,1961年4月,清华大学团委制

---

① 清华大学新清华编辑出版委员会. 五好教研组和四好实验室介绍[N]. 新清华:第694期,1964-04-04(2).
② 汪广仁,黄美来. 是"兴无灭资"还是"兴资灭无"——对冯定同志《共产主义人生观》一书的一些意见[N]. 新清华:第718期,1964-11-06(2);高达声,冯虞章. 就红专矛盾驳"合二为一"论[N]. 新清华:第720期,1964-11-21(2);寇世琪,吴荫芳. 为科学而科学还是为共产主义而奋斗[N]. 新清华:第724期,1965-01-01(5);徐葆耕. 驳"政治上只求过得去"[N]. 新清华:第724期,1965-01-01(6);朱育和,徐葆耕,李润海等.《前线》杂志站到了反党反社会主义的最前线[N]. 新清华:第784期,1966-05-14(1);等等.
③ 刘冰. 中共清华大学委员会向第四次代表大会的工作报告[N]. 新清华:第648期,1962-10-27(5).
④ 方惠坚,张思敬主编. 清华大学志:上册[M]. 北京:清华大学,2001:230.

定《班级团支部工作中的一些问题的界限》（1964年修改为《学生思想政治工作的任务和一些问题的界限》），提出了班级团支部的十项工作任务，排在第一位的就是"做好政治思想工作，动员同学努力学习马克思列宁主义和毛泽东著作"①。

1964年2月22日，校长蒋南翔向全校教师、职员、学生作关于反对修正主义的报告。4月18日，党委副书记何东昌向全校同学、班主任、部分政治课教师1.2万余人作关于同学全面发展的报告，传达了毛泽东主席春节对教育工作的指示②。11月，清华大学在教师中开展教育思想的讨论，学习毛泽东教育思想，清理苏联教育思想的影响③。

为了突出政治，进一步加强党对高等学校的领导，1964年6月10日，中共中央批转高等教育部党组《关于加强高等学校政治工作和建立政治工作机构试点问题的报告》。该报告主张改高等教育部党组为党委制，直接领导各直属高校党委，高等教育部和高校建立政治部，确定北京大学、清华大学为试点学校④。7月9日，中共清华大学委员会曾就成立政治部及干部人选问题向高等教育部和北京市委报告，提及："最近经过学校党委讨论，拟于七月在我校正式建立政治部，并在系一级建立政治处。"⑤1966年4月23日，清华大学举行中共清华大学政治部成立大会，胡健任政治部主任，艾知生、李恩元任副主任。中共高教部政治部副主任曾德林在成立大会上讲话并指出，政治部是党在学校设立的领导思想政治工作的机构，它作出的一切决定学校各单位要贯彻执行⑥。为了更广泛更深入地开展社会主义文化大革命，5月16日下午，中共清华大学政治部召开干部会，党委副书记、政治部主任胡健作报告，对如何进一步开展社会主义文化大革命提出要求⑦。

---

① 《清华大学关于班级共青团工作的一些规定》，清华大学档案，全宗号2，目录号 党11，案卷号 097。
② 清华大学校史研究室编. 清华大学九十年[M]. 北京：清华大学出版社，2001:253-254.
③ 清华大学校史研究室编. 清华大学九十年[M]. 北京：清华大学出版社，2001:256.
④ 刘光主编. 新中国高等教育大事记（1949—1987）[M]. 长春：东北师范大学出版社，1990:223.
⑤ 《中共清华大学委员会关于成立政治部及干部人选等事宜向高教部党委并北京市委的报告》，清华大学档案，全宗号2，目录号 党1，案卷号 64030。
⑥ 清华大学新清华编辑出版委员会. 中国共产党清华大学政治部正式成立[N]. 新清华：第780期，1966-04-29(1).
⑦ 清华大学新清华编辑出版委员会. 我校政治部召开干部会[N]. 新清华：第786期，1966-05-17(1).

3.4.3 教材趋向统一

在"大跃进"中,由于受到"左"的思潮影响,对于高等学校的教材采取了不适当的"破字当头"和全盘否定的做法,一度出现了学生无课本、教师无教学参考书的情况。据统计,1961年年初,在北京的十所高等学校中,百分之五十以上的学生没有教材[①]。2月10日,中央书记处书记彭真主持召开中央书记处会议,专门讨论了教材问题。会上总结了1958年以来高等学校教学改革违背了客观规律,造成"越改越乱,学生不读书,也没有书读"的现象。会议决定采取紧急措施,限期在半年内解决教材问题,指定蒋南翔负责领导理、农、医各科的教材编选工作,周扬负责领导文科教材编选工作[②]。随后,中央文教小组成员林枫向中央各部及北京部分高等学校的负责人传达了中央对高等学校教材工作的指示:"先解决有无,再逐步提高",对现有教材本着"未立不破"的原则,采取"选""编""借"的办法解决教材问题。既要解决教科书和讲义,也要印发参考书[③]。

中央教材编选会议制定的《改进高等学校共同政治理论课程教学的意见》规定:"每门课程都必须有教科书(或讲义)、经典著作选,并在上课前发给学生。教科书(或讲义)和经典著作选由中央教育部在现有教材中推荐一种,供各地高等学校采用。各地高等学校也可以采用其他教材,但必须经中央局批准,并报中央教育部备案。教学参考资料由各校编选,提倡互相交流。"[④] 同时,还拟定了《学生阅读书目(草案)》和《教材编选计划(草案)》。7月,教育部对1961—1962学年度上学期高等学校共同政治理论课作出安排:在教材未出版以前,"哲学、政治经济学,可采用中央宣传部或中央局宣传部编写的教材",中共党史和中国现代革命史"可先选读毛泽东同志的有关著作,刘少奇

---

① 穆欣.林枫传略[M].北京:中共党史出版社,2006:271.
② 刘光主编.新中国高等教育大事记(1949—1987)[M].长春:东北师范大学出版社,1990:173. 1962年7月28日,教育部召开高等学校及中等专业学校理工农医各科教材工作领导小组工作会议。林枫在会上讲话时指出:1961年2月中央书记处交给的解决高等学校教材问题的任务,已基本上完成,第二步就是逐步提高教材质量。同上书,第195页。
③ 刘光主编.新中国高等教育大事记(1949—1987)[M].长春:东北师范大学出版社,1990:174.
④ 教育部社会科学司.普通高校思想政治理论课文献选编(1949—2008)[M].北京:中国人民大学出版社,2008:42.

《马克思列宁主义在中国的胜利》《在庆祝中国共产党成立四十周年大会上的讲话》，胡乔木《中国共产党的三十年》等，同时可选择一本现有的较好的党史教材作为参考读物"①。这一规定基本确定了政治理论课所需的参考教材范围，较前一阶段学生无课本、教师无参考书的情况有了很大改善。

在教材的选用和编写过程中，也出现了一些局部困难。1962年5月26日，教育部颁发的《关于高等学校共同政治理论课教学安排的几点意见》提出："理、工、农、医院校的《马克思列宁主义概论》教科书，短时期内不能编出，各院校可暂开哲学、政治经济学和中共党史三门课程。哲学教科书可用艾思奇主编的《辩证唯物主义历史唯物主义》；政治经济学教科书，可用于光远、苏星主编的《政治经济学》。"②由于《中共党史》教科书短期内不能编出，仍沿用前一年的做法。

1964年10月11日，中央宣传部、高教部党组、教育部临时党组联合颁发《关于改进高等学校、中等学校政治理论课的意见》指出："毛泽东思想是我国人民进行革命和建设的指针，是反对帝国主义和现代修正主义的强大思想武器，毛主席著作是我国革命经验和国际无产阶级革命、无产阶级专政经验的总结，是马克思列宁主义理论的新概括和新发展，是我国青年革命化的最好教科书。政治理论课必须以毛泽东思想为指针，把宣传毛泽东思想作为最根本的任务，把毛主席著作作为最基本的教材""《形势与任务》：阅读和讲解当前重大政策文件、报刊的重要社论和反对现代修正主义文章""《中共党史》：以党的历史为线索，以党内两条路线斗争为中心，学习毛主席著作，使学生初步领会毛泽东同志如何把马克思列宁主义普遍真理和革命的具体实际相结合从而发展了马克思列宁主义，并且认识中国共产党是光荣的、伟大的、正确的，使学生更加热爱党、热爱毛主席""《哲学》：以《实践论》《矛盾论》《关于正确处理人民内部矛盾的问题》《人的正确思想是从哪里来的？》等为主要教材。现有的《辩证唯物主义和历史唯物主义》教科书，可以选用其中的某些章节作为参考读物或补充教材""《政治经济学》：社会主义部分，可以讲几个

---

① 教育部社会科学司. 普通高校思想政治理论课文献选编（1949—2008）[M]. 北京：中国人民大学出版社，2008:40.

② 教育部社会科学司. 普通高校思想政治理论课文献选编（1949—2008）[M]. 北京：中国人民大学出版社，2008:46.

专题，帮助学生认识社会主义制度的优越性、建设社会主义的长期性和过渡时期的阶级斗争，了解党的社会主义革命和社会主义建设总路线和基本政策，使学生懂得反对修正主义、防止修正主义斗争的必要性。现有《政治经济学》（资本主义部分）教科书，可只选用其中有关剩余价值学说、帝国主义本性和资本主义必然灭亡的规律部分作教材"。此外，该文件还强调："各门课程都应当适当地选拔一些反面教材""学过以上三门课的学生，可根据当时思想问题选读《毛泽东著作选读》（甲种本）的文章。"① 上述安排对高等学校、中等学校科目划分和课程所需教材作出了详细分类，对个别科目的讲授重点和难点给予说明，并根据实际情况的不同，对教师教授过程中的具体问题也予以了分析和解决。

这一阶段，清华大学在中央文教小组、中宣部、教育部、高教部的指示和领导下，加强了马克思主义理论教育的教材工作。1961年2月14日，政治理论课教研组在《新清华》第585期上为同学们推荐了寒假阅读的政治理论书目。这个书单分为"世界革命和中国革命""党的建设""哲学思想""经济思想""军事思想""文艺思想"六类，包括毛泽东的一些著作和若干有关的其他经典作家的著作②。当时，清华大学广大师生员工对于阅读这些政治理论书籍也充满热情。7月1日，清华大学新华书店新到一批马列主义经典著作、革命回忆录及革命文学作品三百多册，两个小时内就被抢购一空③。

1961—1965年，每逢12月，清华大学都会举行一系列"一二·九"运动的纪念活动，活动大致包括开设纪念讲座、荐读革命书籍、演唱革命歌曲、放映革命影片、举行革命历史图片展览、排演话剧、畅谈政治学习体会等④。此

---

① 教育部社会科学司. 普通高校思想政治理论课文献选编（1949—2008）[M]. 北京：中国人民大学出版社，2008:51. "三门课"指"中共党史""哲学""政治经济学"课程。
② 政治理论课教研组. 寒假中读那些政治理论书籍[N]. 新清华：第585期，1961-02-14(3).
③ 清华大学新清华编辑出版委员会. 配合全校政治学习，新华书店发售新书[N]. 新清华：第603期，1961-07-11(1).
④ 清华大学新清华编辑出版委员会. 纪念"一二·九"运动26周年，团委会学生会开展多样活动[N]. 新清华：第617期，1961-12-09 (1)；纪念"一二·九"27周年，团委会、学生会举办多种纪念活动[N]. 新清华：第652期，1962-12-01(1)；发扬中国青年的光荣革命传统，全校同学纪念"一二·一"和"一二·九"[N]. 新清华：第685期，1963-12-09(1)；继承和发扬一二·九革命传统，我校部分班级举行纪念活动[N]. 新清华：第723期，1964-12-17(1)；我校同学积极准备纪念"一二·九"活动[N]. 新清华：第756期，1965-12-04(1)；等等。

外，1961年年底，新华书店开始出售在校友杨述领导下清华大学政治理论课教师和北大历史系学生集体编写的《"一二·九"运动史》①。纪念清华大学革命传统的相关书籍、歌曲、话剧、展览也发挥了一定的马克思主义理论教育的教材作用。

1963年3月15日，校委会通过《关于教材工作的暂行规定》，指出主要教材（教科书及讲义）的有无问题已基本解决，今后的任务主要是根据需要与可能积极稳步地提高教材的质量②，其中包括马克思主义理论教育各门课程的教材。此外，这一阶段，党委号召同学们结合政治课学好毛泽东著作。结合政治课成为学生学习毛泽东著作的最主要方式，通过三门政治课的学习，学生大概能够阅读到三四十篇毛泽东的主要著作③。1965年"五四"青年节，共青团北京市委表扬了一批学习毛泽东著作的先进集体和积极分子，动力机械系热5班和无607班的杨江海曾受到表扬④。1966年3月22日，党委举行常委会议（扩大），传达贯彻高教部直属高等学校领导干部座谈会精神，提出要突出政治，"把毛主席的书当作一切工作的最高指示"⑤。

从1963年9月6日开始，至1964年7月14日结束，党中央以《人民日报》编辑部、《红旗》杂志编辑部的名义发表九篇评论苏共中央公开信的文章，简称"九评"。1964年9月至12月，清华大学在全校师生员工中开展了"九评"学习，联系实际、联系思想，划清资本主义与社会主义两条道路、资产阶级思想与无产阶级思想的界限⑥。自此，"九评"也成为"文革"前清华大学马克思主义理论教育的重要教材。1964年底，一些政治理论课教师开始批评冯

---

① 清华大学新清华编辑出版委员会."一二·九"运动史开始出售[N].新清华：第617期，1961-12-09(1).
② 清华大学校史研究室编.清华大学九十年[M].北京：清华大学出版社，2001:247.
③ 清华大学新清华编辑出版委员会.结合政治课学习毛泽东著作[N].新清华：第691期，1964-03-06(2)；学生如何学好毛主席著作[N].新清华：第696期，1964-04-23(3).
④ 清华大学新清华编辑出版委员会.团市委表扬一批学习毛主席著作的先进青年集体、青年积极分子，我校热5班和杨江海同学受到表扬[N].新清华：第734期，1965-05-15(1).
⑤ 清华大学新清华编辑出版委员会.党委举行常委会议（扩大）传达贯彻高教部直属高等学校领导干部座谈会精神[N].新清华：第778期，1966-4-16(1).
⑥ 清华大学校史研究室编：清华大学九十年[M].北京：清华大学出版社，2001:256.

定的《共产主义人生观》《平凡的真理》，冯定成为反面教材[①]。1966年上半年，吴晗的《海瑞罢官》及吴晗、邓拓、廖沫沙发表在《前线》杂志上的《三家村札记》等也成为反面教材[②]。

综上所述，由于这一阶段党的指导思想日益"左"倾，以阶级斗争为纲的氛围逐渐浓厚，身处意识形态领域前沿的马克思主义理论教育及其教材较早地受到了影响。

3.4.4 教育方式注重思想改造

为了将前一阶段以政治运动为主的教育方式加以调整，使马克思主义理论教育稳定下来，1961年4月，中央教材编选会议制定的《改进高等学校共同政治理论课程教学的意见》规定："教师要着重帮助学生理解经典著作和阅读教科书，并注意引导学生运用理论分析实际问题。讲授要抓住重点。讨论要有教师指导，要真正做到摆事实，讲道理，以理服人。提倡认真读书、刻苦钻研和在学术问题上的自由争辩""形式和任务课，主要是向学生作报告和组织学生阅读文件，并辅以座谈会和讨论""考试一般应根据试卷评分。试题要力求做到既能测验学生对马克思列宁主义理论知识的理解程度，又能测验学生应用理论分析说明实际问题的能力。学生的政治觉悟、思想意识和道德品质，应该另作鉴定。鉴定每年一次。"[③] 通过改进政治理论课教学方式和考核方法，引导学生充分发挥主观能动性、更加注重理论与实践相结合。

1964年2月13日，毛泽东主持召开教育工作座谈会。他在讲话中对学制、课程、考试等问题提出批评，并特别指出："书不一定读得很多。马克思主义的书要读，读了要消化。读多了，又不能消化，也可能走向反面，成为书呆子，

---

① 汪广仁，黄美来. 是"兴无灭资"还是"兴资灭无"？——对冯定同志《共产主义人生观》一书的一些意见[N]. 新清华：第718期，1964-11-06(2)；钱逊. 批判冯定同志"为了生活而实干"的个人主义人生哲学[N]. 新清华：第722期，1964-12-05(2).
② 寇世琪，金丽华. 吴晗——美帝国主义精神侵略的辩护士[N]. 新清华：第779期，1966-4-24(3)；赵原壁. 邓拓与苏修一唱一和[N]. 新清华：第784期，1966-05-12(4)；朱育和，徐葆耕，李润海等.《前线》杂志站到了反党反社会主义的最前线[N]. 新清华：第785期，1966-05-14(1)；等等.
③ 教育部社会科学司组编. 普通高校思想政治理论课文献选编（1949—2008）[M]. 北京：中国人民大学出版社，2008:42.

成为教条主义者、修正主义者。"①7月5日，毛泽东在与毛远新谈话时说："阶级斗争是你们的一门主课""反对注入式教育法，连资产阶级教育家在'五四'时期就早已提出来了，我们为什么不反""教改的问题，主要是教员问题。"②

为了贯彻毛泽东的指示，1964年7月10日至8月3日，全国高等学校、中等学校政治理论课工作会议召开。会议提出，政治课教学必须贯彻"少而精"原则，必须把毛主席著作作为最基本的教材，必须坚持启发式教育法③。同年10月11日，中央宣传部、高教部党组、教育部临时党组联合颁发的《关于改进高等学校、中等学校政治理论课的意见》指出："贯彻执行启发式的教学，教师必须认真了解学生的活思想，随时掌握学生的思想动向""高等学校政治理论课的教学，可考虑采取以下四个步骤：一、启发报告。由教师提出问题，指出要解决的矛盾，指定阅读的教材或讲授提纲，调动学生学习的主动性、自觉性。二、读书。引导学生自己带着问题去读书、思考，养成认真读书、钻研问题的习惯。三、讨论。在认真读书和独立思考的基础上，开展自由讨论。教师要引导学生敢于散开思想、发表自己的见解。讨论题目，要从学生中来。四、总结或解答。教师根据学生在学习过程中提出的问题，和讨论中争论的问题，经过研究，结合基本理论，作出有分析性的总结或解答，提高大家的认识水平。上述教学方法的四个步骤，是就每门课程的重点问题和主要内容而言的。实行这个办法，主要目的是把政治理论课搞活，培养师生独立思考的能力和习惯""实行上述教学方法以后，原来规定的共同政治理论课学习时间，仍旧不变。但今后的上课时数，应当用于讲授（指启发报告和总结、解答报告）、读书和讨论三项活动。时间分配大体按二、二、一的比例。自习时间可以用来阅读教材，写读书笔记和准备讨论会。"该文件还特别强调："政治理论课的考试，目的是测验学生对所学课程的理解和运用能力，促进学生检查思想改造的成果。现在的考试方法，是提倡死记硬背，并且是以学生为敌人，举行突然袭击。这种方法，徒然增加学生负担，束缚学生思想，阻碍学生发挥学习的主动

---

① 中共中央文献研究室编. 毛泽东年谱（1949—1976）：第5卷[M]. 北京：中央文献出版社，2013:315.
② 中共中央文献研究室编. 毛泽东年谱（1949—1976）：第5卷[M]. 北京：中央文献出版社，2013:380. 刘光主编. 新中国高等教育大事记（1949—1987）[M]. 长春：东北师范大学出版社，1990:225.
③ 刘光主编. 新中国高等教育大事记（1949—1987）[M]. 长春：东北师范大学出版社，1990:225.

性，必须彻底加以改变。今后政治理论课的考试，应当引导学生密切联系国内外阶级斗争和自己的思想改造，坚决反对背诵条文。考试前应当把试题发给学生，使学生有充分的时间思考和准备。也可以由学生自选题目，写学习心得、思想小结，代替考试。"① 以上意见对我国高等学校、中等学校政治理论课的授课方式作出了新的要求。

在政治理论课方面，1960—1961学年，清华大学的政治理论课教学已重新稳定下来。1961—1962学年，政治课各教研组对如何进一步贯彻理论结合实践的方针、理论教育与思想教育如何结合等问题进行了总结和研究，并采取了相应措施提高讲课质量，加强辅导、讨论等工作②。在讲课方式上，将几千人听大课，改成了小班讲授，讲课的次数增多，使基础理论知识讲授更加系统化；在自学方面，增加了学生自行阅读的时间，使学生在教师指导下更能独立钻研，踏实学习。③1962—1963学年一开始，中共党史教研组教师李润海、徐葆耕就在《新清华》第646期上发表文章《把毛泽东思想真正学到手——和一年级同学谈谈如何学习党史》，引导学生正确学习中共党史，用毛泽东思想武装头脑。④

1962年10月12日，校党委第一副书记刘冰代表中共清华大学委员会向第四次党代会作工作报告，他提出，在今后的工作任务中"必须提高马克思列宁主义的理论教育的质量。在政治理论课的教学工作中，要努力做到以毛泽东思想为指针，正确地讲授马克思列宁主义的基本原理；要努力做到较好地联系国内外形势，党的方针政策和群众的思想实际；深入浅出，以形成理论联系实际、生动活泼的战斗作风。要教育学生自觉地学好政治理论课，把政治理论作为思想改造的重要武器。"⑤

1963年2月11日，校务委员会讨论决定表扬37位教学工作优良的教师，授予他们"教学工作优良奖状"，其中，包括中共党史教研组的冯思孝和政治

---

① 教育部社会科学司. 普通高校思想政治理论课文献选编（1949—2008）[M]. 北京：中国人民大学出版社，2008:52.
② 清华大学新清华编辑出版委员会. 进一步加强全校的政治理论学习[N]. 新清华：第624期，1962-02-22(1).
③ 清华大学新清华编辑出版委员会. 加强马克思列宁主义基本理论学习，全校开出三门政治课[N]. 新清华：第607期，1961-09-13(1).
④ 李润海，徐葆耕. 把毛泽东思想真正学到手[N]. 新清华：第646期，1962-09-30(2).
⑤ 刘冰. 中共清华大学委员会向第四次代表大会的工作报告[N]. 新清华：第648期，1962-10-27(5).

经济学教研组的董新保。校务委员会认为这些教师都能认真贯彻《中央教育部直属高等学校暂行工作条例（草案）》和高等工业院校教学会议的精神，在教学中注意从实际出发，努力执行"少而精"的原则，全面培养同学，并取得了良好的教学效果，号召全校教师努力学习他们认真负责的工作态度和先进的教学工作经验，为进一步提高教学质量而努力。①

1963年12月2日，《新清华》第684期报道了中共党史课贯彻"学习理论、联系实际、提高认识、改造思想"的方针，加强阶级教育的情况。文中提到，该教研组在教学过程中不仅注意联系党的历史实际，而且联系了当前形势和同学们的活思想，还结合理论教学组织了一些辅助活动：邀请长辛店机车车辆厂的"二七"老工人作报告，放映革命斗争的相关电影，在政治课教师、班主任、团组织的帮助下进行讨论和总结②。

1963—1964学年，同学们热衷于学习毛泽东著作，尤其是通过结合政治课学习毛泽东著作取得一些成绩。《新清华》认为政治课之所以是活学活用毛泽东著作的好场所，原因有三：第一，政治课是以毛泽东思想为指针的；第二，注意贯彻了"学习理论、联系实际、提高认识、改造思想"的教学方针和活学活用的学习方针；第三，把政治课的教育与其他政治思想工作结合起来③。

1964年3月底获得校委会"五好教研组"表扬的中共党史教研组在分享经验时曾特别提到："帮助大一学生树立和巩固无产阶级的阶级观点，在现实的阶级斗争风浪中，站稳立场，分清敌我，明辨是非，不断提高无产阶级的阶级觉悟""培养集体主义思想，克服和警惕资产阶级个人主义思想的侵蚀，树立全心全意为人民服务的革命人生观""我们在教学工作中所以取得这些效果，主要是遵照党委的指示，在教学过程中，努力把系统的理论教育和活思想结合起来，努力把教师的主导作用和调动学生的学习积极性、主动性结合起来的结果。而要调动学生的学习积极性、主动性，关键在于教师在讲课及其他教学环节中，要做到有的放矢。就是要以毛泽东思想为指针，抓活的思想，一头抓当前形势和党中央毛主席的指示及党的方针政策；另一头抓学生的思想。在抓学

---

① 清华大学新清华编辑出版委员会. 校务委员会讨论通过表扬37位教学工作优良的教师[N]. 新清华：第658期，1963-02-19(1).
② 清华大学新清华编辑出版委员会. 党史教研组结合教学加强阶级教育，引导同学活学活用毛泽东思想[N]. 新清华：第684期，1963-12-02(1).
③ 结合政治课学习毛泽东著作[N]. 新清华：第691期，1964-03-06(2).

生思想时不停留在学生的一些理论概念问题，认识问题，而是透过现象看本质，摸清这些认识问题后面的政治思想观点；抓住政治思想观点，还要注意跟紧形势，了解这些问题在新的形势下会有什么新的变化；不仅要了解这些问题和观点的变化，还要进一步发现这些问题和观点后面的人生观世界观问题；最后，还要分析学生思想问题产生的阶级、社会和认识根源。"① 为此，他们还积极参加针对大一学生的各方面的政治思想工作。

1964年夏天，全国高等学校、中等学校政治理论课工作会议召开，会上明确了政治理论课在反对现代修正主义斗争中，在同资产阶级争夺青年一代的斗争中所担负的重大任务②。清华大学政治理论课教师朱育和、黄美来等参加会议并作交流发言。此后，清华大学政治理论课教学更加注重为阶级斗争服务，把青年培养成为坚强的革命者。

1964年4月23日，《新清华》第696期发表社论文章《学生如何学好毛主席著作》，文章总结了同学们的学习体会，提出要注重从三个方面进行学习："结合政治课学习；结合国内外形势、党的方针、政策学（结合学校贯彻党的方针政策学）；结合日常的生活、学习和工作学。"③ 1966年2月22日，清华大学党委举行全体会议，传达、贯彻市毛主席著作经验交流会精神，强调突出政治、抓好活思想，在"用"字上狠下功夫，用整风的精神学习贯彻这次会议④。2月25日，动力、土建、工化、力数、冶金等系党总支分别召开党总支委员会会议（扩大），学习焦裕禄，活学活用毛泽东著作⑤。1966年初，团委也多次组织召开政治辅导员和支部干部学习会，要求带头学好用好毛泽东著作，结合学习焦裕禄同志，用整风精神照镜子、找差距，深入进行世界观的革命⑥。

需指出，这一阶段清华大学也注意纠正学习毛泽东著作中的一些偏向。1965年8月31日，校长蒋南翔在新生入学典礼上的报告中强调："学习毛主席

---

① 中共党史教研组. 学习毛泽东思想，宣传毛泽东思想[N]. 新清华：第694期，1964-04-04(5).
② 刘光主编. 新中国高等教育大事记（1949—1987）[M]. 长春：东北师范大学出版社，1990:225.
③ 清华大学新清华编辑出版委员会. 学生如何学好毛主席著作[N]. 新清华：第696期，1964-04-23(3).
④ 清华大学新清华编辑出版委员会. 我校党委举行全体会议（扩大），传达、贯彻市学习毛主席著作经验交流会和精神[N]. 新清华：第770期，1966-02-25(1).
⑤ 清华大学新清华编辑出版委员会. 象焦裕禄那样活学活用毛主席著作[N]. 新清华：第770期，1966-02-25(2).
⑥ 清华大学新清华编辑出版委员会. 团干部要带头学好用好毛主席著作[N]. 新清华：第770期，1966-02-25(1).

著作不要搞形式主义"。"毛主席著作是马列主义科学,是革命的理论,不是白莲教符咒,不能像符咒一样,以为什么东西都靠它念念有词就行。"[1]

为了贯彻毛泽东关于教育工作的重要指示,使学生明确课程基本要求,更加注重活学活用,并且减轻学习负担,1964年3月底,清华大学草拟了《关于本学期施行改进考试办法的原则规定(草案)》。在1964年春季学期的267门课程中,263门采取了开卷考试,占比98.5%[2]。11月20日,校务委员会通过了《清华大学关于改进考试方法的原则规定》并指出:"社会科学性质的课程和某些专业课程的考试,可以采取专题总结的方式,或口试方式。题目可以分为必做的和自由选做的两种,在考前发给学生。"[3] 与此同时,由于这一阶段学校设置了"形势与任务"及思想政治教育报告课程,有关马克思主义理论教育的报告也比较丰富。

1963年5月10日,校委会讨论社会主义教育运动的部署问题。11日,党委副书记、副校长高沂代表党委向全校师生员工做社会主义教育运动的动员报告,根据党中央指示,学校开展了"五反"斗争,至1964年4月结束[4]。从1964年9月至12月,清华大学师生员工开展了"九评"学习运动,联系实际、联系思想,划清资本主义与社会主义两种道路、资产阶级思想与无产阶级思想两种思想的界限,党委副书记刘冰曾作动员报告[5]。由于认为文科脱离实际的倾向十分严重,受资产阶级的和修正主义的思想影响相当普遍,中共中央、国务院于9月11日联合发出《关于组织高等学校文科师生参加社会主义教育运动的通知》[6]。1965年初,又发出通知,要求理工科师生也参加社会主义教育运动[7]。中宣部部长陆定一特别指定清华、北大下乡参加"四清"[8]。

总的来说,在兴无灭资的大背景下,这一阶段清华大学马克思主义理论教育非常注重思想改造,其思想来源是老解放区的教育经验。

---

[1] 《蒋南翔校长在新生入学典礼上的报告(节选)》,清华大学档案,目录号 校办1,案卷号 65006。
[2] 清华大学新清华编辑出版委员会. 校委会通过改进考试方法的原则规定[N]. 新清华:第722期,1964-12-05(1).
[3] 《清华大学关于改进考试方法的原则规定(草案)》,清华大学档案,全宗号2 目录号 校3,案卷号 147。
[4] 清华大学校史研究室编. 清华大学九十年[M]. 北京:清华大学出版社,2001:248.
[5] 清华大学校史研究室编. 清华大学九十年[M]. 北京:清华大学出版社,2001:256;吕梅芬. 尝到了自觉革命的甜头[N]. 新清华:第722期,1964-12-05(3).
[6] 刘光主编. 新中国高等教育大事记(1949—1987)[M]. 长春:东北师范大学出版社,1990:227.
[7] 刘光主编. 新中国高等教育大事记(1949—1987)[M]. 长春:东北师范大学出版社,1990:234.
[8] 刘冰. 风雨岁月:1964—1976年的清华[M]. 北京:当代中国出版社,2010:22.

3.4.5 学生政治立场更趋坚定

整体而言，这一阶段清华大学的同学学习政治的积极性很高，并日益形成学习毛泽东著作的高潮。1961年寒假前，很多同学希望利用假期进行政治理论学习，阅读政治理论书籍①。为了纪念党的生日，7月1日，学校新华书店新到的马克思主义经典著作、革命回忆录等三百多册书籍在两个小时内被抢购一空。②

当时，在大一新生中也有一些不正确的学习观点和态度，如"搞工程技术的学不学政治理论无关紧要""红很容易，进了大学只需要专""两耳不听老师讲，漫不经心画小人"，面向大一开设的中国党史课程曾对这些观点和态度进行严格要求，以明确学习目的，端正学习态度③。

通过政治理论课学习，学生们都感到收获很大，很多学生都自觉撰写了学习心得并向《新清华》投稿。焊42班的马庆璋因为出生于资产阶级家庭，一直对劳动与剥削之间的关系感到迷惑，而他的疑惑在学习政治经济学的过程中得到了解答④。制91的王国勇写道："入学三个多月，在党的教育下，我逐渐地认识了个人主义的危害，促进了我和它彻底决裂的决心""思想改造是一个长期的痛苦的过程，是需要极大的坚定和毅力。但是，我既已认定这条路，我就要勇敢的前进。"⑤化605的汪大敏将学习雷锋与读毛泽东著作相结合，他说："我反复地细细地读雷锋事迹，读他的日记，认真地想，又与同志讨论，逐渐明白了，雷锋之所以成为一个无产阶级先进战士，最根本的一条，就是他反复地读毛主席的书，老老实实地听毛主席的话，时时刻刻地按毛主席的指示办事，树立了为共产主义事业奋斗到底的世界观和人生观。打那时起，我下定决心自己也要坚持学好毛主席著作，用毛泽东思想武装自己。"⑥类似的学习心得还有很多，此处不再一一列举。

在学习毛泽东著作高潮中还涌现出一批学习毛泽东著作的积极分子和先进典型，无607班的杨江海就是其中之一。杨江海从1957年下半年开始学习毛

---

① 政治理论课教研组. 寒假中读那些政治理论书籍[N]. 新清华：第585期，1961-02-14(3).
② 清华大学新清华编辑出版委员会. 配合学校政治学习，新华书店发售新书[N]. 新清华：第603期，1961-07-11(1).
③ 李润海，徐葆耕. 把毛泽东思想真正学到手——和一年级同学谈谈如何学习党史[N]. 新清华：第646期，1962-09-30(2).
④ 马庆璋. 我认清了劳动与剥削的界限[N]. 新清华：第652期，1962-12-01(3).
⑤ 王国勇. 丢掉幻想，踏实前进[N]. 新清华：第689期，1964-01-24(3).
⑥ 汪大敏. 毛主席著作使我明白了如何做人[N]. 新清华：第696期，1964-04-23(3).

主席著作，几年间，他读完了《毛泽东选集》1-4卷的全部文章，其中许多文章结合国内外形势、党的方针政策、知识分子的世界观改造及学习和工作反复学过多次。此外，杨江海还组织并帮助其他同学进行学习①，其先进事迹受到团市委的表扬②。力901班的叶志江初入大学时有"为革命和个人而学习"的"两架发动机"的思想，通过学习毛泽东著作，努力进行思想改造，逐步解决了红专问题，将革命劲头落实在学习上，成为"低班学生努力学习毛主席著作，促进思想革命化，努力做到又红又专的代表"③，并出席了北京市学习毛主席著作经验交流会。叶志江在向新同学介绍经验时说："到大学后，学校结合政治课让我们学习了毛主席著作，并开展了阶级教育。阶级教育使我开始受到震动。我开始踏上艰苦的思想改造的过程""两年来，我在进步过程中迈出的每一步，都应该归功于毛泽东思想的教导。对于毛主席著作要学习、学习，再学习，这就是我的最大体会。毛泽东思想使我走上了革命化的道路。今天三月十九日，我光荣地加入了中国共产党。入党后的第一天，我就感到自己的责任更重大。我想起了毛主席教导的'虚心使人进步，骄傲使人落后'的格言。为此，我花了一个多月的时间，把毛主席著作中有关共产党员修养的文章集中起来学习，逐条对照自己，找到了差距，发现自己在群众观点和思想意识修养，各方面都还存在不少的缺点和问题，学习、工作上运用毛泽东思想也还不够。现在，我正在更加努力地学习毛主席著作，逐步改造自己，使自己能够真正成长为坚强的三大革命运动的战士。"④"文革"爆发以前，清华大学已经将活学活用毛泽东著作放在一切工作的首位，一部分师生员工以毛泽东著作为指针参加农村社会主义教育运动，另一部分在校师生员工则深入学习毛主席著作，特别是毛泽东的教育思想⑤，清华大学全校师生员工学习毛泽东著作的热情都非常高。

---

① 杨江海. 做一个自觉地无产阶级革命战士——坚持学习毛主席著作的几点体会[N]. 新清华：第730期，1965-04-14(2).
② 清华大学新清华编辑出版委员会. 团市委表扬一批学习毛主席著作的先进青年集体、青年积极分子，我校热5班和杨江海同学受到表扬[N]. 新清华：第734期，1965-05-15(1).
③ 《贯彻毛主席教育思想，在三大革命运动的实践中培养三大革命运动的战士——向应届高中毕业生介绍清华大学》，清华大学档案，目录号 教务处校3案卷号 037.
④ 叶志江. 努力学习毛泽东思想，走又红又专的道路——和新同学谈两年来大学生活的一些感受[N]. 新清华：第748期，1965-09-01(02,03).
⑤ 庆新春，迎战友[N]. 新清华：第764期，1966-01-15(1)；把活学活用毛主席著作放在一切工作的首位[N]. 新清华：第766期，1966-02-08(1)

1964年下半年，学生们深入进行"九评"学习，收获很大。有同学以自觉革命的精神积极提出问题，参与讨论，反思过去将讨论视为负担的错误想法，"开始感到对待'九评'学习的态度也是对党和国家命运究竟是否关心的大问题，应当带着革命的责任感来学"①。水工92班以解放军为榜样，学习解放军"一帮一，一对红"，彼此经常谈心，交流"九评"学习心得，在思想上、学习上、身体上严格要求自己，班上精神面貌焕然一新②。

这一阶段，清华大学学生文工团的话剧队、舞台组也积极配合学校的政治思想教育工作，先后排练、演出了《年轻的一代》《千万不要忘记》等节目，参演同学与广大观众在思想上都受到很大的教育和启发③。1964年，为庆祝新中国成立15周年，在周恩来总理关心与指导下，首都文艺工作者创作排练了大型音乐舞蹈史诗《东方红》（1964年10月16日下午3时，我国第一颗原子弹爆炸成功。下午5时，毛泽东、刘少奇、周恩来、朱德、邓小平等党和国家领导人在人民大会堂接见参加音乐舞蹈史诗《东方红》的全体创作者和演出人员，周恩来向大家宣布我国第一颗原子弹爆炸成功，全场欢呼。）④，100名清华同学参加了《东方红》的排练。作为参与者之一，学生文工团舞蹈队团支部书记、水利系学生胡锦涛将参加《东方红》排练的感受写成文章发表在《人民日报》上，他写道："音乐舞蹈史诗《东方红》使我更进一步体会到我们党和毛主席的伟大和英明，使我下定决心，更加坚定地跟着党走。""我们青年一代能不能接好革命的班，这是关系到我们的党会不会变质，我们的国家会不会变颜色，我们的革命事业能不能进行到底的严重问题。我们决不能把先辈们流血牺牲得来的革命果实从我们手中丢掉。我是一个青年学生，要更好地听党的话，听毛主席的话，努力学习毛泽东思想，努力吸取革命先辈的革命经验，和工农群众相结合，走革命化的道路，走劳动化的道路，决不辜负革命先辈的期望。"⑤这一阶段，理论学习、文艺演出等方式帮助青年学生加深了对毛泽东思想的学习和领悟，坚定了政治立场。

---

① 吕梅芬.尝到了自觉革命的甜[N].新清华：第722期，1964-12-05(3).
② 张端凯.当兵在思想里埋下了革命的种子[N].新清华：第724期，1965-01-01(2).
③ 涤泉.团委会、学生会表扬学生话剧队和舞台组[N].新清华：第691期，1964-03-6(2).
④ 中共中央文献研究室编.周恩来年谱（1949—1976）：中卷[M].北京：中央文献出版社1997:676-677.
⑤ 胡锦涛.上了生动的一课[N].人民日报，1964-10-06(6).

当时在校学习的 1959 级水利工程系的胡锦涛、1960 级无线电电子学系的吴邦国、1959 级动力系的吴官正等人后来都成为党和国家的主要领导人。其中，胡锦涛、吴邦国都曾担任过清华大学政治辅导员。2011 年 3 月 7 日，时任中共中央政治局常委、全国人大常委会委员长的吴邦国在考察清华大学时仍然认为："做辅导员不吃亏！"他充分肯定清华大学的辅导员制度，而且认为培养又红又专的"双肩挑"人才是清华人才培养的一个重要特色[①]。吴官正在清华大学求学时品学兼优，在其辅导员吴荫芳（后担任中共党史教研组的政治理论课教师）的提名下先后担任团支部委员、班长、团支部书记。可以说，他们的成长与当年在清华大学所接受的马克思主义理论教育密切相关。

原清华大学副校长、自动化系 1965 级学生胡东成在回忆学生时代往事时提及："高敦复老师当时是我们的政治课老师，她不仅负责理论课教学，还和分团委沈振基老师、年级党支部余孟尝老师及两位政治辅导员经常在一起商讨学生工作。我本人就接受过高老师多次谈话，她把课程理论、学习目的教育及实际思想问题结合起来，使我受益匪浅。"[②] 从这些校友数十年后的回忆中，仍然可以看到当时清华大学马克思主义理论教育对学生的影响。

据统计，截至 1965 年 12 月底，清华大学全校党员总人数为 3287 人，占全校总人数 16378 人的 20.07%。其中，学生党员 1287 人，占大学生人数 10347 人的 12.4%[③]。截止到 1965 年 10 月，全校学生 10384 人，学生中团员 7368 人，占学生总数的 70.96%[④]。纵观历史，马克思主义理论教育作用的发挥取决于对国情、党的中心工作、人的思维行为活动特点及马克思主义理论教育自身规律等多种因素的科学把握。尽管存在一些问题和偏向，这一阶段的清华大学马克思主义理论教育仍然发挥了积极作用，增进了青年学生对党的信任，坚定了听党话跟党走的信心和决心。

---

① 清华大学新闻中心编. 百年清华，世纪荣光——庆祝清华大学建校100周年资料汇编[M]. 北京：清华大学出版社，2012:56.
② 胡东成. 往事的启示——从我的学生经历看蒋南翔教育思想体系[N]. 新清华，2013-11-29(7).
③ 方惠坚，张思敬主编. 清华大学志：上册[M]. 北京：清华大学出版社，2001:818.
④ 《共青团清华大学委员会关于相关统计数据向共青团北京市委大学部的汇报》，清华大学档案，全宗号2，目录号 党11，案卷号 042.

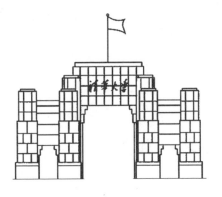

第 4 章
清华大学马克思主义理论教育的鲜明特色

历史地看，在新中国高等教育的历史中，党的路线、方针、政策的变化都会迅速地体现在马克思主义理论教育之中。因此，高校马克思主义理论教育可以作为观察党和国家政治生活的一个特殊视角。而受历史传统、地理位置等多种因素影响，清华大学又往往得风气之先。从内部来看，长期以来，清华师生群体因共同的生活类型、语言、历史、价值和规则结构而逐渐形成了潜在的行为规则。在同时代的其他人和后人看来，这就是清华特色。1949—1966年的马克思主义理论教育是构成清华特色的必不可少的一部分。

1949—1966年，清华大学马克思主义理论教育是在实践中逐渐生成的。实践证明，在自上而下、自下而上的互动过程中探索教育规律，在"规定动作"和"自选动作"的有机结合中，清华大学走出了一条具有清华特色的马克思主义理论教育之路。它既有同时代高校马克思主义理论教育的共性，自身也具有一些较为明显的特色。这种特色体现在马克思主义理论教育的每一环节，概括来说，大致可以从革命传统、使命担当、培养特色、社会影响力四个方面提炼清华大学马克思主义理论教育的鲜明特色。

4.1 一脉相承的革命传统

一所优秀的高校应当具有自己的办学特色。办学特色是在漫长的历史实践中逐渐形成的，历史传统无疑会对高校的办学特色产生重大而深远的影响。这种办学特色体现在高校教育的方方面面，亦会体现在马克思主义理论教育层面。把握清华大学马克思主义理论教育的特色，必须将其放置于历史传统之中加以检视。在纪念马克思诞辰二百周年大会上的讲话中，习近平总书记指出："马克思主义不仅深刻改变了世界，也深刻改变了中国。"[①] 回顾百余年的校史可以看出，马克思主义同样深刻地改变了清华。1949—1966年的清华大学马克思主义理论教育不仅是新中国高等教育政策的一种实践，同时，也是对新民主主义阶段清华大学革命传统的一种接续。因此，对于今日之清华大学而言，不断推进马克思主义理论教育工作，其实也是在赋予其历史传统以新的注脚。把握住马克思主义在清华大学一脉相承的革命传统，有助于加深对1949—1966

---

① 习近平. 在纪念马克思诞辰200周年大会上的讲话[N]. 人民日报，2018-05-05(2).

年清华大学马克思主义理论教育的认识，进一步明确其独特之处。

4.1.1 革命救国信念在清华大学马克思主义传播中的凸显

习近平指出："马克思主义是我们立党立国的根本指导思想，也是我国大学最鲜亮的底色。"[①] 革命战争年代的马克思主义传播并不容易。"我们要克服这种普遍而根深蒂固地存在于人民传统思想中的习惯势力，甚至比打倒最凶暴的帝国主义还要困难许多倍。"[②] 就清华大学而言，马克思主义这一"最鲜亮的底色"最初是在新民主主义革命阶段奠定的。但彼时的马克思主义"只能秘密的走私的在园内'地下'进行""还不能和正式的课程联系起来"[③]。

早在20世纪20年代，马克思主义在清华的传播就不同于上海大学等中共主持或创办的高校，也不同于广东大学等国共合作下的高校，甚至不同于同处军阀政府统治下的北京大学[④]。从表面看，五四运动以后马克思主义才开始进入清华，相较别的高校来说时间为晚。同时，党、团组织发展滞后，第一个党支部直至1926年11月才建立起来。但是，如果进行细致考察，就会发现马克思主义在清华的传播过程中与爱国思想的结合尤为紧密及党组织成立后表现出的卓越组织能力和发挥出的坚实堡垒作用等特点。

建校伊始，清华大学就非常注重学生爱国思想的培养。从"五四"到"三一八"，在国家、民族前途日益黯淡之际，清华学生表现出的爱国主义精神受到广泛的赞誉。他们深感国将不存，迫切地走进救亡图存的历史大潮之中，又苦于没有科学理论的指导。马克思主义作为救国救民的学说，先进的清华学生从中看到了希望。因此，马克思主义在清华园中迅速传播。随着日寇侵略步伐的加快，我国局势日益危机，党组织广泛宣传马克思主义关于民族解放运动的理论，越来越多地清华学生相信只有社会主义可以救中国。无论是抗战前的"一二·九"运动，还是抗战后的"一二·一"运动，都以爱国主义和马克思

---

① 习近平. 在北京大学师生座谈会上的讲话[N]. 人民日报，2018-05-03(2).
② 蒋南翔. 蒋南翔文集（上册）[M]. 北京：清华大学出版社，1998:400.
③ 清华大学校史研究室. 清华大学史料选编：第5卷（上）[M]. 北京：清华大学出版社，2005:192.
④ 周良书. 高等学校与中国早期马克思主义大众化——以北京大学、上海大学和广东大学为例[J]. 马克思主义研究，2012(2):54-60.

主义为思想动力。马克思主义为爱国进步学生提供了理论武器和行动指南。在爱国主义的推动下，马克思主义在清华学生的思想中日益占据主导地位。

清华学生在马克思主义的传播过程中表现出卓越的组织能力。从1926年11月第一个地下党支部成立到1948年12月清华园解放，在长达22年的斗争中，无论形势多么恶劣，党组织始终坚持工作，从未被打垮，前后约有700名地下党员曾经在清华战斗过，表现出了坚强的革命意志和崇高的革命气节[①]。对外，在五四运动、"一二·九"运动、"一二·一"运动中，清华先进学生常常担任组织者。对内，马克思主义通过各种报刊、社团、读书会、壁报等形式迅速传播，越来越多的清华学生对马克思主义心生向往。从五四青年、"一二·九"青年、到"一二·一"青年，经过科学理论的熏陶和斗争实践的磨炼，一大批有志青年在清华成长为坚定的马克思主义者，清华的马克思主义力量日益强大。

清华学生之所以能够表现出与他校迥然不同的精神风貌，缘自于清华长期注重培养学生的爱国精神、组织能力和民主素养[②]。毫无疑问，解放前马克思主义在清华传播中形成的特点在解放后的马克思主义理论教育中也有所体现。1949—1966年清华大学马克思主义理论教育深深植根于清华园这一方土地，自然也承继了解放前马克思主义传播形成的传统和特点。

4.1.2　清华大学革命传统在马克思主义理论教育中的体现

清华是一所富有革命传统的学校。清华的革命传统与马克思主义传播是相互交融，相互促进的。马克思主义在清华的传播经过了一个漫长的过程，已经深深地融入清华历史之中。自1948年12月清华园解放，1949年开始，清华大学就非常重视马克思主义理论教育工作，并且开始有组织地进行马克思主义理论教育。尽管马克思主义理论教育是新中国高等教育的"规定动作"，但就清华大学而言，固有的革命传统无疑对马克思主义理论教育工作产生了相当的影响，这种影响主要体现在以下方面。

第一，提振了马克思主义理论教育的信心。新中国成立意味着近代以来

---

① 清华大学校史研究室编.清华革命先驱：上册[M].北京：清华大学出版社，2004:77.
② 欧阳军喜.论五四运动与清华[J].安徽史学，2012(6):5-16.

多灾多难的旧中国终于结束,马克思主义为中国共产党领导中华民族改变旧面貌、实现民族独立提供了科学的理论指导,这样的时代背景为清华大学开展马克思主义理论教育工作带来了信心。广大清华师生在民族危亡之际共赴国难,苦苦探索救国救民之策,终于选择马克思主义并坚定地为之奋斗的光荣历史无疑也值得解放后的清华师生为之骄傲和自豪。国家和学校的历史都证明马克思主义是科学真理。一时之间,新中国处处充满希望,新中国的马克思主义富有生机。这就提振了清华大学开展马克思主义理论教育工作的信心,同时,也使同学们对接受马克思主义理论教育充满热情。

第二,输送了一批马克思主义理论教育的师资。蒋南翔曾经在清华大学中国文学系学习,其间,他参加进步读书团体"三三读书会"和"社会科学研究会",参与领导了"一二·九"运动,曾担任《清华周刊》主编、清华大学党支部书记,院系调整后长期担任清华大学校长、党委书记,并直接从事马克思主义理论教育工作。拥有类似经历的还有袁永熙、何东昌、艾知生、滕藤等人。他们分别是西南联大时期、复员时期清华大学的师生,后长期担任清华大学党、团领导职务,领导并直接从事马克思主义理论教育工作。另有张荦群、朱声绂等人,他们是西南联大时期清华大学的毕业生,后来长期从事政治理论课教学并曾担任教研组负责人。解放前,他们在清华是马克思主义的学习者、传播者,解放后他们又是马克思主义理论教育工作的领导者、推动者。此前的革命经历对他们领导和从事马克思主义理论教育工作发挥了重要而长期的影响,前期积累的宝贵经验也对他们在后期担任清华大学马克思主义理论教育工作奠定了基础。

第三,提供了马克思主义理论教育的素材和资源。清华的革命传统拥有丰富的马克思主义理论教育资源。新中国成立之后,每逢"五四""三一八""一二·九""一二·一",清华大学都会开展一系列纪念活动,并以此为专题或讨论材料进行生动的马克思主义理论教育。学生十分感兴趣并积极参与其中,感受马克思主义在清华园生根发芽并不断走向壮大的历史过程。对于马克思主义理论教育工作来说,学生对于这些本校的教育资源尤感亲切并且易受教益。

第四,积累了结合学生思想实际的工作经验。清华园建立党组织之后,便结合学生的思想实际积极传播马克思主义,开展学生运动。1948年7月,时任中共南方局组织部长的钱瑛曾对担任平津"南系"学委委员的王汉斌说:"现在看来，蒋管区的学生运动，北平是搞得比较好的，成为全国学生运动的中心。……主要是北平学生有'五四''一二·九''一二·一'的革命传统，有北大、清华这样一些富有斗争经验的学校。"① 正如校友龚育之所言："过去的学生运动，是时势使然，是反动政府逼迫的结果，是学生们自己的追求、自己的奋斗。人民群众是历史的主人，共产党只有适应了人民群众包括青年学生的革命要求，才能发挥对革命的领导作用。"② 解放前，党组织在结合学生思想实际进行马克思主义传播方面积累了丰富的经验，这些经验对于解放后高校的马克思主义理论教育工作具有借鉴意义。

4.1.3 红色基因在马克思主义理论教育中代代相传

光荣的革命传统是清华大学宝贵的精神财富和力量源泉，一直鼓舞着清华师生，推动着清华的改革和发展。红色基因记录了来时之路，同时也昭示着未来。如前所述，1949—1966年，光荣的革命传统在清华大学马克思主义理论教育工作中得到了传承和体现。改革开放以后，清华大学一直致力于赓续革命传统，在推进马克思主义理论创新、加强思政课建设、培养又红又专高素质人才方面发挥了示范和带动作用③。走进新时代，习近平强调："我们比历史上任何时期都更接近中华民族伟大复兴的目标，比历史上任何时期都更有信心、有能力实现这个目标。行百里者半九十，距离实现中华民族伟大复兴的目标越近，我们越不能懈怠，越要加倍努力，越要动员广大青年为之奋斗。"④ 实现中华民族伟大复兴是近代以来包括清华革命先驱在内的无数仁人志士的梦想。全过程参与实现两个一百年的奋斗目标，当代青年更应当弘扬革命传统，担当起民族复兴的重任。在考察清华大学期间，习近平勉励广大青年："要爱国爱民，从党史学习中激发信仰、获得启发、汲取力量，不断坚定'四个自信'，不断增强做中国人的志气、骨气、底气，树立为祖国为人民永久奋斗、赤诚奉献的坚定

---

① 清华大学校史研究室编.清华革命先驱：上册[M].北京：清华大学出版社，2004:78.
② 庄丽君主编.世纪清华：第4册[M].北京：清华大学出版社，2011:20.
③ 欣研，王冰冰.中央政治局委员、国务院副总理刘延东对清华思政课作出重要批示[N].新清华：1976期，2014-11-28(1).
④ 习近平.在同各界优秀青年代表座谈时的讲话[N].人民日报，2013-05-05(2).

理想。"① 在新的历史条件下，清华大学马克思主义理论教育工作有责任有义务让红色基因在清华园代代相传。

马克思主义理论教育要结合清华大学爱国的光荣传统。习近平指出，爱国主义是中华民族的民族心、民族魂，培养社会主义建设者和接班人，首先要培养学生的爱国情怀②。新民主主义革命阶段，当国家和民族处在生死存亡之际，清华进步师生高举爱国主义的旗帜，走在斗争的前列，为维护国家和民族的利益进行了不屈不挠的斗争。社会主义建设时期，蒋南翔曾向学生提出思想境界"上三层楼"的要求，"第一层楼"就是爱国主义。长期以来，清华大学形成了"爱国奉献、追求卓越"的传统，爱国主义已成为清华大学的一面光辉旗帜。在马克思主义理论教育教学中，要联系清华大学的革命传统，理解爱国主义的内涵随着时代变迁和社会进步而不断丰富和发展，引导和激励学生自觉投入到实现中国梦的伟大实践中。

马克思主义理论教育要秉承清华大学学习、研究和宣传马克思主义的光荣传统。在新时代，适应学生特点，通过思想政治理论课、读书会、报告会、社会实践等灵活多样的形式，深入推进习近平新时代中国特色社会主义思想进课堂、进学生头脑，引导学生坚定中国特色社会主义道路自信、理论自信、制度自信和文化自信，不断巩固马克思主义在意识形态领域中的主导地位，确保清华大学办学的鲜亮底色。同时，立足新时代中国实际，加强理论研究阐释，努力推出有价值、有分量的研究成果，为实现中华民族伟大复兴的中国梦提供智力支持和思想引领。

马克思主义理论教育能够弘扬清华大学始终坚持党的领导的光荣传统。从建立第一个党支部开始，无论是解放前的救亡图存，还是解放后的培养社会主义事业建设者，党组织始终是学校马克思主义传播和立德树人工作中的战斗堡垒和骨干力量。开展马克思主义理论教育工作，结合清华校史，讲清楚"没有共产党就没有新中国"，讲清楚党的领导是历史的选择、人民的选择，讲清楚党的领导是中国特色社会主义最本质的特征。联系学生思想实际，用马克思主

---

① 习近平. 习近平在清华大学考察时强调坚持中国特色世界一流大学建设目标方向 为服务国家富强民族复兴人民幸福贡献力量[N]. 人民日报, 2021-04-20(1).
② 习近平. 习近平在京津冀三省市考察并主持召开京津冀协同发展座谈会时强调 稳扎稳打勇于担当敢于创新善作善成 推动京津冀协同发展取得新的更大进展[N]. 人民日报, 2019-01-19(1).

义理论观察时代、解读时代、引领时代,旗帜鲜明地坚持、拥护党的领导。

在清华大学的百年历史中,爱国主义、马克思主义、党的领导三者始终是相辅相成、深度融合而密不可分的,这一点本身也极具清华特色。

4.2 走在前列的使命担当

每一所在历史中留下自己足迹的学校都必然有其独特之处。正如邱勇校长所说,"清华大学是一所勇于担当的学校"[1],"清华要培养肩负使命、追求卓越的人,努力成为代表国家的大学"[2]。作为我国高等教育的一面旗帜,清华大学在各个学科、诸多领域中一直发挥着示范和引领作用。回首近百年马克思主义在清华的传播历程,可以看到,无论是在救亡图存的历史关头传播马克思主义,还是抗战时期地下党组织以马克思主义引领武装广大师生,抑或是1949—1966年坚持以马克思主义理论教育为党和国家培育合格、可靠的社会主义建设干部,清华大学在传播马克思主义真理、推进马克思主义理论教育、发展马克思主义理论学科、培育马克思主义理论人才方面始终走在前列,取得了令人瞩目的成绩。作为"代表国家最高水平的高校"[3]之一,走在前列既是党和国家赋予清华大学的重大使命,也逐渐成为清华大学马克思主义理论教育不断发展的自我要求和鲜明特征。

4.2.1 走在中华民族救亡图存的前列

回首近现代史,中华民族饱受生与死的煎熬、血与火的淬炼,作为中国高等学府中的引领者,清华大学始终走在中华民族救亡图存的最前列,竭力支撑起中华民族救亡图存的希望。

在1919年的五四运动中,清华学生表现出独特的团队精神和组织能

---

[1] 邱勇. 有你的清华更精彩——致2018年高考考生的邀请信[N]. 新清华,2018-06-15(2).
[2] 吕婷. 邱勇为本科生讲"形势与政策"课程 勉励大家肩负起清华人的新使命[N]. 新清华,2018-11-30(5).
[3] 刘淇. 在清华大学第十三次党代会上的讲话(摘要)[N]. 新清华,2012-04-13(2).

力,发出积蓄已久的清华声音,展现出赤诚爱国的清华力量。在 1926 年的"三一八"惨案中,清华大一学生韦杰三惨遭杀害,英勇牺牲,留下了掷地有声的遗言:"我心甚安,但中国快要强起来呀!"① 3 月 26 日,《清华周刊》上刊载《题诗:与三月十八日流血者》,诗文喊出:"你们的血蕴含着民族侵凌的愤怒,你们的血里含着国贼蹂躏的悲哀,你们的血象征四万万人民的痛苦,你们的血代表五千年文化的精华!点点滴滴,流在爱国同胞的眼里,滴滴点点,洒在华胄子孙的心上!"② 面对无穷的悲哀,先进的清华学生苦苦地求索着救国救民的人间正道。同年 11 月,清华园内成立中国共产党的第一个支部,此后越来越多的清华学生在马克思主义的指引下走上了革命救国之路。

1935 年 12 月,日寇逼近华北,"华北之大,已经安放不得一张平静的书桌了"③,现实政治已让人无法忍受。在中共地下党组织的领导下,先进的清华学生放下手中的书本,和北平其他学校的进步学生一起冲破国民党当局的封锁,发起了震惊中外的"一二·九"运动。清华学生在"一二·九"运动中发挥了主力和先锋的作用。

为了进一步巩固和扩大学生运动的成果,一部分清华学生参加了南下宣传团,到民众中去宣传抗日主张。抗战爆发后,在战火纷飞的艰苦环境下,先进的清华学生或随学校南迁长沙、昆明,或奔赴延安,更有不少清华学子投笔从戎直接走上抗战前线,英勇地战斗在全民族抗战的前列。

1945 年抗战胜利后,为了反对国民党执意独裁统治和发动内战,在党组织的领导下,西南联大师生和昆明其他大中院校学生一起发起"一二·一"反内战民主运动,积极开辟国统区第二条战线。总之,"广大清华师生始终满怀强烈的爱国情怀,积极投身'五四'运动,坚定走在'一二·九'运动等爱国民主运动前列,奋勇参加民族救亡和人民解放斗争,涌现出闻一多、朱自清等一大批革命先烈和民主志士,为新中国的诞生作出了重要贡献。"④ 五四运动后的三十年内,广大清华师生积极投身到民族解放运动,以强烈的家国担当广泛传播马克思主义。作为救国救民的思想武器,马克思主义与爱国学生运动深度

---

① 清华大学校史研究室编.清华革命先驱:上册[M].北京:清华大学出版社,2004:9.
② 李慕白.题诗:与三月十八日流血者[N].清华周刊,1926年第25卷第5期.
③ 中国高等教育学会,清华大学编.蒋南翔文集:上卷[M].北京:清华大学出版社,1998:75.
④ 胡锦涛.在庆祝清华大学建校100周年大会上的讲话[N].人民日报,2011-04-25(2).

交融，深深镌刻在清华的历史当中。从这一维度来看，清华无疑走在了全国各高等学府的前列。从无到有，由小变大，新民主主义革命阶段马克思主义在清华的近三十载传播史为新中国成立之后清华大学马克思主义理论教育工作的开展奠定了坚实基础。

4.2.2 走在培养社会主义建设干部的前列

如前所述，《共同纲领》第四十七条规定："给青年知识分子和旧知识分子以革命的政治教育，以应革命工作和国家建设工作的广泛需要。"[①] 社会主义改造完成之后，毛泽东在最高国务会议第十一次（扩大）会议上指出："我们的教育方针，应该使受教育者在德育、智育、体育几方面都得到发展，成为有社会主义觉悟的有文化的劳动者。"[②] 可见，随着新的历史阶段的到来，党和国家对高等教育的人才培养提出了新的要求，尤其强调人才的政治素质和马克思主义理论素养。根据党和国家的要求，这一时期的马克思主义理论教育工作有力地保障了学校的育人工作，促使清华大学在培养社会主义工业干部方面走在全国众多高校的前列。

早在 1949 年大课的第一阶段，清华大学就以培养和造就新中国的建设干部为目标，对人才的马克思主义理论素质作出要求。《清华学习》第 2 期曾刊文指出："大学的任务是在造就新中国建设的干部，这种干部不但在业务上有所专长，而且，更重要的，要具有为人民服务的热忱。因之，他们必须建立革命的人生观，能掌握马列主义的立场、观点和方法去进行工作。"[③] 1952 年，根据党和国家的统一部署，清华大学成为一所多科型工业大学，从此担负起为国家工业化培养建设干部的使命和任务。12 月 31 日，蒋南翔校长就职伊始就明确指出："清华大学当前迫切的任务就是深入教育改革，破除英美资产阶级的旧教育传统，逐步地把自己改造成为社会主义新型工业大学"[④]。

与此同时，为了落实过渡时期总路线，适应国家工业化的需要，党和国家

---

① 何东昌主编.中华人民共和国重要教育文献选编（1949—1975）[M].海口：海南出版社，1998:1.
② 毛泽东.关于正确处理人民内部矛盾的问题[N].人民日报，1957-06-19(1).
③ 清华大学新清华编辑出版委员会.大课的第一阶段[N].清华学习：第2期，1949-10-25.
④ 中国高等教育学会，清华大学编.蒋南翔文集：上卷[M].北京：清华大学出版社，1998:433.

开始集中更多人力、物力、财力来办好高等工业学校。1954年8月20日，高等教育部颁发《关于清华大学工作的决定》并强调："根据中央'重点发展'的方针，高等教育部认为在高等工业教育方面有必要首先以较多的力量办好清华大学，这对推动和协助全国高等工业学校的教学改革有重要意义""必须着重指出，清华大学应在全校师生员工中，进一步加强政治思想工作，巩固和扩大马克思列宁主义在学校中的思想阵地，这是胜利完成教学改革的最重要的关键。"① 这一文件说明，此时的清华大学已成为国家高等教育工作的"重点中的重点"。值得注意的是，此时的高等教育部和清华大学都将马克思主义理论教育作为清华大学人才培养的关键环节。换言之，党和国家认为，清华大学应该在培养社会主义工业化的建设干部方面走在前列。在给予明确定位的同时，党和国家还认为，加强马克思主义理论教育是清华大学实现预定目标的基础和前提。

清华大学的建设和发展没有辜负党和国家的期望。2011年4月24日，胡锦涛在庆祝清华大学建校100周年大会上讲话，他指出："新中国成立以后，广大清华师生满怀豪情投身祖国教育、科研、建设事业，全面贯彻党的教育方针，实行教学科研生产三结合，坚持又红又专、全面发展的育人理念，重视因材施教、实践锻炼、能力培养，努力建设高水平的社会主义大学。"② 1949—1966年，清华大学确实在培养社会主义建设干部方面走在了全国高校的前列。不仅如此，清华大学还在政治理论课、政治辅导员、党团组织工作等马克思主义理论教育方面取得了卓著的成绩，助力学校向国家工业化建设的各条战线源源不断地输送了一批又一批又红又专、全面发展的优秀人才，这些人才在他们的领域中同样发挥着示范引领作用。2021年4月19日，习近平总书记在考察清华大学时讲道，"清华大学诞生于国家和民族危难之际，成长于国家和民族奋进之中，发展于国家和民族振兴之时。110年来，清华大学深深扎根中国大地，培育了爱国奉献、追求卓越的光荣传统，形成了又红又专、全面发展的教书育人特色，为国家、为民族、为人民培养了大批可堪大任的杰出英才。"③

---

① 《中央人民政府高等教育部关于清华大学工作的决定》，清华大学档案，目录号 校办1，案卷号 55002。
② 胡锦涛. 在庆祝清华大学建校100周年大会上的讲话[N]. 人民日报，2011-04-25(2).
③ 习近平在清华大学考察时强调坚持中国特色世界一流大学建设目标方向 为服务国家富强民族复兴人民幸福贡献力量 [N]. 人民日报，2021-04-20(1).

4.2.3 走在培育时代新人的前列

每一代人都肩负着时代赋予的使命。中国特色社会主义进入了新时代。习近平总书记指出，新时代党和国家对高等教育的需要比以往任何时候都更迫切，对科学知识和卓越人才的渴求比以往任何时候都更强烈①。党的十九大报告提出："培养担当民族复兴大任的时代新人。"②党的十九大闭幕后不久，习近平总书记在会见清华大学经济管理学院顾问委员会海外委员和中方企业家委员时指出："培养人才，根本要依靠教育。教育就是要培养中国特色社会主义事业的建设者和接班人，而不是旁观者和反对者。"③2019年3月18日，习近平总书记在学校思想政治理论课教师座谈会上强调："我们党立志于中华民族千秋伟业，必须培养一代又一代拥护中国共产党领导和我国社会主义制度、立志为中国特色社会主义事业奋斗终身的有用人才。"④培养时代新人，重点在于铸魂育人。只有理论坚定，政治才能坚定。从习近平总书记的一系列论述中可以看出，大力加强高校马克思主义理论教育已成为新时代党和国家的重大战略需求。

作为我国高等教育的旗帜，清华大学肩负着重大使命。2016年4月22日，在致清华大学建校105周年的贺信中，习近平总书记高度肯定了清华大学百余年来的办学成就和优良传统，要求清华大学"坚持正确方向、坚持立德树人、坚持服务国家、坚持改革创新，面向世界、勇于进取，树立自信、保持特色，广育祖国和人民需要的各类人才"⑤。2018年6月，清华大学马克思主义学院2018届研究生毕业班全体学生给习近平总书记写信，汇报了在校学习和未来就业的情况，表达了一生学习研究宣传马克思主义的牢固信念及为国家和社会奉献一生的坚定志向，习近平总书记对此给予了充分的肯定，并对同学们提出了

---

① 习近平. 习近平在全国高校思想政治工作会议上强调：把思想政治工作贯穿教育教学全过程，开创我国高等教育事业发展新局面[N]. 人民日报，2016-12-9(1).
② 习近平. 决胜全面建成小康社会 夺取新时代中国特色社会主义伟大胜利——在中国共产党第十九次全国代表大会上的报告[M]. 北京：人民出版社，2017:42.
③ 习近平. 习近平会见清华大学经济管理学院顾问委员会海外委员和中方企业家委员[N]. 人民日报，2017-10-31(1).
④ 习近平. 习近平主持召开学校思想政治理论课教师座谈会强调 用新时代中国特色社会主义思想铸魂育人 贯彻党的教育方针落实立德树人根本任务[N]. 人民日报，2019-03-19(1).
⑤ 习近平. 习近平致清华大学建校105周年贺信[N]. 人民日报，2016-04-23(1).

要始终坚持对马克思主义理论的学习、提高运用这一科学武器分析和解决问题的能力、坚定为祖国和人民矢志奋斗的信念、以实际行动书写无愧于时代的青春篇章等四点要求。毋庸置疑，这既是对广大清华大学青年学子提出的要求，也是对新时代清华大学做好马克思主义理论教育工作提出的要求。

2017 年 9 月 19 日，党委书记陈旭在清华大学思想政治工作会议上的讲话中指出，加强和改进思想政治工作，事关办什么样的大学、怎样办大学的根本问题，事关党对高校的领导，事关中国特色社会主义事业后继有人，是一项重大的政治任务和战略工程，同时也是坚持正确办学方向的重要保证、是建设世界一流大学的必然要求、是大力弘扬学校优秀传统的有利契机[①]。校长邱勇也在会议上强调，清华要明确新的历史方位，改进思想政治工作要有"坐不住的责任感""等不起的紧迫感""慢不得的危机感""争一流的使命感"[②]。作为学校思想政治工作的最重要的组成部分，马克思主义理论教育工作应当不忘初心，积极作为，在学校人才培养中发挥铸魂育人作用，在全国高校马克思主义理论教育工作中发挥示范引领作用，在实现中华民族伟大复兴的中国梦的新征程中作出新贡献。

4.3 人才培养的红色底蕴

2011 年 4 月 24 日，胡锦涛在庆祝清华大学建校 100 周年大会上的讲话中专门提到："新中国成立以后，广大清华师生满怀豪情投身祖国教育、科研、建设事业，全面贯彻党的教育方针，实行教学科研生产三结合，坚持又红又专、全面发展的育人理念，重视因材施教、实践锻炼、能力培养，努力建设高水平的社会主义大学。"[③] 2016 年 4 月，习近平总书记在致清华大学 105 周年的贺信中指出，105 年以来，清华大学"形成了爱国奉献、追求卓越的精神和又红又专、全面发展的培养特色"[④]。众所周知，胡锦涛、习近平不仅是党和国家领

---

① 陈旭. 深化认识 强化责任 创新方式 进一步加强和改进学校思想政治工作——在清华大学思想政治工作会议上的讲话[N]. 新清华，2017-09-29(1,04).
② 王河洲，覃川. 清华大学召开全校思想政治工作会议[N]. 新清华，2017-09-22(5).
③ 胡锦涛. 在庆祝清华大学建校100周年大会上的讲话[N]. 人民日报，2011-04-25(2).
④ 习近平. 习近平致清华大学建校105周年贺信[N]. 人民日报，2016-04-23(1).

导人，同时还分别是清华大学1965届、1979届毕业生。从他们对于清华大学的认知中可以看出，无论是作为"育人理念"，还是"培养特色"，"又红又专"无疑在清华大学居于极为特殊的地位。

4.3.1 "红色工程师"培养目标的提出

1949年1月10日，北平军事管制委员会文化接管委员会主任钱俊瑞在大礼堂宣布："今天清华大学从反动派手里解放出来，变成人民的大学，是清华历史上的新纪元。从今以后，它永远是一所中国人民的大学了。"① 1950年4月29日，清华大学校务委员会主席叶企孙曾在《清华校友通讯》解放后第2期发表文章《改造中之清华》，文章呼吁校友为改造中的清华大学随时贡献意见，"使清华成为一个真实的人民大学，使每一个清华人都能做到真实地为人民服务"②。

为了更加有计划性地为国家建设培养人才，1952年全国进行了大规模的高校院系调整。院系调整之后，清华大学成为一所多科性的高等工业学校，"担负了为祖国培养社会主义工业建设干部的光荣任务"③。1953年3月31日，回清华大学工作不久的蒋南翔校长在《向习仲勋、杨秀峰、中宣部、北京市委并中央的报告》中提出："现在清华大学必须解决的一个最根本性的问题，我认为就是要在五年左右的时间内，取得大批地培养具有高度技术水平和政治质量的新工程师的实际经验。"④ 这一思想在1954年2月正式公布的《清华大学暂行规程》第一章第一条得到明确。清华大学要"培养站在工人阶级立场的，全心全意为人民服务的，掌握马克思列宁主义思想武器和先进科学技术的，体魄健全的高级工业建设人才"⑤。1954年8月20日，中央人民政府高等教育部颁发

---

① 清华大学校史研究室编.清华大学史料选编：第5卷（上）[M].北京：清华大学出版社，2005:46-47.
② 清华大学校史研究室编.清华大学史料选编：第5卷（上）[M].北京：清华大学出版社，2005:24.
③ 中国高等教育学会，清华大学编.蒋南翔文集：上卷[M].北京：清华大学出版社，1998:432.
④ 《向习仲勋、杨秀峰、中宣部、北京市委并中央的报告》，清华大学档案，目录号 党办1，案卷号 53028。
⑤ 清华大学新清华编辑出版委员会.清华大学暂行规程[N].新清华：第31期，1954-02-09(1).

的《关于清华大学工作的决定》明确指出，清华大学的任务是"更有效地为祖国培养忠于社会主义建设事业的具有高度科学技术水平的体魄健全的工业建设干部"①。1955年4月，蒋南翔在高教部召开的高等工业院校、综合大学校院长座谈会上发言指出，学校各项工作的目的在于"培养出政治与业务结合、理论与实际联系，具有独立工作能力的全面发展人才"②。1956年4月清华编辑出版委员会编印的《清华大学——给准备投考大学的同学》序言写道："欢迎那些愿意把一生贡献给祖国社会主义建设的新伙伴加入这个友爱的大家庭，把自己培养成红色工程师，做一个祖国社会主义工业化的光荣战士。"③

1957年10月9日，"外行不能领导内行"的说法，毛泽东在党的八届三中全会上就政治和业务的关系提出了各行各业的干部要"又红又专"的思想④。11月，清华大学相继召开党委常委会、团委常委会，对如何在学生中开展社会主义大辩论进行讨论，认为辩论的中心目的是在学生中明确怎样做一个社会主义劳动者、工人阶级的知识分子，在政治与业务、个人与集体、理论与实践、脑力劳动与体力劳动、知识分子与工农的关系等问题上，批评轻视劳动、轻视实践、轻视工农的思想，批判在"红"与"专"问题上的资产阶级个人主义思想，立志做一个工人阶级的劳动知识分子。会议认为，这个辩论实质上是关于大学生培养目标上的两条路线的斗争⑤。11月27日，蒋南翔校长向全体学生和部分青年教师作《怎样做一个劳动者，怎样做工人阶级知识分子》的报告。他批判了学生中流传的"国家需要的是精密的机床，业务上要有专门知识，在政治上只要'粉红色'就行了"的说法，蒋南翔指出，红与专的问题是政治与业务的关系问题，红就是关心政治，"我们需要的是又红又专的干部，这就是阶级路线的干部政策"⑥（据时任党委第一副书记的刘冰回忆，蒋南翔曾经做过这样的概括——"红"是方向，是信念，是理想。"红"是政治保证，也是一个

---

① 《中央人民政府高等教育部关于清华大学工作的决定》，清华大学档案，目录号 校办1，案卷号 55002.
② 中国高等教育学会，清华大学编. 蒋南翔文集：上卷[M]. 北京：清华大学出版社，1998:543.
③ 清华大学校史研究室编. 清华大学史料选编：第6卷（第1分册）[M]. 北京：清华大学出版社，2007:679-680.
④ 毛泽东文集：第7卷[M]. 北京：中央文献出版社，1999:309.
⑤ 清华大学新清华编辑出版委员会. 全体学生展开社会主义大辩论[N]. 新清华：第236期，1957-12-04(1).
⑥ 大学生怎样成为劳动者，清华大学社会主义大辩论开始[N]. 人民日报，1957-11-29(8).

人前进的动力。但"红"最终必须落实到"专",有了过硬本领才能实现为人民、为社会主义服务的理想。①)。从中可以看出,蒋南翔的这句话在思想内涵上与毛泽东所说的"政治路线确定之后,干部就是决定的因素"②是一致的。作为社会主义工业大学,清华大学深刻体会并出色贯彻了党中央的这一指示精神,担负起培养工业建设干部的重要使命。

1958年1月,毛泽东在南宁会议上又专门论述了"又红又专"思想。他说:"政治和经济的统一,政治和技术的统一,这是毫无疑义的,年年如此,永远如此。这就是又红又专。"③作为"红色工程师的摇篮",清华大学理所当然地成为了红专道路上的一面旗帜。

1958年出版的《清华大学——1958》中写道:"既要有知识,又要能劳动;既要精通业务,又要有正确的政治思想作为统帅。清华大学就是以这样的'又红又专'的红色工程师作为学生的培养目标。"④9月12日,蒋南翔在迎新会上作《建设共产主义大学,作共产主义劳动者》的讲话,提出要"培养出具有很高业务质量的、坚决为共产主义服务的共产主义劳动者"⑤。1959年9月19日,蒋南翔在迎新大会上对新同学作出要求:"树立起为人民服务的、共产主义的世界观和人生观,做一个又红又专的工程师""一个红色的工程师,首先是一个社会主义建设者,然后才是红色的工程师,要认识到这一点,我们在政治上才不会误入歧途。"⑥1960年1月20日,蒋南翔在毕业设计动员大会上的讲话中说:"通过毕业设计工作,我们要培养出又红又专的干部,也就是既有知识又善于劳动的社会主义建设者和社会主义战士、共产主义播种者。"⑦1962年9

---

① 郑小惠,童庆钧,高瑄编著.清华记忆:清华大学老校友口述历史[M].北京:清华大学出版社,2011:144-145.
② 毛泽东选集:第2卷[M].北京:人民出版社,1991:526.
③ 毛泽东文集:第7卷[M].北京:人民出版社,1999:351.
④ 清华大学校史研究室编.清华大学史料选编:第6卷(第1分册)[M].北京:清华大学出版社,2007:801.
⑤ 清华大学新清华编辑出版委员会.建设共产主义大学,做共产主义劳动者[N].新清华:第348期,1958-09-19(1).
⑥ 清华大学新清华编辑出版委员会.满怀信心迎接新的大学生活,继续跃进建设共产主义新清华[N].新清华:第466期,1959-09-19(1).
⑦ 清华大学新清华编辑出版委员会.全校师生员工动员和组织起来,为夺取最大的胜利而斗争——蒋校长在毕业设计动员大会上的讲话摘要[N].新清华:第502期,1960-01-28(2).

月16日，蒋南翔在全校迎新大会上说："我们学校是社会主义大学，是要培养红色工程师，社会主义的建设者的，这个政治方向，不能有一点动摇。"①

1964年，清华大学对培养目标的提法发生变化。6月28日，蒋南翔在对全体毕业生作报告时说："我们对同学的要求应该是：首先做一个革命者，然后是一个工程技术人员""如果工作需要，有可能超出自己的专业范围，这并不是坏事。要是我们学校能为国家培养出一些文学家、政治活动家，这不是挺好吗！因此，对于培养目标的了解不能绝对化。我们的培养目标应该是又红又专，有知识善劳动，能文能武的革命战士，是当前阶级斗争、生产斗争、科学实验三个伟大革命的战士。"②1965年初，在河北省邯郸市东召庄村，"蹲点"的蒋南翔校长与参加"四清"运动的65届毕业生陆强等谈话时说："有一句口号，说'清华是培养红色工程师的摇篮'，这句话是不全面的。应当说，我们不仅是培养红色工程师的，我们还是培养党和人民各项事业的接班人的，包括将来党和国家的领导人也将在你们当中产生"③。当时，谁都没有想到，这句听起来像天方夜谭的预言将在几十年后被一再证明是科学而富有远见的。

1965年8月31日，蒋南翔在新生入学典礼上总结道："解放后，我们学习苏联，有了培养目标。过去十多年，我们一直用培养'红色工程师'的口号说清华大学是'工程师的摇篮'，或者说是'红色工程师的摇篮'。培养'红色工程师'这个话可以不可以？可以的。清华大学是工科学校嘛，培养工程师是要红色的、革命的工程师。这个口号并不错，过去十来年一直用这个口号。从去年起，1964年起，我们改用一个口号，叫'三大革命运动的战士'。三大革命是根据毛主席在1963年杭州会议上一个分析，就是现在我们中国，阶级斗争、生产斗争、科学实验，是我们建设社会主义强国的三大革命运动。根据毛主席这个指示，我们把学校的培养目标进一步明确，改变过去的提法，把红色工程师改为三大革命运动的战士""三大革命运动战士比起红色工程师来说，它的要求是更高了，它的范围是更广了，工程师是技术人员，而三大运动的战士，则首先是一个有政治理想的战士，是个革命战士。这同红色工程师的要求相

---

① 清华大学新清华编辑出版委员会.全校举行迎新大会[N].新清华：第645期，1962-09-2(1).
② 清华大学新清华编辑出版委员会.做三大革命运动的战士——蒋校长向全体应届毕业生作的报告（摘要）[N].新清华：第711期，1964-08-15(1).
③ 武晓峰.清华故事[M].北京：清华大学出版社，2011:208.

比，就更鲜明了。"①

众所周知，对于一所大学来说，校长的教育理念和实践往往集中体现了这所大学的办学理念、文化精神，校长的讲话往往也是学校的办学理念、文化精神的诠释。从1952年院系调整后到1966年"文革"爆发，蒋南翔一直担任清华大学校长。从上述他对于学校培养目标的一系列论述中，亦可看出清华大学人才培养中的突出特色。

4.3.2 "红"与马克思主义理论教育的关系

2016年12月，清华大学党委书记陈旭在全国高校思想政治工作会议上作题为《高举中国特色社会主义伟大旗帜，打造又红又专的引路人》的交流发言，发言指出："清华大学党委一贯高度重视教师思想政治工作，引导教师中的先进分子树立共产主义理想信念，团结带领广大师生又红又专、爱国奉献，形成了独具特色的优秀传统和精神文化。"② 可见，1949—1966年中形成的"又红又专"培养特色深深根植于清华大学的育人理念之中，并且一直传承至今。那么，这个"红"究竟是指什么？与马克思主义理论教育又是怎样的关系呢？

理解这个问题先要看毛泽东对于"又红又专"的两段经典表述。1957年10月9日，毛泽东在八届三中全会上说："政治和业务是对立统一的，政治是主要的，是第一位的，一定要反对不要政治的倾向；但是，专搞政治，不懂技术，不懂业务，也不行。我们的同志，无论搞工业的，搞农业的，搞商业的，搞文教的，都要学一点技术和业务。我看也要搞一个十年规划。我们各行各业的干部都要努力精通技术和业务，使自己成为内行，又红又专。"③ 在这里，毛泽东重点强调党的干部要在政治"真正大红"的基础上使自己业务"专"起来。1958年1月，毛泽东在南宁会议上说："政治和经济的统一，政治和技术的统一，这是毫无疑义的，年年如此，永远如此，这就是又红又专。将来政治这个

---

① 清华大学校史研究室编. 清华大学史料选编：第6卷（第1分册）[M]. 北京：清华大学出版社，2007:803.
② 张烁，鞠鹏. 习近平在全国高校思想政治工作会议上强调：把思想政治工作贯穿教学全过程，开创我国高等教育事业发展新局面 [N]. 人民日报，2016-12-09(1).
③ 中共中央文献研究室. 毛泽东文集：第7卷[M]. 北京：中央文献出版社，1999:309.

名词还是会有的，但是内容变了。不注意思想和政治，成天忙于事务，那会成为迷失方向的经济家和技术家，很危险。思想工作和政治工作，是完成经济工作和技术工作的保证，它们是为经济基础服务的。思想和政治又是统帅，是灵魂。只要我们的思想工作和政治工作稍微一放松，经济工作和技术工作就一定会走到邪路上去。"① 毛泽东认为，思想工作和政治工作直接关系到"红"的问题，从长远看来也关系到"专"的问题。也就是说，"红"需要一系列思想工作和政治工作来实现。

值得注意的是，毛泽东在谈"又红又专"时主要是就党的干部和党委工作方法而言的，而对于肩负培养未来国家建设干部（社会主义的建设者和接班人）任务的清华大学来说，"又红又专"正是人才培养方面的目标和要求。因此，思想工作和政治工作必须要摆在格外突出的位置。身为院系调整后的清华大学的校长，蒋南翔在就职之初就提出："加强党的领导，日益巩固和扩大马克思列宁主义在学校中的阵地，这是我们学校胜利完成教学改革的关键。"② 1953年3月2日，刚刚熟悉工作的蒋南翔校长在向清华大学全体教师党、团员讲话中指出："在发展当中最有决定意义的是培养新的力量。这种力量是完全在新的思想教育下成长起来的，他们有着新的世界观和人生观，没有或很少有旧的负担。这对于学校是很重要的""党团员同学要学好，党团员教师也要学好。这不仅对我国建设很重要，就是在改进学校教师队伍的质量上也是非常重要的。这个要求实际就是要政治与业务相结合，使有高度的政治觉悟和业务水平的干部成长起来。"③ 1953年，蒋南翔对北京市学生政治工作干部作报告时曾指出："我们衡量一个学校党、团的政治工作是否做得好，就是看它能否协助行政培养出大批业务好、政治好的干部。如果一个学校不能为国家培养出合格干部，那就不能说这个学校政治思想教育工作是好的，因为不这样，政治思想教育工作就成了一个抽象的东西，而没有什么实际的效果。"④

在清华大学的正式文件中，"红色工程师"的观点最早出现于1956年4月

---

① 中共中央文献研究室.毛泽东文集：第7卷[M].北京：中央文献出版社，1999:351.
② 中国高等教育学会，清华大学编.蒋南翔文集：上卷[M].北京：清华大学出版社，1998:433.
③ 中国高等教育学会，清华大学编.蒋南翔文集：上卷[M].北京：清华大学出版社，1998:443-444.
④ 中国高等教育学会，清华大学编.蒋南翔文集：上卷[M].北京：清华大学出版社，1998:506.

出版的招生宣传册《清华大学——给准备投考大学的同学》当中①。1957年11月27日，蒋南翔在向全体学生和部分青年教师作《怎样做一个劳动者，怎样做工人阶级知识分子》报告中指出，红与专的问题是政治与业务的关系问题，红就是关心政治②。在这里，蒋南翔作出的是一个初步的、宏观的解释。在接下来的红专辩论中，《新清华》第243期发表了一篇重要的言论文章《"红"指的是什么？》。文章批判了认为不去中国台湾地区和美国就是"红"、大科学家本身就是"红"、入党入团就永远"红"等错误看法，并指出："红，就是从政治立场到思想方法，从世界观到人生观，从思想到行动，都必须是符合共产主义，符合马克思列宁主义的""'红'，必须是爱国主义的，是社会主义的，是唯物主义的，是集体主义的，而且还必须是言行一致的。"③可见，从校长的发言、校刊的表述，到学校人才培养目标的确立，清华大学在"红"的问题上一直是旗帜鲜明的。

　　循着这个逻辑继续向培养环节方面追溯，对于青年大学生来说，"红"是离不开马克思主义理论教育的。毛泽东所说的思想工作和政治工作必须以马克思主义理论为基础。作为思想工作和政治工作的一部分，马克思主义理论教育的作用在于"为学生一生成长奠定科学的思想基础"④，引导和帮助青年学生在科学世界观的基础上树立革命的人生观、社会主义的价值观，在认识科学真理的基础上树立共产主义的理想信念。

　　但是，这是否意味着，青年大学生接受马克思主义理论教育之后就会立刻成为马克思主义者呢？这种对马克思主义理论教育作用的理解有简单化之嫌。正如毛泽东所言："一个马克思主义者如果不懂得从改造世界中去认识世界，又从认识世界中去改造世界，就不是一个好的马克思主义者。一个中国的马克思主义者，如果不懂得从改造中国中去认识中国，又从认识中国中去改造中国，就不是一个好的中国的马克思主义者。"⑤"知识分子从书本上得来的知识在没有

---

① 清华大学校史研究室编.清华大学史料选编：第6卷（第1分册）[M].北京：清华大学出版社，2007:797-798.
② 蕙萱.大学生怎样成为劳动者，清华大学社会主义大辩论开始[N].人民日报，1957-11-29(8).
③ 明青."红"指的是什么?[N].新清华：第243期，1957-12-24(3).
④ 张烁，鞠鹏.习近平在全国高校思想政治工作会议上强调：把思想政治工作贯穿教育教学全过程，开创我国高等教育事业发展新局面[N].人民日报，2016-12-09(1).
⑤ 中共中央文献研究室.毛泽东文集：第2卷[M].北京：中央文献出版社，1993:344.

同实践结合的时候，他们的知识是不完全的，或者是很不完全的。"①唯有将理论和实际相结合，才能成长为真正的马克思主义者。对于绝大多数青年大学生来说，高校马克思主义理论教育无疑构成了青年学生在系统认识的基础上"真正大红"起来并坚定"红"下去的基础。

"红色是中国共产党、中华人民共和国最鲜亮的底色，在我国 960 多万平方公里的广袤大地上红色资源星罗棋布，在我们党团结带领中国人民进行百年奋斗的伟大历程中红色血脉代代相传。"②党的十八大以后，（时任）清华大学党委书记陈旭曾经高度肯定马克思主义理论教育工作在"又红又专"优秀人才培养中的作用。她指出："学校在上世纪五十年代着手培养了一支马克思主义理论研究与教育师资队伍，课内课外相结合，对学生加强马克思主义理论与思想政治教育，引导学生坚定正确的政治方向，树立科学的世界观、人生观、价值观，培养出了大批为学、治国、立业的又红又专的优秀人才。"③历史证明，清华大学在培养又红又专人才方面取得了举世瞩目的成绩。作为"红"的基础和抓手，马克思主义理论教育在清华大学"红"色人才培养中发挥了巨大的作用。

4.3.3 培养又红又专的时代新人

如前所述，"又红又专"是 1949—1966 年清华大学逐渐形成的培养特色，也是这十七年来清华大学留给党和国家的高等教育事业的宝贵财富。受"文革"影响，改革开放之初，一些质疑"又红又专"甚至主张取消高校政治理论课的声音不绝于耳。1980 年 3 月 12 日，邓小平在中共中央军委常委扩大会议上的讲话中，充分肯定清华大学提出的"又红又专"的人才培养方法："就是学生从到学校第一天起，就要对他们进行政治思想工作。学校的党团组织和所有的教员都要做学生的政治思想工作。他们这样做很见效，现在学校风气很好。清华大学的经验，应当引起全国注意。又红又专，那个红是绝对不能丢的。"④在此之

---

① 中共中央文献研究室.毛泽东文集：第7卷[M].北京：中央文献出版社，1999:272.
② 习近平.习近平在中共中央政治局第三十一次集体学习时强调用好红色资源赓续红色血脉 努力创造无愧于历史和人民的新业绩[N].人民日报，2021-06-27(1).
③ 肖贵清.清华学子的中国梦[M].北京：人民出版社，2014:1.
④ 邓小平.邓小平文选：第2卷[M]北京：人民出版社，1994:290.

前,邓小平也曾指出:"清华过去从高年级学生和青年教师中选出人兼职做政治工作,经过若干年的培养形成了一支又红又专的政治工作队伍,这个经验好。"①

改革开放以来,清华大学一贯高度重视马克思主义理论教育工作,致力于传承培养又红又专人才的光荣传统,并不断推向前进。进入 21 世纪,在中共中央、国务院颁发《关于进一步加强和改进大学生思想政治教育的意见》及全国加强和改进大学生思想政治教育工作会议召开以后,清华大学党委明确提出"两个拥护、两个服务"的思想政治教育目标("两个拥护、两个服务"即引导青年大学生,在政治立场、政治态度上真正做到拥护党、拥护社会主义,树立起中国共产党是领导我们事业的核心力量的观念,树立起中国特色社会主义的共同理想,努力追求共产主义远大理想;在人生价值观上,立志服务祖国、服务人民,祖国至上、人民为先,把自我价值的实现与服务祖国人民统一起来。)②。2014 年 10 月 16 日,清华大学第 24 次教育工作讨论会发布《清华大学关于全面深化教育教学改革的若干意见》,提出价值塑造、能力培养、知识传授"三位一体"的教育理念,并将价值塑造放到第一位③。2014 年 11 月,时任中央政治局委员、国务院副总理的刘延东同志对清华大学思想政治理论课建设作出重要批示,高度肯定清华大学的马克思主义理论教育工作。刘延东明确指出,清华大学思想政治教育专业创建 30 年来,在推进马克思主义理论创新、加强思政课建设、培养又红又专高素质人才方面发挥了示范和带动作用④。

党的十八大以来,以习近平同志为核心的党中央高度重视"培养什么样的人、如何培养人、为谁培养人"问题。2016 年 12 月,习近平总书记在全国高校思想政治工作会议上强调:"我国高等教育发展方向要同我国发展的现实目标和未来方向紧密联系在一起,为人民服务,为中国共产党治国理政服务,为巩固和发展中国特色社会主义制度服务,为改革开放和社会主义现代化建设服务。"⑤ 2017 年 2 月 27 日,中共中央、国务院印发的《关于加强和改进新形势

---

① 中共中央文献研究室. 回忆邓小平(下)[M]. 北京:中央文献出版社,1998:20.
② 陈希. 坚持"两个拥护、两个服务"德育目标[J]. 思想政治工作研究,2005(4):19-20.
③ 《清华大学关于全面深化教育教学改革的若干意见》,清校发〔2014〕29 号,2014-10-16.
④ 欣研,王冰冰. 中央政治局委员、国务院副总理刘延东对清华思政课作出重要批示[N]. 新清华:1976 期,2014-11-28(1).
⑤ 张烁,鞠鹏. 习近平在全国高校思想政治工作会议上强调:把思想政治工作贯穿教育教学全过程,开创我国高等教育事业发展新局面[N]. 人民日报,2016-12-09(1).

下高校思想政治工作的意见》明确指出，要"培养又红又专、德才兼备、全面发展的中国特色社会主义合格建设者和可靠接班人"[①]。

2019年3月，习近平总书记在看望参加中国人民政治协商会议第十三届全国委员会第二次会议的文化艺术界、社会科学界代表时表示："共和国是红色的，不能淡化这个颜色。无数的先烈鲜血染红了我们的旗帜，我们不建设好他们所盼望向往、为之奋斗、为之牺牲的共和国，是绝对不行的。"[②] 培养社会主义的建设者和接班人事关中国特色社会主义的前途和命运，高校马克思主义理论教育责无旁贷。

清华大学政治理论课教师李润海曾经这样阐述马克思主义理论教育工作的使命："当我走上讲台面对几十、几百学生讲课的时候，我常想：在座的这些学生，将来是社会主义现代化建设的骨干人才，有的还可能会进入未来国家领导人的行列。他们的政治理想，他们的世界观和人生观，他们对马列主义的态度和马列主义的理论水平，将会对未来国家命运产生重大影响。所以，在大学生中培养一代青年马克思主义者，实在是关系国家前途和命运的大事。"[③] 如今，中国特色社会主义进入了新时代，只有不断加强和改进高校马克思主义理论教育，打造又红又专的引路人，引导青年学生学习马克思主义理论，帮助他们提高运用这一科学武器分析和解决问题的能力，才能培养出为祖国和人民矢志奋斗的时代新人。

4.4 广泛影响的思想阵地

本书的思想阵地指旗帜鲜明地坚持马克思主义，坚强有力地对非马克思主义的思想和逆潮流的现象进行揭露和批驳的场所，表现为一种激浊扬清的战斗性。一个世纪以前，很多早期马克思主义者就视高校为马克思主义的思想阵地。此后，在党、团组织的领导下，在一批又一批马克思主义者的共同努力

[①] 中共中央国务院印发《关于加强和改进新形势下高校思想政治工作的意见》[J]. 社会主义论坛, 2017(3):4-5.
[②] 杜尚泽. 习近平总书记看望文艺界社科界委员的微镜头[N]. 人民日报, 2019-03-05(1).
[③] 吴剑平. 清华名师谈治学育人[M]. 北京：清华大学出版社, 2009:367.

下，无论是在民主革命时期，还是在社会主义建设时期，清华园逐渐成为马克思主义传播和进行马克思主义理论教育的坚强思想阵地。坚强的思想阵地意味着在政治立场和价值观念上的旗帜鲜明和长期坚守。

4.4.1 "国统区中的解放区"

五四运动时期，清华园中已有革命的火种。"清华开办八年，就是中国文化大进军的五四运动，自此中国土地上不断涌现着波澜日益壮阔的民主浪潮，我们清华自始就是这文化大军中一支有力的部队""没有离开过半步，''五四'精神的具体表现在清华。"① 1926年"三一八"惨案后，清华教师陆懋德在《清华周刊》上惊呼："最近一年内，清华学生思想上发生一重大变化，此即旧日多不注意种种新主义，而近日则注意种种新主义是也。现时最时髦之新主义，为新社会主义、共产主义及无政府主义，而在最近清华之中，均已'崭然露头角'矣！"② 1926年11月，清华大学第一个共产党支部在三院教室成立。从此，马克思主义在清华园生根。

"九一八"事变后，随着民族危亡的临近，中共的《八一宣言》广为流传，越来越多的爱国师生选择接受马克思主义，并积极投身于民族救亡运动。1935年，日寇加紧侵略华北，国民党政府却奉行"攘外必先安内"的政策，此时，"华北之大，已安放不得一张平静的书桌了"③，中华民族已到了最危急的时刻。清华大学地下党员姚依林、蒋南翔领导了震动全国的"一二·九"爱国运动。毛泽东后来说："没有共产党作骨干，'一二·九'运动是不可能发生的""青年学生好比是'一二·九'运动的柴火，一切都准备好了，只差用火一点。点火的人是谁呢？就是共产党。"④ "一二·九"运动同时证明，在地下党的领导下，此时的清华大学已经成为抗日救亡运动的先锋。胡乔木、姚依林、蒋南翔、李昌、荣高棠、何礼、康世恩等一批清华学子在这里走上了马克思主义道路。

---

① 张研，孙燕京.民国史料丛刊：第1069册[M].郑州：大象出版社，2009:278.
② 陆懋德.清华学生与新主义[N].清华周刊：第25卷第8期，1926-04-16.
③ 中国高等教育学会，清华大学编.蒋南翔文集：上卷[M].北京：清华大学出版社，1998:75.
④ 毛泽东文集：第2卷[M].北京：人民出版社，1993:256.

抗战时期，马克思主义在西南联大师生中日益传播。西南联大被国人誉为抗日大后方的"民主堡垒"。联大后期，"民主墙"上壁报活跃，学生运动情绪高涨。进步学生掌握学生自治会的领导权并在此基础上成立昆明中等以上学校学生联合会。面对国民党当局的独裁和腐败，西南联大党组织因势利导，发动师生和民众开展了以"反内战、争民主"为主题的"一二·一"运动。而在此运动中，中国文学系主任闻一多教授被国民党特务暗杀。

抗战胜利后，清华大学1946年复校。为了反对国民党加剧内战致使物价飞涨、民不聊生，清华大学党组织和领导师生开展了"反饥饿、反内战"等一系列革命斗争。随着全国革命形势的猛烈发展，清华大学党组织通过秘密外围组织、学生自治会和各种进步社团，团结绝大多数爱国师生，在当时还是国民党统治区的清华园里形成了一股占绝对压倒优势的革命力量，曾被国民党特务称为小型的解放区[①]。有当年的学生晚年回忆道："在地下党的领导下参加'抗暴''反饥饿、反内战'等学生运动，读进步书籍，听吴晗等进步教授作报告，我们看到了中国的曙光。"[②]"对于我们这些在空前民族灾难中长大的人而言，'怎样建设自己的国家？'这是个决定一切的根本性问题。"[③]

整体上看，从清华园成立第一个党支部起，到"一二·九"时期，再到抗战后期，以至复员北平时期，清华师生的思想由爱国主义转向马克思主义，最终在实践中确认"只有社会主义才能救中国"。正是在这一过程中，在中国共产党的领导下，清华园中思想阵地的作用日益形成并逐渐显现。

4.4.2　"要有政权意识"

在此前工作的基础上，新中国成立后清华大学被改造为人民的大学。1952年院系调整以后，蒋南翔在回校就职清华大学校长伊始就明确指出："清华大学当前迫切的任务就是要深入教育改革，破除资产阶级的旧教育传统，逐步地把自己改造成为社会主义的新型工业大学。……加强党的领导，日益巩固和扩大马克思列宁主义在学校中的阵地，这是我们学校胜利完成教育改革的关

---

① 《国立清华大学简介》，清华大学档案，目录号 校办1，案卷号 49006.
② 顾廉楚.难忘三大悲喜往事[J].清华校友通讯，2010年第1期.
③ 赵丽明.百年清华口述史[M].北京：中国文史出版社，2018:16.

键。"① 此时，社会主义已经成为清华大学的办学方向。1954 年 9 月 25 日，校长蒋南翔在中华人民共和国第一届全国人民代表大会第一次会议上的发言："现在我国的每一个高等学校，都担负了为国家培养社会主义建设干部的光荣的任务。"② 1957 年 9 月 16 日，校长蒋南翔向全体新同学作报告《做一个社会主义大学生》，他指出："新清华与旧清华的区别，社会主义大学生与资产阶级大学生的区别，固然表现在学习方面，但更突出地表现在政治方面。"③ 人才培养关乎党和国家的命运，这一时期蒋南翔校长在与其他校领导讨论工作时常常提及"要有政权意识"④，这种政权意识通过行政系统和党、团组织在清华大学政治思想教育工作中得到系统的贯彻。

政治上的坚定是建立在对马克思主义的深刻理解之上的，这就离不开马克思主义理论教育。蒋南翔曾经指出："政治学习，就是马列主义的学习，是极为重要的。这种学习将使我们取得辨别方向的能力，这是我们工作成就、个人前途的决定关键。"⑤"学校的政治思想教育工作应该有些什么内容呢？从历史发展来看，大致可分为两方面：一方面是解决学生的基本立场问题；一方面是教育学生掌握业务的问题。解决基本立场问题，也就是要解决为谁服务、拥护谁的问题。……学生在学校内系统地学习社会发展史、中国革命史、唯物主义辩证法等基本政治理论，主要目的都是为了从理论上对这个问题获得系统的认识，以巩固地确立自己的革命人生观。"⑥ 当时担任中共党史教研组教师的李润海曾言："应该让学生认识到我们是以共产主义战士的身份来讨论共产主义问题的。我们不是共产主义运动的局外人，不能站在局外评头论足。我们是局内人，我们所讨论的问题正是我们自己的分内之事。"⑦

十分难得的是，在当时的历史条件下，清华大学马克思主义理论教育工作还注重了层次性。校长蒋南翔在清华大学 1965 届毕业生大会上的讲话中指出：

---

① 中国高等教育学会，清华大学编.蒋南翔文集：上卷[M].北京：清华大学出版社，1998:433.
② 中国高等教育学会，清华大学编.蒋南翔文集：上卷[M].北京：清华大学出版社，1998:539.
③ 清华大学新清华编辑出版委员会.做一个社会主义大学生[N].新清华：第221期，1957-09-21(1).
④ 陈必达.欲辨真义已忘言——纪念我的父亲 [N].爱思想，2008-08-20，网址为 http://www.aisixiang.com/data/20211.html.本文后收录于西南联合大学北京校友会编：《纪念第二条战线的功臣袁永熙》，中国工人出版社 2001 年版，第 195-222 页。收录时经编者删节、改动。
⑤ 中国高等教育学会，清华大学编.蒋南翔文集：上卷[M].北京：清华大学出版社，1998:476.
⑥ 中国高等教育学会，清华大学编.蒋南翔文集：上卷[M].北京：清华大学出版社，1998:501.
⑦ 吴剑平主编.清华名师谈治学育人[M].北京：清华大学出版社，2009:372.

"我们可以把思想过硬概括为三个境界或比喻成'上三层楼'来要求：第一层楼是爱国主义，即爱我们伟大的中华人民共和国；第二层楼是社会主义，即愿意为社会主义服务，拥护社会主义制度；第三层楼是树立共产主义世界观。就目前同学的状况来看，第一层楼是可以说都登上了；第二层楼虽然要比第一层楼要求高些，也可以说绝大多数同学都登上了；但是，登上第三层楼的，恐怕就是少数了。因为建立共产主义世界观的问题，不但是一个愿望问题，这需要我们努力学习马列主义理论，积极参加实际斗争，在斗争中逐步进行世界观的改造。"[1] 总的来说，在清华大学持之以恒且行之有效的工作下，马克思主义的立场、观点、方法不断地在清华师生中生根发芽，革命人生观得到确立和进一步巩固。1949—1966年，经过全校师生员工的不断奋斗，一个备受瞩目的马克思主义思想阵地在清华园不断巩固、壮大起来。

尽管马克思主义理论教育在新中国任何一所高校中都是必不可少的一部分，但毋庸讳言，各高校对马克思主义理论教育工作的重视程度是迥异的。值得注意的是，1949—1966年清华大学党委的主要领导蒋南翔、刘冰、高沂、何东昌、艾知生等在"文革"前和改革开放后都先后担任了党和国家的宣传、文化教育及意识形态领域的重要领导职务（表4-1）。这与他们在清华大学工作期间始终致力于打造牢固的马克思主义思想阵地是分不开的，这也意味着党中央对1949—1966年清华大学马克思主义理论教育工作的高度肯定。

表4-1 清华大学主要领导人"文革"前后任职情况表[2]

姓　名	"文革"前任职情况	"文革"后任职情况
蒋南翔	任高教部部长和党委书记，同时兼任清华大学校长、党委书记。	1977年任天津市委书记、革委会副主任兼科委主任；1978年任国家科委常务副主任；1979年任教育部部长；1982年任中共中央党校第一副校长。

---

[1] 清华大学新清华编辑出版委员会. 在三大革命斗争中锻炼成为三大革命运动战士——蒋南翔校长六月二十日在毕业生大会上的讲话（摘要）[N]. 新清华：第747期，1965-08-13(1).
[2] 综合相关资料整理而成。参见方惠坚，郝维谦，宋廷章，陈秉中编著. 蒋南翔传[M]. 北京：清华大学出版社，2013:438-443；《艾知生纪念文集》编辑组编. 艾知生纪念文集[M]. 北京：清华大学出版社，2000:3-8；高沂. 沂水流长：我的往事忆语[M]. 北京：人民教育出版社，2008:297-299；钱锡康编. 何东昌纪念文集[M]. 北京：清华大学出版社，2015:3-4；张克非. 回忆刘冰校长[J]. 百年潮，2017(09):11-18；等等。

续表

姓 名	"文革"前任职情况	"文革"后任职情况
刘冰	任清华大学党委第一副书记。	1978年任兰州大学校长兼党委书记；1979年任甘肃省副省长，兼任兰州大学校长、党委书记；1982年任甘肃省委副书记兼秘书长；兼任兰州大学党委书记；1983年任甘肃省委常务副书记，兼任兰州大学党委书记至1984年；1986年任甘肃省人大常委会主任、党组书记；1988年任第七届全国人大教科文卫委员会副主任委员。
高沂	1965年调任高教部副部长。	1977—1985年任教育部副部长、党组副书记；1985年任教育部顾问。
何东昌	任清华大学党委副书记。	1977年重任清华党委副书记；1978年任清华大学副校长、副书记；1982年任教育部部长；1984年任教育部部长，兼任中央广播电视大学校长；1985年任国家教委党组书记、副部长。
艾知生	任清华大学党委副书记。	1979年任清华大学党委副书记、副校长；1983年任国务院副秘书长；1985年任广播电视部部长、党组书记；1986年任广播电影电视部部长、党组书记；1994年任中共中央宣传思想工作领导小组副组长。

4.4.3 巩固和发展马克思主义思想阵地

教育的根本任务在于立德树人。在中国特色社会主义新时代，高等教育首先要思考"为谁培养人，培养什么人，怎样培养人"这个根本问题。想要真正做到立德树人，首先必须在高等学校中树立马克思主义的领航地位。习近平总书记曾经指出："任何一个阵地，我们不去占领，敌对势力、错误思潮和一些负面的东西就会乘虚而入。我们抓思想文化阵地建设就是一个雄辩的佐证，光是打击，总有漏网的；只有让正面的东西去占领了，才能让负面的东西失去生存的土壤。"[①] 在国家意识形态工作中，高校常处于"摇篮"和"策源地"的位置。作为意识形态工作的前沿阵地，高校必须重视思想、生产思想、

---
① 习近平.之江新语[M].杭州：浙江人民出版社，2007:97.

传播思想、引领思想。

20世纪五六十年代,作为国内最著名的多科性工业大学,清华大学牢牢确立了马克思主义的指导地位,在党建、团委、政治理论课、政治辅导员工作等方面建树颇多。在党建方面,刘仙洲、梁思成等一批著名教授先后入党,共产党成为先进科学家的光荣归宿,在清华大学乃至全社会引起广泛反响。在团委工作方面,为了抵制"左"的错误,清华大学承受着巨大的政治压力,1961年制订出《学生工作五十条》,使学生思想工作得以健康地开展,受到团中央的重视。在政治理论课方面,蒋南翔校长曾经反复强调,政治理论课如果片面强调所谓的严密的逻辑性、系统性,死记硬背经典著作的条文,不联系学生的思想实际,马克思主义理论就失去了战斗性,对学生就没有吸引力。他经常问政治理论课的负责人:"政治课是不是讲成国民党的党义了?学生有没有兴趣?学习后有没有收获?"[①]清华大学政治理论课程不断积累和总结经验,并先后向全国推广。在政治辅导员工作方面,清华大学在全国高校中率先建立政治辅导员制度,选拔思想政治觉悟高、业务素质好的高年级学生,"半脱产"做同学的思想政治工作,一肩挑业务学习,一肩挑思想政治工作。"双肩挑"政治辅导员制度日后成为清华人才培养中极具特色、极其重要的制度,不仅提供了学校党政骨干的后备来源,还向社会输送了一批政治思想和组织能力出色的人才。政治辅导员成才比例很高,受到社会各界的一致认可。上述种种,不难看出,20世纪五六十年代清华大学已经建成了一块坚强巩固的马克思主义的思想阵地。这些传统一直延续至今,仍然在清华园中葆有生命力。历史证明,这块思想阵地对于学校此后半个世纪中坚持社会主义的办学方向发挥了重要的作用,对高等教育界以及思想文化界产生了持续而深刻的影响。

毛泽东曾经指出:"任何思想,如果不和客观的、实际的事物相联系,如果没有客观存在的需要,如果不为人民群众所掌握,即使是最好的东西,即使是马克思列宁主义,也是不起作用的。"[②]马克思主义理论教育不能回避对尖锐的现实问题的解答,否则打造思想阵地则无从谈起。应该正视20世纪五六十年代与当下社会大环境的变化,市场经济条件下,学生的思想困惑更多,坚守、

---

① 方惠坚,郝维谦,宋廷章,陈秉中.蒋南翔传[M].北京:清华大学出版社,2013:159.
② 中共中央文献研究室,中央档案馆编.建国以来重要文献选编(1921—1949):第26册[M].北京:中央文献出版社,2011:720-721.

巩固和发展马克思主义思想阵地的难度更大。

  自改革开放，特别是党的十八大以来，随着社会不断向前发展，新问题不断涌现并在社会舆论和思想文化界有所反映。面对这些新情况、新问题，清华大学主动担当作为，不断加强马克思主义理论研究、宣传和阐释，积极培育和传播社会主义核心价值观，大力推进习近平新时代中国特色社会主义思想进课堂、进学生头脑。站在新的历史起点上，清华大学继承和发扬光荣传统，正以习近平新时代中国特色社会主义思想为指导，牢固树立"四个意识"，坚定"四个自信"，力争在传播时代强音中奏响清韵华章。

  总的来说，1949—1966年清华大学马克思主义理论教育具有十分鲜明的特色。值得一提的是，这一时期清华大学隐性的马克思主义理论教育的做法也是比较丰富的，主要包括：在一切课程中融入马克思主义理论教育、政治辅导员制度、体育教育、"先进集体"评选制度、重要节庆的庆祝活动、读报、时事报告及课余文化活动中的电影、话剧、展览、歌曲等等，集中许多极具清华特色的做法，在实践中也发挥出重要作用。这些隐性的教育形式与政治理论课、党团教育等显性的教育形式共同构成了1949—1966年清华大学马克思主义理论教育的时代图景。

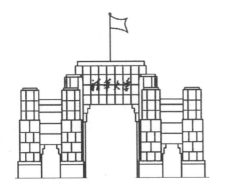

第 5 章
清华大学马克思主义理论教育的经验与启示

毛泽东在《中国共产党在民族战争中的地位》中曾指出："学习我们的历史遗产，用马克思主义的方法给以批判的总结，是我们学习的另一任务。……今天的中国是历史的中国的一个发展；我们是马克思主义的历史主义者，我们不应当割断历史。"① 作为1949—1966年新中国最重要的高等学府之一，清华大学的马克思主义理论教育的经验具有典型意义。在历史唯物主义的指导下，采取辩证的态度，做两点论的分析，实事求是地总结清华大学马克思主义理论教育的历史经验，对于清华大学乃至全国高校的马克思主义理论教育工作都具有重要意义，而且也可为我国教育界、史学界、理论界提供重要的启迪。1949—1966年的清华大学马克思主义理论教育的发展历程是艰难曲折而复杂多变的，无论是取得的成就，还是存在的问题，都包含诸多政治、社会的外部因素和自身的内部因素。

2018年5月2日，习近平总书记在北京大学师生座谈会上讲道："我先给一个明确答案，就是我们的教育要培养德智体美全面发展的社会主义建设者和接班人。"② 在具体落实习近平总书记提出的高校人才培养目标的过程中，根据对马克思主义理论教育掌握程度的不同，高校马克思主义理论教育的培养目标至少可以分为三个层次。第一个层次是能够服从党的领导；第二次层次是能够自觉地运用所学专业为社会主义建设服务；第三个层次是熟练掌握马克思主义的立场、观点、方法并从事马克思主义理论教育工作。《高校六十条》的第四十六条规定："红首先是指的政治立场。对于高等学校的师生，红的初步要求，就是拥护共产党的领导，拥护社会主义，愿意为社会主义事业服务。在这个基础上，还应该积极地对他们进行无产阶级的、共产主义的世界观的教育。"③ 这也大致对应了蒋南翔校长在1965年提出的"上三层楼"的要求。毕业生的质量是衡量学校教育效果的主要标志。学校培养出来的毕业生，最终都要经受实践、人民、历史的检验。如今，距离"十七年"已过去半个多世纪，当年的清华学子都已年逾古稀。树有根，水有源。数以万计又红又专的清华校友在各条战线上为国家、为民族作出来之不易的巨大贡献与他们在清华大学读书期间

---

① 毛泽东. 毛泽东选集：第2卷[M]. 北京：人民出版社，1991:533-534.
② 习近平. 在北京大学师生座谈会上的讲话. [N]. 人民日报，2018-05-03(2).
③ 何东昌. 中华人民共和国重要教育文献选编（1949—1975）[M]. 海口：海南出版社，1998:1065.

接受的教育密不可分。1965 届毕业生胡锦涛曾经深情回忆道:"清华园里奋发向上的政治空气,严谨求实的治学态度,艰苦朴素的优良校风,深深的陶冶了我们,指引我们走过了几十年的历程,至今仍在我们身上起作用。正因为在六年中所受到的清华精神的熏陶,使得我们在走向社会、走向工作岗位的时候,能够始终不忘国家,不忘我们对国家、民族应尽的责任。"[①] 实践证明,1949—1966 年清华大学马克思主义理论教育对培养中国特色社会主义事业的建设者和接班人作出了杰出贡献。

总体而言,尽管带有鲜明的时代烙印,但 1949—1966 年清华大学马克思主义理论教育工作还是取得了相当成效,积累了丰富的历史经验。

5.1 始终坚持党对马克思主义理论教育工作的领导

从建立第一个党支部开始,无论是解放前的救亡图存,还是解放后的培养社会主义事业建设者和接班人,党组织始终站在最前列,坚强地领导着马克思主义在清华大学的传播和清华大学马克思主义理论教育工作。

作为意识形态工作的前沿阵地,高校肩负着学习和宣传马克思主义、培养德智体美全面发展的社会主义合格建设者和可靠接班人的任务。加强和完善党对高校马克思主义理论教育工作的领导,是做好党的意识形态工作的重要组成部分。加强党对高校马克思主义理论教育的领导,是确保高校始终是"坚持党的领导的坚强阵地"和"培养社会主义事业建设者和接班人的坚强阵地"[②] 的根本要求。

纵观 1949—1966 年清华大学马克思主义理论教育的发展历程,党始终站在政治高度和全局性的高度看待马克思主义理论教育工作,并将其摆在了突出位置。这一点对于清华大学马克思主义理论教育工作及整个人才培养工作发挥了极为重要的作用。以史为鉴,当前加强党对高校马克思主义理论教育工作的

---

① 胡锦涛. 办好水利事业,为国家为人民作出新贡献——在清华大学水利系65届校友聚会时的讲话[N]. 新清华,2002年第8期增刊.
② 张烁,鞠鹏. 习近平在全国高校思想政治工作会议上强调:把思想政治工作贯穿教育教学全过程,开创我国高等教育事业发展新局面 [N]. 人民日报,2016-12-09(1).

全面领导无疑也是新时代走出一条建设中国特色、世界一流大学新路的题中应有之义。

5.1.1 党的领导让马克思主义在清华园薪火相传

解放前，在地下党组织领导下，马克思主义在清华园生根发芽，并逐步成长为一支重要力量。1926年11月，清华学校成立第一个党支部。此后直到卢沟桥事变爆发，在十年半的时间里，清华地下党组织仅负责人就前后更换了二十六次①。抗日战争爆发后，党组织随清华师生进行了艰苦卓绝的"南渡北归"。1946年10月，复员初期的清华大学党组织分为"南系"和"北系"。1948年1月，清华"北系""南系"分别成立党总支，在地下党组织的领导下，从"一二·九"运动的主要策源地，到抗战大后方的"民主堡垒"，再发展到解放战争时期国统区里的"小解放区"，清华大学的共产党人都始终站在斗争的最前列。在这个过程中，马克思列宁主义在清华大学的广泛传播，为实现党对清华大学马克思主义理论教育的领导奠定了思想基础，为爱国进步学生提供了理论武器和行动指南。

解放后，清华大学党组织于1949年6月28日开始公开活动。1951年2月25日，中共清华大学委员会成立，何东昌任书记。1953年9月，清华党委召开党员大会进行改选，选出19位党委委员，袁永熙任第一书记。随着学校规模的扩大和党员人数的增加，自1956年2月起，清华大学按系成立了党总支，统一对教工与学生支部进行领导。党组织在这个过程中日益壮大起来，逐步成为学校各项工作的领导核心。

院系调整接收后，1952年10月13日至10月16日，清华大学组织学生干部训练，全体学生共产党员及青年团小组长以上干部500人参加，主要明确了本学期面向教学搞好学习的中心任务及思想教育方面坚持正面教育与批评相结合的方针②。1952年12月31日，蒋南翔在清华大学教职员工及学生代表的欢迎会上的讲话中指出："加强党的领导，日益巩固和扩大马克思列宁主义在学校

---

① 清华大学校史研究室编.清华革命先驱：上册[M].北京：清华大学出版社，2004:97-98.
② 清华大学校史研究室编.清华大学九十年[M].北京：清华大学出版社，2001:181.

中的阵地,这是我们学校胜利完成教育改革的关键。"① 在院系调整之后,蒋南翔在回到清华大学就职的第一次讲话中就指明"加强党的领导"和"日益巩固和扩大马克思列宁主义在学校中的阵地"的重要性。1953年3月2日,已经逐渐熟悉清华大学工作的蒋南翔在向全体教师党、团员的讲话中提出,学校前进的基本点在于"第一,依靠苏联专家的帮助;第二,团结全体教职员,特别是教师;第三,更有计划地发展新的力量——提高党、团员的业务水平和政治觉悟"②。在当时的情况下,在业务方面的培养上苏联专家和教师能够发挥很大的作用,而在政治方面的培养上则要更多地依靠党、团组织。在当时的历史条件下,清华大学即是在此基础上推进马克思主义理论教育工作的。

1949—1966年,党在清华大学的领导体制中发挥的作用有所变化。1949—1956年,在校长负责制下,党组织主要辅助行政进行工作。1956年,清华大学开始实行党委领导下的校务委员会负责制度。1961年,《高校六十条》颁布后,清华大学进入实行党委领导下的以校长为首的校务委员会负责制为主的阶段。1963年4月,学校颁布的《清华大学行政组织暂行规程》规定:"学校实行党委领导下的以校长为首的校务委员会负责制"③。

这一时期,党对高校马克思主义理论教育工作的领导大致体现在以下方面。

第一,在历次党代会中将马克思主义理论教育作为重要议题。1949—1966年,清华大学共召开了四次党的代表大会。党的代表大会和党的委员会是党的最高领导机关,党委向党代会报告工作。因此,在党代会讨论马克思主义理论教育工作充分体现出党组织的高度重视。

第二,党委直接领导和参加政治理论课的教学工作。1957年10月22日,《新清华》第226期刊发校党委对我校党、团政治思想教育工作所提意见的答复中专门强调,根据政治课有脱离学生思想实际的缺点,党委的主要负责干部应直接领导和参加政治课的教学工作④。此后,这项制度一直持续到"文革"爆

---

① 中国高等教育学会,清华大学编.蒋南翔文集:上卷[M].北京:清华大学出版社,1998:433.
② 中国高等教育学会,清华大学编.蒋南翔文集:上卷[M].北京:清华大学出版社,1998:438.
③ 《清华大学行政组织暂行规程》,清华大学档案,目录号 党办1,案卷号63003.
④ 清华大学新清华编辑出版委员会.党委会对群众所提意见的答复[N].新清华:第226期,1957-10-22(2).

发。20世纪五六十年代，清华大学党委经常进行理论学习，几位书记都具有较高的马克思主义理论素养，蒋南翔、艾知生、刘冰等对马列主义基本著作都非常熟悉[①]。

第三，坚持抓好日常学生政治思想工作。1953年，清华大学正式建立政治辅导员制度。自始至终，政治辅导处、政治辅导员的工作就是与党组织的工作相结合的，大多数干部没有脱离业务工作。清华在干部队伍建设中采取的"党政互换，校系交流"的办法，有利于加强各方面的联系，将马克思主义理论教育融入各方面的日常工作之中。1953年，校刊《新清华》正式创刊，随后成为贯彻党的路线方针政策、促进学校各项工作的重要阵地。1956年，学校实行党委制以后，《新清华》成为党委的机关报刊。党组织积极在学生中发展学习优秀、思想先进、又红又专的党员。时任党委第一副书记的刘冰晚年回忆道："南翔强调党组织发展学生入党，学习必须好，政治上要强，因为学生最主要的任务是学习。如果光是政治强，不行，不能入党，这样的'党棍子'不可能在学生中起表率作用，党的先进性不能得到保持。清华党组织在学校里有力量，正是因为党员发展坚持了正确的导向。"[②] 此外，清华大学还特别重视发挥团委在学生工作中的作用。实践证明，这一时期的政治辅导员、《新清华》报刊及党、团组织都在马克思主义理论教育工作中发挥了重要作用。

综上所述，党的领导强化了清华大学的马克思主义理论教育，从而使广大青年学生更加自觉地改造思想，在思想上、行动上积极地向党靠拢。自1926年第一个党支部成立到1966年"文革"爆发，马克思主义的广泛传播和马克思主义理论教育工作的大力开展，有效推进了清华党组织的不断壮大。同样，清华大学党组织的不断壮大，也推动了马克思主义的理论火种在清华园生生不息。清华大学的实践表明，党的领导和马克思主义理论教育是相辅相成的。清华大学加强党对马克思主义理论教育的领导的历史经验为当前高校马克思主义理论教育提供了有益启示。在新的历史条件下，不断提高高校党的制度化、组织化程度，深刻认识和把握高校思想政治工作极端重要性，把立德树人作为中心环节，把思想政治工作贯穿教育教学全过程，持续加强党对高校马克思主义理论教育

---

① 《艾知生纪念文集》编写组. 艾知生纪念文集[M]. 北京：清华大学出版社，2000:86.
② 郑小惠，童庆钧，高瑄编. 清华记忆：清华大学老校友口述历史[M]. 北京：清华大学出版社，2011:144.

工作的领导，才能真正有力推动高校的马克思主义理论教育走向更高水平。

5.1.2 党的领导是马克思主义理论教育的内在要求

"思想根本不能实现什么东西，为了实现思想，就要有使用实践力量的人。"① 马克思意在说明，理论要变为现实的力量，就需要有掌握理论的现实变革者。在《共产党宣言》中，马克思、恩格斯强调："在实践方面，共产党人是各国工人政党中最坚决的、始终起推动作用的部分；在理论方面，他们胜过其余无产阶级群众的地方在于他们了解无产阶级运动的条件、进程和一般结果。"② 无产阶级不同于历史上的一切阶级，而以马克思主义为指导的共产党是无产阶级的先锋组织。"共产党一分钟也不忽略教育工人尽可能明确意识到资产阶级和无产阶级的敌对的对立，以便德国工人能够立刻利用资产阶级统治所必然带来的社会的和政治的条件作为反对资产阶级的武器，以便在推翻德国的反动阶级之后立即开始反对资产阶级本身的斗争。"③ 通过教育的方式使无产阶级明白自身遭受的剥削和压迫，唤起他们的阶级意识的觉醒，同资产阶级展开坚决的斗争是共产党人在意识形态领域的任务。

马克思主义的立场、观点、方法关系党的命脉。1905年，列宁在《谈谈政治同教育的混淆》中指出："我们严格地单独组成为一个独立的无产阶级政党，其全部意义很大程度上就在于我们要始终不渝地进行这项马克思主义的工作。"④ 可以看出，推动马克思主义的发展，通过马克思主义理论教育来启发无产阶级的自我意识，让更多人掌握马克思主义，是无产阶级政党的一项重要使命。

列宁指出，在教育机构的工作中，"首先应该公开承认共产党的政治领导""对于应该有共产党的领导这一点，我们不应有任何怀疑"⑤"无产阶级，通过它的先锋队共产党和所有一般无产阶级组织，应当积极地作为最主要的成分

---

① 马克思恩格斯全集：第2卷[M]. 北京：人民出版社，1957:152.
② 马克思恩格斯文集：第2卷[M]. 北京：人民出版社，2009:44.
③ 马克思恩格斯文集：第2卷[M]. 北京：人民出版社，2009:66.
④ 列宁全集：第10卷[M]. 北京：人民出版社，1987:335.
⑤ 列宁全集：第4卷[M]. 北京：人民出版社，1960:368.

参与国民教育事业"①。坚持无产阶级及其政党对学校的领导，是保证教育、教学工作性质的根本措施，是实现无产阶级及其政党从组织上以无产阶级思想影响受教育者的重要措施。

1958年4月19日，中央政治局候补委员、中宣部部长陆定一在全国教育工作上的讲话中指出："我们一定要建立和巩固党在教育工作中的领导权，没有党的领导权，教育就不能很好地为社会主义服务。建立和巩固党的领导权，……要有领导权，也要有统一战线。"②1958年9月，《中共中央、国务院关于教育工作的指示》指出："党的教育工作方针，是教育为无产阶级的政治服务，教育与生产劳动结合。为了实现这个方针，教育工作必须由党来领导。没有党的领导，社会主义的教育是不能设想的。教育是改造社会和建设新社会的强有力的工具之一。教育工作必须在党的领导之下。"③把思想政治工作贯穿学校教育管理全过程，使教育领域成为坚持党的领导的坚强阵地。

可以说，1949—1966年，马克思主义经典作家的论述及党的方针政策是清华大学加强党对马克思主义理论教育的工作领导的理论依据和行动指南。高校是意识形态工作的前沿阵地，牢牢掌握党对高校意识形态工作的领导权、管理权、话语权，既是马克思主义理论教育的内在要求，也是培育社会主义建设者和接班人的根本需要。"加强党对教育工作的全面领导，是办好教育的根本保证。"④把高校马克思主义理论教育摆上重要议程，加强党对高校马克思主义理论教育的全面领导，唯有如此，才能保证高校始终成为培养社会主义事业建设者和接班人的坚强阵地。

5.1.3　党的领导是建设中国特色社会主义高校的根本保证

清华大学的历史实践表明，党的领导与马克思主义在清华大学的广泛传

---

① 列宁全集：第4卷[M]. 北京：人民出版社，1960:361.
② 何东昌. 中华人民共和国重要教育文献选编（1949—1975）[M]. 海口：海南出版社，1998:822.
③ 何东昌. 中华人民共和国重要教育文献选编（1949—1975）[M]. 海口：海南出版社，1998:859.
④ 张烁，鞠鹏. 习近平在全国教育大会上强调：坚持中国特色社会主义教育发展道路 培养德智体美劳全面发展的社会主义建设者和接班人[N]. 人民日报，2018-09-11(1).

播、清华大学马克思主义理论教育的有力推进是相辅相成的。改革开放四十年的历史也昭示我们，只有在政治立场、政治方向、政治原则上坚定党的领导，才能日益巩固和扩大马克思列宁主义在学校中的阵地。离开党的领导，就会事倍功半，甚至走入迷途，中国特色社会主义高校就有改旗易帜的危险。同时，应该指出，1949—1966年我国高校马克思主义理论教育最主要的教训是不断出现"左"的苗头和趋势。归根到底，这表明当时党对观念意识形态领域问题的复杂性认识不足。因此，在新的历史起点上，要加强党的思想理论建设，并在此基础上坚持和优化党对高校马克思主义理论教育工作的领导。

习近平总书记指出："中国共产党领导是中国特色社会主义最本质的特征，是中国特色社会主义制度的最大优势。党政军民学，东西南北中，党是领导一切的。"[1] "办好我国高等教育，必须坚持党的领导，牢牢掌握党对高校工作的领导权，使高校成为坚持党的领导的坚强阵地。"[2] "高校党委对学校工作实行全面领导，承担管党治党、办学治校主体责任，把方向、管大局、作决策、保落实。"[3] 教育是国之大计、党之大计，是民族振兴、社会进步的重要基石，是功在当代、利在千秋的德政工程，对提高人民综合素质、促进人的全面发展、增强中华民族创新创造活力、实现中华民族伟大复兴具有决定性意义。高校作为思想政治教育的"主渠道"和"主阵地"，是知识密集、思想活跃和人才聚集的地方。真正落实党的领导，首先要加强和完善党对高校马克思主义理论教育工作的领导，让中国特色社会主义理论体系和社会主义核心价值观真正进教材、进课堂、进头脑，注重将解决思想问题和实际问题相结合，才能始终确保马克思主义的指导地位，才能真正成为具有强大凝聚力和引领力的社会主义意识形态的重要阵地。

党的坚强领导和高水平的马克思主义理论教育都是建设中国特色社会主义高校的内在要求。党委统一领导，党政齐抓共管是加强高校马克思主义理论教育的根本政治保证。党的领导软弱无力、形同虚设必将导致高校马克思主义理

---

[1] 习近平.在庆祝改革开放40周年大会上的讲话[N].人民日报，2018-12-19(2).
[2] 张烁，鞠鹏.习近平在全国高校思想政治工作会议上强调：把思想政治工作贯穿教育教学全过程 开创我国高等教育事业发展新局面 [N].人民日报，2016-12-09(1).
[3] 张烁，鞠鹏.习近平在全国高校思想政治工作会议上强调：把思想政治工作贯穿教育教学全过程 开创我国高等教育事业发展新局面 [N].人民日报，2016-12-09(1).

论教育日益边缘化。高校马克思主义理论教育工作是"铸魂"工程，中国特色社会主义进入了新时代，面对"95后""00后"的青年大学生，低水平的高校马克思主义理论教育将会极大地损害中国特色社会主义高等教育事业。实现中华民族伟大复兴，归根结底靠人才、靠教育。当前，高校应坚持以习近平新时代中国特色社会主义思想为指导，加强和完善党对高校马克思主义理论教育工作的领导，在事关坚持社会主义办学方向的问题上站稳立场，把党的教育方针全面贯彻到学校工作各方面，确保高等教育事业始终沿着正确方向健康发展，一以贯之地为实现"两个一百年"奋斗目标和中华民族伟大复兴的中国梦提供人才保障和智力支持。

5.2 突出强调思想政治理论课培根铸魂的关键地位

新中国成立以来，政治理论课程的名称发生很大变化。但是，无论是"政治理论课"，还是"思想政治理论课"，课程的基本内容是相对稳定和不变的①。为了更准确地进行论述，本书在1949—1966年和当下两种历史语境中分别采用"政治理论课""思想政治理论课"加以指代。2005年2月7日，中共中央宣传部、教育部联合下发的《中共中央宣传部教育部关于进一步加强和改进高等学校思想政治理论课的意见》开宗明义地指出："马克思主义是我们立党立国的根本指导思想，是全党全国人民团结奋斗的共同思想基础。高等学校思想政治理论课承担着对大学生进行系统的马克思主义理论教育的任务，是对大学生进行思想政治教育的主渠道。"② 高校马克思主义理论教育要高度重视课堂教学，这是一个被历史反复证明而得到的结论。

著名物理学家、清华大学校友杨振宁认为，中国教育哲学的成功之处在于对大多数学生的比较严格和规范的课堂教学③。也就是说，课堂教学是中国教

---

① 骆郁廷.高校思想政治理论课的"变"与"不变"[J].思想理论教育导刊，2013(4):70-77.
② 教育部思想政治工作司组编.加强和改进大学生思想政治教育重要文献选编（1978—2014）[M].北京：知识产权出版社，2015:293.
③ 庄茁.春风化雨育新人，自强不息创新（二）——我对"学在清华"的理解[N].新清华，2014-12-05(8).

育的一个优势。在当前高校马克思主义理论教育中，课堂教学主要指的是思想政治理论课程。思想政治理论课是以马克思主义理论为主要教育内容，是社会主义大学的本质特征。"办好思政课，就是要开展马克思主义理论教育，用新时代中国特色社会主义思想铸魂育人。"[①] 思想政治理论课是社会主义大学的核心课程、灵魂课程。能否充分发挥思想政治理论课在立德树人方面的应有作用，直接关系到马克思主义理论在青年学生中的影响力，"事关意识形态工作大局，事关中国特色社会主义事业后继有人，事关中华民族伟大复兴的中国梦"[②]。高校思想政治理论课守土有责，责任重大。

回顾历史，不难发现，在1949—1966年，政治理论课正是清华大学开展马克思主义理论教育的主渠道。总结1949—1966年清华大学政治理论课建设的历史经验，对于新时代高校思想政治理论课在政治认同、知识传授、价值引领方面守正创新，具有十分重要的借鉴意义。

5.2.1 清华大学政治理论课建设的基本状况及贡献

1949—1966年，受国内外政治形势影响，高校政治理论课建设经历了一个跌宕起伏的过程。对于"建设什么样的政治理论课"这一问题，党和国家的相关部门及清华大学在不同阶段上认识也有所变化。

1949—1952年，政治课作为一个新生事物，在清华大学逐渐确立下来。关于高校马克思主义理论教育，这一阶段国家还没有统一而明确的规定，师生往往对此既向往又迷茫。清华大学政治课主要借鉴和应用了老解放区的教育经验。老解放区的马克思主义理论教育主要采用短期培训的形式，注重思想改造，但对课堂教学重视不足。实践证明，新中国成立之初，政治课在改造清华大学师生思想方面发挥了重要作用。与此同时，采取政治运动的方式进行思想改造，终究不能满足解放后大学正规政治理论课教学的需要，其弊端日益显现。院系调整之后，清华大学政治理论课也面临改变。

---

① 习近平. 主持召开学校思想政治课教师座谈会强调 用新时代中国特色社会主义思想铸魂育人 贯彻党的教育方针落实立德树人根本任务[N]. 人民日报, 2019-03-19(1).
② 《中央宣传部 教育部关于印发〈普通高校思想政治理论课建设体系创新计划〉的通知》，教社科〔2015〕2号，2015年7月30日。

1953—1956 年，在全国学习苏联的浪潮下，清华大学通过政治理论课进行系统的马克思主义理论教育，迅速地步入正轨。这一阶段的政治理论课课程体系初步建立，教学内容相对稳定，师资机构逐渐完备，课程设置和教材含有浓厚的苏联色彩，也存在一定的照搬照抄苏联经验的问题和教条主义的倾向。1956 年，国际国内形势发生重要变化。苏共二十大以后，苏联国内的高校政治理论课程作出了调整。我国生产资料私有制的社会主义改造基本完成，社会基本矛盾发生了根本性变化。受这些因素影响，清华大学和其他高校的政治理论课程再次面临重大变化。

　　1957—1960 年，我国开始独立探索适合中国高校的政治理论课教学模式。毛泽东提出："不要再硬搬苏联的一切了，应该用自己的头脑思索了。应该把马列主义的基本原理同中国社会主义革命和建设的具体实际结合起来。"[①] 同时，针对知识分子和青年学生中的思想波动现象，毛泽东说："不论是知识分子，还是青年学生，都应该努力学习。除了学习专业之外，在思想上要有所进步，政治上也要有所进步，这就需要学习马克思主义，学习时事政治。没有正确的政治观点，就等于没有灵魂。"[②] 此时，老解放区的高校马克思主义理论教育经验取代苏联经验，占据主导地位，政治理论课程受到冲击，课堂学习被政治学习和参加政治运动所代替。以此为背景，这一阶段的清华大学政治理论课建设先是强调理论联系实际，注重改造思想，对教条主义展开激烈批判；接着政治课教研组在整风、反右运动中受到严重冲击，政治理论课教学停止，但中间曾有阶段性的恢复。

　　1961—1966 年，党中央着手纠正前一阶段马克思主义理论教育忽视课堂教学的偏向，先后出台了一些文件，使政治理论课开始走向稳定和规范。但是，随着党在政治思想方面"左"的倾向的发展，政治理论课出现了向现实政治运动的偏离。在这一阶段，清华大学党委书记、副书记亲自领导政治课教研组，政治理论课师资不断得到补充。政治理论课建设比较稳定，强调阶级斗争，突出思想改造，"兴无灭资"的阶级斗争色彩日益浓厚。学校致力于将政治理论

---

① 中共中央文献研究室编.毛泽东年谱（1949—1976）：第2卷[M].北京：中央文献出版社，2013:550.
② 中共中央文献研究室.毛泽东文集：第7卷[M].北京：人民出版社，1999:226.

课打造为"活学活用毛主席著作的好场所"①。

总的来说，尽管这十七年来清华大学的政治理论课经历了反复的变化，但其仍建立了一整套比较科学的内容体系，拥有了基本成型的配套教材，形成了领导干部坚持给学生讲政治理论课的光荣传统，建设了一支具有较高马克思主义理论水平和丰富教学经验的教师队伍，仍然取得了较大的成绩。

5.2.2 思想政治理论课是高校马克思主义理论教育的主渠道

新中国成立初期，百业待兴，迫切需要各类专业建设人才，因此教师常偏重于专业教学，学生中也有不重视理论的现象，主要表现为对思想政治理论课存在两种错误认识。

第一种认为思想政治理论课对于培养青年马克思主义者无关紧要。他们提出，没有在学校中接受过政治理论课，依然不影响经典作家和老一辈无产阶级革命家成为马克思主义者。无须赘言，走出校门的实践对于马克思主义者的成长是至关重要的。但是，不考虑时间、地点等客观条件的制约，依据特殊历史条件下的历史经验粗暴地否定新中国成立后的高校马克思主义理论教育工作，这是一种孤立的、静止的看待问题的形而上学思想方法。

第二种认为政治理论课直接决定了学生能否成长为马克思主义者。似乎大学生修读完政治理论课便自然成为马克思主义者。1956年一些青年大学生思想出现了波动，一些人便将这种情况的出现归咎于政治理论课教学出现了问题。这种简单化的认识同样是错误的。一方面，社会现象极其复杂，社会上确实存在一些不合理的现象，新制度也确实仍有一些缺陷和不足；另一方面，青年大学生涉世未深，思想单纯，往往急于对他们不适应的或他们认为不合理的事物作出反应②。上述两种错误认识的根源都在于不能够准确看待思想政治理论课的育人功能。

1988年年初，清华校友、时任中共中央组织部长宋平曾结合自身经历指出："现在有人说，十几二十岁的青年在课堂上学不了也没有必要学习理论，其

---

① 清华大学新清华编辑出版委员会. 结合政治课学习毛泽东著作[N]. 新清华：第691期，1964-03-06(2).

② 陈哲夫. 我在北大六十年[M]. 北京：东方出版中心，2010:27.

实这是一种片面的看法。以我自己的体会来说，五十多年前来到延安，也是一个不到二十岁的青年，自然谈不上有什么实际经验，可是至今回想起来，使我受益终身的恰恰是在马列学院所学到的那些马列主义的基础的东西""我一直认为：不但干部要不断地学习，就是在校的青年学生在步入社会以前，先在马列主义的基本知识方面打下一点基础，也是很必要的。当然，在学校里进行这种基本知识教学时，要尽可能做到理论联系实际。"① 历史地看，宋平三十多年前的这一见解无疑是极为深刻的。

高等教育以课堂教学为主渠道。解放前，马克思主义在清华大学等国民党统治区内的高校传播不得不在"地下"进行，主要采用个人自学和地下党组织教学等方式。然而，在新中国的高等学校中，课堂教学理所应当成为马克思主义理论教育的主渠道。作为系统的马克思主义理论教育，政治理论课成为马克思主义立场、观点、方法在校园中进行传播的主要通道②，在帮助青年大学生树立正确的世界观、人生观、价值观方面有着重要而不可替代的作用。

高校政治理论课是巩固马克思主义在高校意识形态领域指导地位、坚持社会主义办学方向的重要阵地。新中国成立之初，政治理论课在清华大学的办学思想中居于突出位置。"政治课是人民政权应当办的教育工作，在共同纲领里有规定，配合于整个国家的教育工作。"③ "政治课的目的就在于使我们清华所教育出来的每一个人，都能忠诚地去为人民服务。"④"学校把马克思列宁主义的政治课程，当作培养社会主义建设干部的最基础的课程。"⑤ 这些观点无疑是极富远见的。总的来说，1949—1966年，在这一办学思想的引领下，清华大学政治理论课逐渐发展完善，始终致力于提高青年大学生思想水平、政治觉悟、道德品质、文化素养，为党和国家培养了一大批人才。

与此同时，这一时期高校政治理论课程的地位也不断得到明确。1955年4

---

① 宋平. 张闻天对于干部理论教育的贡献——重读《中央关于办理党校的指示》[J]. 党校论坛，1988(00):16-19.
② 刘建军. 论思想政治教育的主渠道与微循环[J]. 思想理论教育，2014(9):56-59.
③ 清华大学校史研究室编. 清华大学史料选编：第5卷（上）[M]. 北京：清华大学出版社，2005:187-190.
④ 我们的大课开始了——费孝通在《思想问题》演出晚会上的报告[N]. 清华学习：第1期，1949-10-17.
⑤ 《清华大学怎样执行"培养学生全面发展"的教育方针》，清华大学档案，目录号 党办1，案卷号 55055.

月 25 日，高等教育部副部长刘子载曾经在高等工业学校、综合大学校院长座谈会上指出："系统的马克思列宁主义理论教育是提高青年社会主义觉悟，培养青年辩证唯物主义世界观，培养青年共产主义道德和行为的基础。政治理论课程是高等学校进行经常的、系统的政治思想教育的最基本的形式。"[①] 1964 年 10 月 11 日，中央宣传部、高等教育部党组、教育部临时党组联合颁发的《关于改进高等学校、中等学校政治理论课的意见》进一步指明："高等学校、中等学校政治理论课的根本任务，是用马克思列宁主义、毛泽东思想武装青年，向他们进行无产阶级的阶级教育，培养坚强的革命接班人""马列主义，无产阶级的立场，辩证方法和唯物观点是真理，所以强制学生学习真理是应该的""所以现在的问题，并不是同学有没有学习的兴趣，而是怎样搞好学习""改造思想是长期的工作，要用无产阶级思想去克服非无产阶级思想，先得知道什么是无产阶级思想和什么是非无产阶级思想。这是改造思想的先决条件。政治课要答复这个问题，使每个同学都能具备克服非无产阶级思想的条件。"[②]

"文革"以后，经过拨乱反正，高校政治理论课开始了恢复重建工作，在不断克服"左"和右的影响，特别是资产阶级自由化思潮的袭扰中不断创新和发展。总结以往的历史经验，2005 年 2 月 7 日，中共中央宣传部、教育部在《关于进一步加强和改进高等学校思想政治理论课的意见》明确指出："高等学校思想政治理论课在引导大学生坚定对马克思主义的信仰、对社会主义的信念，增强对改革开放和现代化建设的信心、对党和政府的信任等方面，发挥了重要的作用。"[③]

综上所述，思想政治理论课程是高校进行马克思主义理论教育的主渠道。这是由中国特色社会主义高校的性质决定的，是 1949—1966 年清华大学马克思主义理论教育实践乃至新中国成立 70 多年来高校马克思主义理论教育实践所证明的，是为党和人民群众所一致认可的。

---

① 教育部社会科学司组编. 普通高校思想政治理论课文献选编（1949—2008）[M]. 北京：中国人民大学出版社，2008:20-21.
② 清华大学校史研究室编. 清华大学史料选编：第5卷（上）[M]. 北京：清华大学出版社，2005:187-190.
③ 教育部社会科学司组编. 普通高校思想政治理论课文献选编（1949—2008）[M]. 北京：中国人民大学出版社，2008:50.

5.2.3 在守正创新中发挥思想政治理论课的主渠道作用

2018年4月，教育部印发《新时代高校思想政治理论课教学工作基本要求》。文件提出："思想政治理论课承担着对大学生进行系统的马克思主义理论教育的任务，是巩固马克思主义在高校意识形态领域指导地位、坚持社会主义办学方向的重要阵地，是全面贯彻党的教育方针、落实立德树人根本任务的主干渠道和核心课程，是加强和改进高校思想政治工作，实现高等教育内涵式发展的灵魂课程。"[1] 2019年3月18日，习近平总书记在学校思想政治理论课教师座谈会上进一步指明："思想政治理论课是落实立德树人根本任务的关键课程""思政课作用不可替代。"[2] 因此，推进高校思想政治理论课改革，更好地发挥思想政治理论课的主渠道作用是新时代做好马克思主义理论教育的必由之道。而唯有思想政治理论课的守正创新，才能为"培养一代又一代拥护中国共产党领导和我国社会主义制度、立志为中国特色社会主义事业奋斗终生的有用人才"打下牢固的思想基础。

守正意味着恪守正道。对于思想政治理论课来说，最重要的是守住课程性质。思想政治理论课的课程性质有三点。第一，它是一门理论课，讲授马克思主义基本原理和马克思主义中国化的理论成果；第二，它是一门政治课，具有鲜明的意识形态性，必须坚持四项基本原则；第三，它是一门价值课，是进行社会主义核心价值观教育的核心课程。理论扎实、政治坚定、价值塑造是思想政治理论课的基本目标。无论以什么借口丢掉课程目标、改变课程性质的所谓改革都是舍本逐末和误入歧途。高校"要培养中国特色社会主义事业的建设者和接班人，而不是旁观者和反对派"[3]，"种好责任田"[4]，思想政治理论课守土有责。唯有守正，思想政治理论课的改革创新才不会出现方向性的错误。

---

[1] 《教育部关于印发〈新时代高校思想政治理论课教学工作基本要求〉的通知》，教社科〔2018〕2号，2018年4月13日。

[2] 吴晶，胡浩. 习近平主持召开学校思想政治理论课教师座谈会强调 用新时代中国特色社会主义思想铸魂育人 贯彻党的教育方针落实立德树人根本任务[N]. 人民日报，2019-03-19(1).

[3] 杨迅. 习近平会见清华大学经济管理学院顾问委员会海外委员和中方企业家委员[N]. 人民日报，2017-10-31(1).

[4] 张烁，鞠鹏. 习近平在全国高校思想政治工作会议上强调 把思想政治工作贯穿教育教学全过程 开创我国高等教育事业发展新局面[N]. 人民日报，2016-12-09(1).

创新是新时代做好高校思想政治理论课的源头活水。习近平总书记指出："推动思想政治理论课改革创新，要不断增强思政课的思想性、理论性和亲和力、针对性。"① 具体来说，要在长期以来形成的一系列规律性认识和成功经验的基础上做到以下八个方面：第一，坚持政治性与学理性统一；第二，坚持价值性和知识性相统一；第三，坚持建设性和批判性相统一；第四，坚持理论性和实践性相统一；第五，坚持统一性和多样性相统一；第六，坚持主导性和主体性相统一；第七，坚持灌输性和启发性相统一；第八，坚持显性教育和隐性教育相统一②。

习近平总书记的讲话为新时代高校思想政治课改革创新指明了方向。首先，要将马克思主义中国化最新理论成果融入教学，用习近平新时代中国特色社会主义思想铸魂育人。新时代的思想政治理论课要"讲清讲透习近平新时代中国特色社会主义思想的时代背景、重大意义、科学体系、精神实质、实践要求，全面推动习近平新时代中国特色社会主义思想进教材进课堂进学生头脑"③；讲清楚习近平新时代中国特色社会主义思想与马克思列宁主义、毛泽东思想、中国特色主义理论体系之间的关系；讲清楚马克思主义理论同中国特色社会主义实践的关系。

其次，要创新方式方法，提升思想政治教育的亲和力。"做好高校思想政治工作，要因事而化、因时而进、因势而新。"④ 思想政治理论课要根据新时代青年学生的特点，沿用好方法、改进老方法、探索新方法，通过方式方法的改进，尽可能地把理论的东西形象化、具象的东西抽象化、感性的东西理性化。必须坚持政治性和学术性相结合、学生主体和教师主导相结合、知识传播和启发教育相结合、理论讲授和实践体验相结合。还要善用新媒体、新技术，推动思想政治工作传统优势同信息技术高度融合，增强高校思想政治课程的时代感和吸引力。

---

① 张烁，鞠鹏. 习近平在全国高校思想政治工作会议上强调：把思想政治工作贯穿教育教学全过程 开创我国高等教育事业发展新局面[N]. 人民日报，2016-12-09(1).
② 吴晶，胡浩. 习近平主持召开学校思想政治理论课教师座谈会强调 用新时代中国特色社会主义思想铸魂育人 贯彻党的教育方针落实立德树人根本任务[N]. 人民日报，2019-03-19(1).
③ 《教育部关于印发〈新时代高校思想政治理论课教学工作基本要求〉的通知》，教社科〔2018〕2号，2018年4月13日.
④ 张烁，鞠鹏. 在全国高校思想政治工作会议上强调：把思想政治工作贯穿教育教学全过程，开创我国高等教育事业发展新局面[N]. 人民日报，2016-12-09(1).

再次，要在内容上满足青年学生的发展要求和成长期待，不断提高他们学习思想政治理论课的获得感。习近平总书记指出："思想政治工作从根本上说是做人的工作，必须围绕学生、关照学生、服务学生，不断提高学生思想水平、政治觉悟、道德品质、文化素养，让学生成为德才兼备、全面发展的人才。"① 新时代的思想政治理论课要避免照本宣科，避免脱离实际的"空话""套话"，坚持"内容为王"，必须结合社会上的热点问题和学生的思想实际，增强理论的阐释力和说服力，让青年学生在时代的声音中感受到真理的力量。

最后，新时代的思想政治理论课教师队伍必须解决自信问题。"欲人勿疑，必先自信"。这里的"自信"是一个综合性问题，包括理论自信、学科自信、学术自信、方法自信等。"思政课建设长期以来形成的一系列规律性认识和成功经验，为思政课建设守正创新提供了重要基础。有了这些基础和条件，有了我们这支可信、可敬、可靠，乐为、敢为、有为的思政课教师队伍，我们完全有信心有能力把思政课办得越来越好。"② 教师唯有自信，才能更好地完成传道、授业、解惑工作。明确这一目标，对于推进新时代思想政治理论课建设具有突出意义。

5.3 努力打造优秀的马克思主义理论教育师资队伍

马克思主义理论教育是一个理论体系和思想观念传播的过程。也就是说，马克思主义理论教育的师资队伍是马克思主义理论的阐述者、传播者。"办好思想政治理论课关键在教师，关键在发挥教师的积极性、主动性、创造性。"③ 1949—1966 年清华大学的历史实践证明，打造一支高素质、专业化的马克思主义理论教育队伍是抓好马克思主义理论教育的重要条件。

1909 年，列宁在《致卡普里学校学员们》中指出："在任何学校里，最重

---

① 习近平在全国教育大会上强调：坚持中国特色社会主义教育发展道路 培养德智体美劳全面发展的社会主义建设者和接班人[N]. 人民日报，2018-09-11(1).
② 习近平主持召开学校思想政治课教师座谈会强调 用新时代中国特色社会主义思想铸魂育人 贯彻党的教育方针落实立德树人根本任务[N]. 人民日报，2019-03-19(1).
③ 习近平主持召开学校思想政治课教师座谈会强调 用新时代中国特色社会主义思想铸魂育人 贯彻党的教育方针落实立德树人根本任务[N]. 人民日报，2019-03-19(1).

要的是课程的思想政治方向。这个方向由什么来决定呢？完全而且只能由教学人员来决定。""学校的真正的性质和方向并不由地方组织的良好愿望决定，不由学生'委员会'的决议决定，也不由'教学大纲'等决定，而是由教学人员决定的。"① 从列宁的阐述中可以看出，教师是决定课程的政治思想方向、学校的性质和方向的主体。纵观1949—1966年清华大学马克思主义理论教育的发展历程，清华大学一直大力推进马克思主义理论教育，致力于培养一支坚定的马克思主义理论教育队伍，积累了比较丰富的经验，梳理和总结这些经验，对于当前加强和改进高校马克思主义理论教育队伍建设十分有益。

5.3.1 明确马克思主义理论教育师资队伍的使命和职责

清华大学马克思主义理论教育的基本理念来自于马克思、恩格斯、列宁、斯大林、毛泽东等经典作家的马克思主义理论教育思想。关于师资队伍的使命和职责，经典作家曾作出过原则性论述。这些论述对建立一支什么样的马克思主义理论教育队伍提出了要求。

1844年，马克思和恩格斯在《神圣家族》中指出："思想根本不能实现什么东西，为了实现思想，就要有使用实践力量的人。"② 马克思和恩格斯的论述旨在说明，有掌握了理论的现实变革者，理论才能成为现实的力量。思想、理论要反作用于实践，即需要被人所掌握。1893年，在《致国际社会主义大学生代表大会》中，恩格斯希望能使大学生们意识到"从他们的行列中应该产生出脑力劳动无产阶级，它的使命是在即将来临的革命中同自己从事体力劳动的工人兄弟在一个队伍里肩并肩地发挥重要作用。……而工人阶级的解放，除此之外还需要医生、工程师、化学家、农艺师及其他专门人才，因为问题在于不仅要掌管政治机器，而且要掌管全部社会生产，而在这里需要的绝不是响亮的词句，而是扎实的知识。"③ 可见，恩格斯意识到了大学生中产生的脑力劳动在无产阶级解放事业中的重要作用。根据恩格斯的看法，大学生中的脑力无产阶级的产生需要两方面：一方面要实践中学习；另一方面也需要"学院式教育"。这表明，青年学生开始成为马克思主义理论教育关注的对象；而且，要使他们

---

① 列宁全集：第45卷[M]. 北京：人民出版社，1990:49-254.
② 马克思恩格斯全集：第2卷[M]. 北京：人民出版社，1957:152.
③ 马克思恩格斯文集：第4卷[M]. 北京：人民出版社，2009:446.

掌握科学的理论教育，需要一定的指导者，马克思主义理论教育队伍的职责和使命呼之欲出。

斯大林在 1925 年 10 月 29 日答《共青团真理报》编辑部提出的问题时指出："用列宁主义的精神教育青年是什么意思呢？……第三，这就是说，教育青年信任俄国共产党的领导。必须在共青团内培养出一些正是在这些方面能够对青年进行教育的干部和积极分子。"① 斯大林站在对于青年进行思想理论教育重要性的角度指明，实现这一目标最关键的环节在于培养一批能够对青年进行马克思主义理论教育的队伍。

1938 年，毛泽东同志在《论新阶段》中指出："在担负主要领导责任的观点上说，如果我们党有一百个至二百个系统地而不是零碎地、实际地而不是空洞地学会了马克思列宁主义的同志，就会大大地提高我们党的战斗力量。"② 换言之，培养和造就一定规模的、系统地、实际地，而不是零碎地、空洞地掌握了马克思主义的干部队伍，是做好包括马克思主义理论教育在内的各项工作的关键。

1949—1966 年，以经典作家的马克思主义理论教育思想为指导，清华大学开始探索建设一支高素质的师资队伍。1953 年年初，清华大学在全国率先实行学生辅导员制度。截至 1966 年，这一制度从初建到逐步完善，共选拔培养了 682 名辅导员。正如原清华大学党委副书记艾知生所言："实行双肩挑，既锻炼了政治辅导员本人，又通过他们帮助教育广大同学树立革命人生观；既带动了整个学生的政治思想工作，又加强了学生基层组织的建设；既为国家造就了红专人才，也为清华本校培养出一批政治业务骨干，称得上是一举三得。"③ 历史已经证明，这一论断是正确的。1954 年 5 月，蒋南翔校长曾指出："教学改革的最后目的，就是要确立马克思列宁主义对于我们学校的完全的领导。"④ "学校把马克思列宁主义的政治课程，当作培养社会主义建设干部的最基础的课程。"⑤ 在这个过程中，也曾经出现过一些偏差。20 世纪 50 年代中

---

① 斯大林全集：第7卷[M]. 北京：人民出版社，1955:201.
② 毛泽东选集：第2卷[M]. 北京：人民出版社，1991:533.
③ 《艾知生纪念文集》编辑组. 艾知生纪念文集[M]. 北京：清华大学出版社，2000:95.
④ 《清华大学三年来教学改革的基本总结和今后的任务》，清华大学档案，目录号 党办1，案卷号56011.
⑤ 《清华大学怎样执行"培养学生全面发展"的教育方针》，清华大学档案，目录号 党办1，案卷号 55055.

期，有一些政治理论课教师强调马克思主义理论联系实际，只能用于理解和指导世界大事、国家大事、重大政治战略和政策问题，用于指导学生形成科学的世界观和人生观是"大炮打麻雀"，这种观点引起了大政治与小政治的争论。这种对理论与实际的理解导致一些学生对政治理论课程丧失兴趣，认为这是"高空作业"，对自己没有用①，这种情况很快得到纠正。正如（时任）清华大学党委书记陈旭所言，"学校在20世纪50年代着手培养了一支马克思主义理论研究与教育师资队伍"②，这些成绩都是需要正视的。

"大学教师对学生承担着传授知识、培养能力、塑造正确人生观的职责。"③马克思主义理论教育队伍建设只能加强，不能削弱。要适应马克思主义理论教育的新特点、新要求，培养一批政治坚定、思想敏锐、学识渊博的马克思主义理论家，引导和鼓励更多的优秀人才投身到理论教育工作中去。各级主管部门要明确理论工作的重要性和现实状况的严峻性，真正从保证社会主义办学方向，从党性要求上重视和加强马克思主义理论教育，打造一个坚固的马克思主义理论阵地是做好一切工作、解决一切问题的根本基础。

5.3.2 师资队伍建设要体现意识形态性与学术性的统一

高校马克思主义理论教育具有鲜明的意识形态性。从这一属性出发，高校马克思主义理论教育需要格外注重理论联系实际，服务于党和国家的中心工作。

1919年2月，列宁在起草《俄共（布）纲领草案》中明确指出："学校不仅应当传播一般共产主义原则，而且应当对劳动群众中的半无产者和非无产者阶层传播无产阶级在思想、组织、教育等方面的影响，以培养能够最终实现共产主义的一代人。"④"政治教育的目的是培养真正的共产主义者，使他们有本领战胜谎言和偏见，能够帮助劳动群众战胜旧秩序，建设一个没有资本家、没

---

① 《艾知生纪念文集》编写组. 艾知生纪念文集[M]. 北京：清华大学出版社，2000:99.
② 肖贵清主编. 清华学子的中国梦[M]. 北京：人民出版社，2014:1.
③ 习近平在清华大学考察时强调坚持中国特色世界一流大学建设目标方向 为服务国家富强民族复兴人民幸福贡献力量[N]. 人民日报，2021-04-20(1).
④ 中共中央马克思恩格斯列宁斯大林著作编译局. 列宁专题文集·论无产阶级政党[M]. 北京：人民出版社，2009:195-196.

有剥削者、没有地主的国家。"① "什么是共产主义？整个共产主义宣传归根到底要落实到实际指导国家建设。"② 列宁旗帜鲜明地反对教育"不问政治"的倾向，他认为教育必须讲政治。马克思主义理论教育就是要为社会主义建设服务，为实现共产主义服务。"给青年知识分子和旧知识分子以革命的政治教育，以应革命工作和国家建设工作的广泛需要。"③ 毛泽东从未来新中国各项事业长远发展的角度指明了马克思主义理论教育的重要意义。高校马克思主义理论教育的师资队伍必须体现意识形态性和学术性的统一，既需要将坚定的马克思主义信仰作为生命底色，又需要将深厚的理论学养作为学养底蕴，换言之，唯有坚持意识形态性，才能服从和服务于党和国家的需要，唯有坚持学术性，才能为高质量的马克思主义理论教育提供坚实保障。

新中国成立以来，清华大学与新中国同呼吸，同命运。1949—1952年新中国面临的主要任务是要完成民主革命的遗留任务。与之相适应，这一阶段清华大学马克思主义理论教育队伍建设主要是从巩固政权的角度出发，通过"教学相长"原则组织校内相关专业的著名学者讲授马克思主义理论，邀请校外理论名家来校作报告，选派优秀青年教师赴中国人民大学马克思主义理论研究班学习，通过教研组培养助教讲课等一系列方式培养师资。1953—1956年，新中国开始进行大规模的国家建设和社会主义改造，这一阶段清华大学马克思主义理论教育重在贯彻落实党在过渡时期的总路线。学校要求"政治教员应在可能条件下有计划地进修理论，学习党的政策，并参加一定的社会工作，以不断提高政治理论水平与实际工作经验；今后并在学校的帮助下逐渐熟悉工业建设的实际情况"④。此时，党和国家集中较多人力、物力优先办好高等工业学校。工业建设迫切需要清华大学教育和引导学生深刻领会过渡时期总路线的精神。作为施教者，清华大学马克思主义理论教育队伍理应联系实际先学一步。1957—1960年，受国内外形势影响，这一阶段清华大学马克思主义理论教育更加注重时事政治学习，方式则以政治运动为主。党中央认为新的社会制度需要逐步巩

---

① 中共中央马克思恩格斯列宁斯大林著作编译局. 列宁选集：第4卷[M]. 北京：人民出版社，2012:306.

② 中共中央马克思恩格斯列宁斯大林著作编译局. 列宁选集：第4卷[M]. 北京：人民出版社，2012:309.

③ 何东昌. 中华人民共和国重要教育文选（1949—1975）[M]. 海口：海南出版社，1998:1.

④ 清华大学新清华编辑出版委员会. 一九五三年度上学期学生政治工作计划[N]. 新清华：第10期，1953-09-14(03).

固，这就需要在经济战线上进行社会主义革命，还必须在政治战线和思想战线上进行经常的、艰苦的社会主义革命斗争和社会主义教育。与这一阶段清华大学马克思主义理论教育相同，师资队伍建设较多采用群众运动的方式，强调理论联系实际，注重改造思想，对教条主义展开激烈批判。1961—1966 年，新中国经过了三年困难时期，国民经济亟须调整和恢复。此时，中苏分歧进一步扩大，美国侵略越南，中印发生边境战争，台湾国民党蠢蠢欲动，国际形势十分恶劣。党中央认为人民政权面临帝国主义、修正主义、资产阶级残余力量颠覆的危险而更加强调突出政治、阶级斗争。因此，这时的清华大学马克思主义理论教育以"兴无灭资"为主题。师资队伍建设以革命化为目标，注重自我革命，呈现出一些激进色彩。

综上所述，尽管存在一些偏差，1949—1966 年的清华大学马克思主义理论教育队伍建设仍坚定体现意识形态性和学术性（专业性）的统一，在人才培养方面以服务祖国和人民为价值取向。当前，中国特色社会主义进入了新时代，我国社会主要矛盾发生了变化。这对高校马克思主义理论教育的队伍建设提出了新的要求。

2012 年 12 月，习近平总书记在赴广东考察工作时指出："我们的改革是在中国特色社会主义道路上不断前进的改革，既不走封闭倒退的老路，也不走改旗易帜的邪路。"[①]2018 年 5 月 2 日，习近平总书记在北京大学师生座谈会上的讲话中强调："教师队伍素质直接决定着大学办学能力和水平。建设社会主义现代化强国，需要一大批各方面各领域的优秀人才。这对我们教师队伍能力和水平提出了新的更高的要求。"[②]2021 年 4 月 19 日，习近平总书记在考察清华大学时进一步强调："教师是教育工作的中坚力量，没有高水平的师资队伍，就很难培养出高水平的创新人才，也很难产生高水平的创新成果。"[③]因此，马克思主义理论教育的师资队伍建设在实现民族复兴、建设教育强国和培养优秀人才中发挥着不可替代的作用，加强高校马克思主义理论教育的师资队伍建设尤其具有战略意义。

---

① 中共中央文献研究室编. 习近平关于全面深化改革论述摘编[M]. 北京：中央文献出版社，2014:14.
② 习近平. 在北京大学师生座谈会上的讲话[N]. 人民日报，2018-05-03(2).
③ 习近平在清华大学考察时强调坚持中国特色世界一流大学建设目标方向 为服务国家富强民族复兴人民幸福贡献力量[N]. 人民日报，2021-04-20(1).

教育是国之大计、党之大计。马克思主义是我们立党立国的根本指导思想，也是我国大学最鲜亮的底色。党和国家相关职能部门、各高校要以习近平总书记的一系列重要论述为行动指南，在事关坚持社会主义办学方向的问题上站稳立场，把马克思主义理论教育摆在突出位置，做好思想引领和政治把关，着力打造一支高素质专业化的马克思主义理论教育队伍，使之成为新时代青年学生成长成才的良师益友。高校马克思主义理论教育的师资队伍建设可以借鉴清华大学长期积累的相关经验，努力建设一支"入主流、学术性、国际化、高水平"的师资队伍。

5.3.3 加强马克思主义理论教育师资队伍的自身建设

列宁曾经在俄国共产主义青年团第三次代表大会上作《青年团的任务》的讲话："你们当前的任务是建设，你们只有掌握了一切现代知识，善于把共产主义由背得烂熟的现成公式、意见、方案、指示和纲领变成能把你们的直接工作统一起来的活生生的东西，把共产主义变成你们实际工作的指针，那时才能完成这个任务。"[①] 作为从事马克思主义理论教育工作的教师来说，更应该将马克思主义理论作为实际工作的指南。

遵循经典作家的相关论述，1949—1966年清华大学高度重视马克思主义理论队伍自身建设。这一时期，"书记挂帅，全党动手""党委除了加强对政治教育原则上组织上的领导外，还加强了对政治教育具体的业务上的领导。许多学校的党委书记和校、院长都直接领导了政治课教研室的工作，并且亲自主讲政治课。"[②] 在清华大学，"学校中党和团的组织也一再强调学好政治课的重要意义，并号召党团员要带头学好政治课。校刊也出专号，以交流全校同学学习政治课的心得，开展批评与自我批评，并发表短评，指出同学学习中存在的问题和努力的方向。"[③] 清华大学党委、团组织、政治课教研组、政治辅导员等部

---

① 中共中央马克思恩格斯列宁斯大林著作编译局. 列宁选集：第4卷[M]. 北京：人民出版社，2012:288.
② 全国高等学校加强政治教育工作，许多校院长和党委书记主讲政治课[N]. 人民日报，1957-12-19(07).
③ 《清华大学怎样执行"培养学生全面发展"的教育方针》清华大学档案，目录号 党办1，案卷号55055.

门各负其责、密切联系、合力共建，使马克思主义理论教育工作取得了一定成效。改革开放之初，邓小平曾经称赞道，清华大学过去从高年级学生和青年教师中选人兼职做政治工作，经过若干年的培养，形成了一支又红又专的政治工作队伍，这个经验好[①]。此外，清华大学党委一贯高度重视教师思想政治工作，引导教师中的先进分子树立共产主义理想信念，团结带领广大师生又红又专、爱国奉献，进而形成了独具特色的精神文化和优秀传统。

教书育人是教师的第一学术责任。理论教育是以马克思主义理论来启发、塑造人的活动。师资队伍在相当程度上表征着马克思主义理论教育工作，影响着学生对马克思主义理论的认识。习近平总书记指出："建设政治素质过硬、业务能力精湛、育人水平高超的高素质教师队伍是大学建设的基础性工作。"[②] 建设一支高素质的师资队伍也是高校马克思主义理论教育的基础性工作。"打铁还需自身硬。"身处新时代的中国，作为马克思主义理论教育工作者，要以习近平总书记在 2019 年 3 月 18 日的学校思想政治理论课教师座谈会上提出的"六要"[③] 严格要求自己，充分发挥自身的积极性、主动性、创造性，认真研究马克思主义理论的教育规律，努力成为马克思主义理论的教育家[④]。

5.4 充分发挥马克思主义理论教育教材的基础作用

作为教育教学的重要环节和基本构成因素，教材承载着马克思主义的立场、观点、方法，是马克思主义理论教育的最重要依据，直接关乎社会主义事业建设者和接班人的培养。但是，在 20 世纪五六十年代的中国，清华大学对于高校马克思主义理论教育的教材问题的认识经历了一个逐渐深入的过程。这一

---

① 中共中央文献研究室编. 邓小平年谱（1975—1997）（上）[M]. 北京：中央文献出版社，2004:331.
② 习近平在北京大学考察时强调 抓住培养社会主义建设者和接班人根本任务 努力建设中国特色世界一流大学[N]. 人民日报，2018-05-03(1).
③ "六要"，即政治要强、情怀要深、思维要新、视野要广、自律要严、人格要正。参见习近平主持召开学校思想政治课教师座谈会强调 用新时代中国特色社会主义思想铸魂育人 贯彻党的教育方针落实立德树人根本任务[N]. 人民日报，2019-03-19(1).
④ 一堂特殊而难忘的思政课——习近平总书记主持召开学校思想政治理论课教师座谈会侧记[N]. 人民日报，2019-03-19(004).

时期清华大学马克思主义理论教育的教材演变可以视为马克思主义在我国宣传的一个缩影。明确教材对于高校马克思主义理论教育的重要性，对于我们在新的历史条件下抓好马克思主义理论教育的教材建设具有突出的现实指导意义。

5.4.1 清华大学马克思主义理论教育教材的演变

作为意识形态工作的重要组成部分，新中国各高等学校马克思主义理论教育的教材基本上是统一的。同其他高校一样，清华大学马克思主义理论教育的教材大致经历了"缺""借""破""编选"四个阶段。每当马克思主义理论教育缺乏教科书时，马克思主义经典著作就会以教科书面目直接出现。

1949—1952年，清华大学马克思主义理论教育一开始就面临缺乏教材的问题。新中国成立初期，作为新解放区的高校，清华大学马克思主义理论教育的依据是老解放区的教学经验，而老解放区取得教学经验主要来自延安整风。在长期战争、农村环境及反对教条主义的条件和氛围中，清华大学形成了短期政治训练性质的马克思主义理论教育方式[①]。这种教育方式的精髓在于"把理论学习作为改造思想的武器，把改造思想作为理论学习的直接目的，逐步使学生确立革命的人生观。"1949年8月5日，这种教育方式因毛泽东的推崇而被各地高校仿效[②]。也就是说，在新中国成立初期，各高校采用马克思主义理论教育的方式方法是临时性的、不完全成熟的。这就决定了其教育内容必然是零碎而不系统的。在这种情况下，统一、明确的教科书并没有在新中国成立之初被立即提上日程。而这一切在清华大学马克思主义理论教育中表现为原著、教学提纲、其他参考书并用，注重发挥教学提纲的作用。

由于这些已暴露出来的问题，1953—1956年的高校马克思主义理论教育更多汲取苏联经验。苏联在斯大林时期就非常重视马克思主义理论教育的教材，斯大林在1934年就曾写作《关于〈苏联历史〉教科书提纲的意见》《关于〈近

[①] 中央教育科学研究所编. 老解放区教育资料（二）：上册[M]. 北京：教育科学出版社，1986：238.

[②] 中共中央文献研究室编. 毛泽东年谱（1893—1949）：下卷[M]. 北京：中央文献出版社，2013：545.

代史〉教科书提纲的意见》①,1937年又写作《关于联共（布）历史教科书——给联共（布）历史教科书编者的信》②。1938年10月，由斯大林亲自参加编写、联共中央审定的《联共（布）党史简明教程》正式出版。1952年又写作《苏联社会主义经济问题》③。在学习苏联运动中，同其他高校一样，清华大学将更为系统成熟的《联共（布）党史简明教程》《苏联社会主义经济问题》等苏联教材当做马克思主义理论教育的最主要教材。

苏共二十大以后，一方面，毛泽东提出反对学习苏联过程中的教条主义，"不要再硬搬苏联的一切了，应该用自己的头脑思索了。应该把马列主义的基本原理同中国社会主义革命和建设的具体实际结合起来"④。另一方面，由于苏联方面批判斯大林的错误，《联共（布）党史简明教程》等教材被否定，因此，我国高校也不得不随之作出调整⑤。以此为背景，这一阶段清华大学马克思主义理论教育的教材主要是毛泽东著作和党的一些重要文件。1958年，清华大学曾提出"加强政治课以毛主席著作为纲"⑥。在从苏联化教材向中国化教材调整的过程中，由于转向较为匆忙，缺乏准备，这一阶段高校马克思主义理论教育很自然地向老解放区的教育经验回归。然而，教学内容很不稳定，没有教科书的弊端很快再次显现。

到1961年，无论是中央文教小组、中央宣传部、教育部，还是清华大学，都更加明确而深刻地意识到了教材的重要性。但是破易立难，一方面，相关教材很难马上编出；另一方面，阶级斗争"山雨欲来"。因此，尽管领导机关一直着手统一编选教材，但这一阶段清华大学马克思主义理论教育最重要的教材仍是毛泽东著作。

总的来说，从1949—1966年清华大学马克思主义理论教育的历史经验来看，这一时期的教材建设大致经历了一个继承老解放区教育经验、移植苏联教

---

① 斯大林.斯大林文集（1934—1952）[M].北京：人民出版社,1985:27-32.
② 斯大林.斯大林文集（1934—1952）[M].北京：人民出版社,1985:176-179.
③ 斯大林.斯大林文集（1934—1952）[M].北京：人民出版社,1985:597-672.
④ 中共中央文献研究室编.毛泽东年谱（1949—1976）：第2卷[M].北京：中央文献出版社,2013:550.
⑤ 马列主义教研室：《马列主义教研室就苏共二十大以后的教学问题给党组并中央宣传部的报告》,中国人民大学档案馆藏,档案号1956-XZ16-23-3.
⑥ 清华大学校史研究室编.清华大学史料选编：第6卷（第3分册）[M].北京：清华大学出版社,2009:184.

育经验、回归老解放区教育经验的"否定之否定"过程。经过十七年的实践证明，教材是马克思主义理论教育的重要依托。

5.4.2 教材是马克思主义理论教育的重要依托

毛泽东曾经在一届全国人大一次会议的开幕词中明确指出："指导我们思想的理论基础是马克思列宁主义。"① 1949—1966年，在计划经济的条件下，青年大学生是国家的宝贵资源。作为党和国家的指导思想，马克思主义理论必须为未来的社会主义建设干部所掌握，于是高校马克思主义理论教育工作应运而生。作为载体，教材的作用具有隐蔽性的特点，可以潜移默化地深入到主体的内心并成为主体的知识结构和心智世界的一部分②。也就是说，教材反映并在一定程度上决定着党和国家希望培养什么样的人和能够培养什么样的人，直接关系到中国特色社会主义事业的巩固与发展。

1941年7月13日，针对一些党员反对就理论作比较深入的专门研究的倾向，刘少奇在《答宋亮同志》一文中明确指出："任何比较有马列主义修养的人，都必须经过这样埋头读书与研究的阶段。马克思、列宁本人更是如此。过去有人指埋头读书为'学院派'，是完全错误的。特别在学校中来强调，就更为有害。"③ 在刘少奇看来，学习马克思列宁主义的基础和前提是读书和对理论进行比较深入的研究。

毛泽东对马克思主义的基本理论有较切实的了解，他从一开始参加革命活动，就把研究革命的理论和参加革命的实践结合起来。学习马克思主义，他从来反对把书本当作教条，反对读死书，主张读活书。这一点在1957年3月12日毛泽东在中国共产党全国宣传工作会议上的讲话中得到体现。在这次讲话中，他强调："学习马克思主义，不但要从书本上学，主要地还要通过阶级斗争、工作实践和接近工农群众，才能真正学到。"④ 1958年11月9日，毛泽东专门写信给中央、省市自治区、地、县这四级党的委员会的委员们推荐《苏联社会主义经济问题》《马恩列斯论共产主义社会》两本书。他建议道："每人

---

① 毛泽东.毛泽东著作选读：下册[M].北京：人民出版社，1986:715.
② 段发明.新中国"红色"课本研究[M].北京：知识产权出版社，2015:2.
③ 中共中央文献编辑委员会.刘少奇选集：上卷[M].北京：人民出版社，1981:219.
④ 中共中央文献研究室.毛泽东文集：第7卷[M].北京：人民出版社，1999:273.

每本用心读三遍，随读随想，加以分析，哪些是正确的（我以为这是主要的）；哪些说得不正确，或者不大正确，或者模糊影响，作者对于所要说的问题，在某些点上，自己并不甚清楚。读时，三五个人为一组，逐章逐节加以讨论，有两至三个月，也就可能读通了。要联系中国社会主义经济革命和经济建设去读这两本书，使自己获得一个清醒的头脑，以利指导我们伟大的经济工作。现在很多人有一大堆混乱思想，读这两本书就有可能给以澄清。"① 不难看出，毛泽东已经将这两本书视为马克思主义理论教育的教材。此外，毛泽东曾对艾思奇撰写的《大众哲学》给予高度评价②，却认为苏联《政治经济学教科书》"写法不好"③。这些都证明，毛泽东非常重视学习马克思主义理论中的方法和教材问题。

青年学生学习马克思主义理论，首先是通过读书获得基础理论知识。教材作为最基本的书，对于青年学生坚定马克思主义信仰、共产主义信念和建设中国特色社会主义的"四个自信"，树立正确的世界观、人生观、价值观，具有十分重大的意义。因此，教材建设是马克思主义理论教育的基础环节。马克思理论教育的教材必须兼具政治性、科学性、思想性和权威性。经典著作无疑是最基本的教材，但是，伴随时代进步和社会发展，高校马克思主义理论教育教学需要广大青年学生易于接受的、与时俱进的、体现中国特色的教材。在此基础上逐步建立起一整套系统完整的教材体系，最大限度地为培养青年马克思主义者提供有利条件。

5.4.3 在新的历史条件下要高度重视教材建设

改革开放以后，党和国家高度重视教材建设。1980 年 7 月，教育部印发的《改进和加强各高等学校马列主义课的试行办法》规定："全国高校本科开设中共党史、政治经济学、哲学""各校可选用教育部推荐的教材，亦可根据教育部制订的教学大纲，自编教材。"④ 自此，马克思主义理论教育的教材建设正式开始重建。1985 年 8 月，《中共中央关于改革学校思想品德和政治理论课程教

---

① 中共中央文献研究室.毛泽东文集：第7卷[M].北京：人民出版社，1999:432.
② 欧阳奇.毛泽东与艾思奇的哲学互动[J].党的文献，2013(01):48-53.
③ 毛泽东文集：第8卷[M].北京：人民出版社，1999:138.
④ 教育部思想政治工作司.加强和改进大学生思想政治教育重要文献选编（1978—2014）[M].北京：知识产权出版社，2015:009.

学的通知》指出："编写出几套适应社会主义现代化建设需要的、具有较高水平的新教材，是改革马克思主义思想理论课教学的中心环节。要完成这一艰巨的任务，需要动员和组织各方面的力量，需要高等学校、科学研究单位以及实际工作部门的通力合作。中央决定成立全国马克思主义思想政治理论课教材编审委员会，并设置相应的办事机构，统筹规划课程设置、教材编辑及审定、教学参考资料的研究和进行其他组织工作。"1988 年 4 月，国家教育委员会印发《关于编写出版普通高等学校马克思主义理论课（公共课）教材的暂行管理办法》，明确规定："高等学校马克思主义理论课的全国通用教材，仅限国家教委直接组织编写、审定的教材和由国家教委向全国推荐使用的教材。其他有关教材原则上均作为各地教材、校内教材或校际交流教材使用。"[①]1998 年 8 月，教育部办公厅印发《关于加强普通高等学校马克思主义理论课和思想品德课（公共课）教材建设及管理问题的通知》，提出："高等学校'两课'的全国通用教材，仍限于由教育部直接组织编写、审定的示范性教材和由教育部经过评审后向全国推荐的教材。各省（自治区、直辖市）教育主管部门组织编写的有关教材可作为当地选用教材。未经教育部向全国推荐的教材不得跨省（自治区、直辖市）使用。"[②]

进入 21 世纪以后，2005 年 3 月 2 日，中央宣传部、教育部联合颁发《〈中共中央宣传部、教育部关于进一步加强和改进高等学校思想政治理论课的意见〉实施方案》的通知，规定："高等学校思想政治理论课教学大纲和教材编写纳入马克思主义理论研究和建设工程，作为重大项目集中全国教学科研力量组织编写。中宣部、教育部联合成立高等学校思想政治理论课教材编写领导小组。组建由多方面专家组成的高等学校思想政治理论课教材编审委员会。按课程组建教学大纲和教材编写组，编写组实行首席专家负责制。按照定向申报，择优遴选，集中编写的方式，编写教学大纲和一套试用教材。经教材编审委员会审议后上报审定。"[③]在各方的共同努力下，一套面向青年大学生的、较具科学性和严谨性的马克思主

---

① 教育部思想政治工作司. 加强和改进大学生思想政治教育重要文献选编（1978—2014）[M]. 北京：知识产权出版社，2015:089.
② 教育部思想政治工作司. 加强和改进大学生思想政治教育重要文献选编（1978—2014）[M]. 北京：知识产权出版社，2015:186.
③ 教育部思想政治工作司. 加强和改进大学生思想政治教育重要文献选编（1978—2014）[M]. 北京：知识产权出版社，2015:298.

义理论教育的基本教材初步形成。从 2006 级新生入学开始，全国普通高校统一使用了由中宣部、教育部组织编写的、由高等教育出版社出版的四本马克思主义理论研究和建设工程重点教材①。此后，在不断吸收马克思主义中国化最新理论成果的基础上，高校马克思主义理论教育的教材建设稳步发展。

党的十八大以来，教材建设更加凸显国家意志。2016 年 10 月，中国共产党中央委员会办公厅、中华人民共和国国务院办公厅联合印发了《关于加强和改进新形势下大中小学教材建设的意见》。2017 年 7 月 4 日，国家教材委员会正式成立，这就从制度层面进一步明确了教材建设是国家事权。必须明确，新时代中国的教材建设要倡导为党为国为人民的社会主义核心价值观。

此外，正如习近平总书记在 2015 年 12 月 28—29 日中共中央政治局 "三严三实" 专题民主生活会上的讲话所指出："我们要保持浓厚的理论兴趣，自觉加强马克思主义基础理论学习，静下心来学习马克思、恩格斯、列宁、毛主席的原著，学习中国特色社会主义理论体系，学习党的十八大以来党的理论和路线方针政策创新成果。"② 万变不离其宗。无论何时，作为第一手材料，马克思主义经典著作都是青年学生学习马克思主义理论的天然教材，高校马克思主义理论教育必须下大功夫引导青年学生读原著、学原文、悟原理。

5.5 积极推动理论教育与其他思想政治工作相结合

高校思想政治工作的目的，就是不断提高学生的社会主义觉悟，培养学生的马克思列宁主义世界观和共产主义道德品质。马克思主义理论教育的基本任务，不仅要教育学生懂得马克思列宁主义基本原理，更重要的是教育学生知道如何在具体条件下正确去运用它们，也就是要教育学生善于运用马克思列宁主义的立场、观点、方法去分析和观察具体事物和现象，去阐明和解决实际问题③。换言之，一切马克思主义理论教育工作都属于学生思想政治工作的一部分。

---

① 教育部思想政治工作司. 加强和改进大学生思想政治教育重要文献选编（1978—2014）[M]. 北京：知识产权出版社，2015:338,352.
② 中共中央文献研究室编. 习近平总书记重要讲话文章选编[M]. 北京：中央文献出版社，党建读物出版社，2016:339.
③ 教育部社会科学司. 普通高校思想政治理论课文献选编（1949—2008）[M]. 北京：中国人民大学出版社，2008:20-21.

总的来说，1949—1966 年的清华大学马克思主义理论教育始终与其他思想政治工作紧紧联系在一起。众所周知，这一时期清华大学的思想政治工作取得了突出的成绩，为新中国培养了一大批优秀的社会主义建设人才。清华大学的实践表明，只有马克思主义理论教育与其他思想政治工作紧密联系，才能相得益彰。总结这方面的历史经验，对于在新的历史条件下加强高校马克思主义理论教育及做好高校思想政治工作具有重要的现实意义。

5.5.1　清华大学学生思想政治工作的基本状况及成效

马克思主义理论教育工作是学生政治思想工作的一部分。前文已经论述过马克思主义理论教育的发展历程，本节主要论述其他思想政治工作发展状况。概括地说，1949—1966 年的清华大学学生思想政治工作也可以分为 1949—1952 年、1953—1956 年、1957—1960 年、1961—1966 年四个阶段。

1949—1952 年，同马克思主义理论教育一样，清华大学思想政治工作也处于初始阶段。1949 年 3 月 20 日，清华新青团成立，526 名团员宣誓入团，永远跟着共产党走①。1949 年 6 月底，清华大学党支部公开②。这一阶段，作为学生的群众组织，学生会在开展新民主主义学习，适当地参加政治活动，开展文娱体育活动等方面发挥重要作用。在党、团组织和学生会的领导下，这一阶段清华大学学生政治思想工作主要体现在庆祝新中国成立及此后的土地改革、抗美援朝、三反运动等方面。广大学生在开展这些运动的过程中增强了爱国主义精神，坚定了阶级立场，认识到理论联系实际的重要性，努力与资产阶级思想划清界限。总的来说，这一时期马克思主义理论教育工作有了良好开端，学生收获很大。

院系调整之后，成为多科性工业大学的清华大学开始进行以学习苏联经验为主的教学改革运动。1953 年 3 月 2 日，校长蒋南翔在全校教师党团员会上提出："学校的政治工作，就是要保证学生既有高度的政治觉悟，又完成了学习任务，有高度的业务水平和健康的身体。如做到这一点，即完成了我们最大的政治任务。"③蒋南翔富有创造性地将培养人才看作"大政治"任务，而将思想政治工作视为

---

① 昨日举行隆重建团大会，清华新青团成立[N]. 人民日报，1949-03-21(2).
② 北大、清华等校党的支部公开，党与群众联系更加密切[N]. 人民日报，1949-07-01(2).
③ 方惠坚，郝维谦，宋廷章，陈秉中. 蒋南翔传[M]. 北京：清华大学出版社，2013:149.

"小政治"任务。这对于处理好思想政治工作与学校中心工作的关系具有重要的指导意义。为加强思想政治工作，并减轻学生干部的负担，按照高教部的指示，清华大学成立政治辅导处，首批选拔了 25 名政治辅导员，设立政治辅导处使党团组织的干部有行政身份开展工作。1953 年 4 月，《新清华》创刊，作为校刊，此后《新清华》在学校思想政治工作中发挥着重要作用。这一阶段，清华大学开始制定并实施政治工作计划，聚合了行政、党团、教师、学生等多种力量。

1957—1960 年，受国内外形势影响，已经实行党委领导下的校长负责制的学校更加重视思想政治工作。1957 年 5—10 月，清华大学进行了整风运动和反右派斗争。由于党在指导思想上的失误，反右斗争严重扩大化，政治课教研组等思想政治工作的单位损失惨重。10 月，在全校师生员工中开始实行社会主义思想教育计划，学生中开展了针对政治与业务关系的红专辩论。1958 年，党中央提出了"总路线、'大跃进'、人民公社三面红旗"。坚持"政治挂帅"，清华大学贯彻执行党的"教育为无产阶级政治服务，教育与生产劳动相结合"的教育方针①，进行教育革命，提出建设共产主义的清华大学的任务②。总的来说，在各种社会政治运动频繁的大氛围下，清华大学政治思想工作中存在的一些缺点和偏向在一定程度上冲击了正常的教学秩序。

1961—1966 年，这一阶段"学校思想政治工作的根本方针是坚持兴无灭资，团结广大队伍，保证做好学校工作，培养又红又专的人才。思想政治工作的基本内容是进行阶级观点、群众观点、劳动观点和辩证唯物主义观点的教育。而所有这些，最核心的问题就是贯彻执行兴无灭资方针，就是进行阶级观点教育。"③ 为了区分政治问题和思想问题的界限，1961 年初，清华大学团委制定了工作方法"五十条"，5 月 4 日，蒋南翔曾就此专门阐述红专关系、师生关系、党团和群众关系、干部作风四个问题④。1961 年底，清华大学开始贯彻落实《高校六十条》。1963 年 5 月，清华大学开始着手进行社会主义教育运动，开展"五反"斗争。从 1964 年开始，清华大学师生开始参加农村社会主义教

---

① 刘冰. 中共清华大学第一届委员会工作报告[N]. 新清华：第418期，1959-03-09(1).

② 建设共产主义大学，做共产主义劳动者——蒋南翔校长在迎新会上的讲话摘要[N]. 新清华：第348期，1958-09-19(1).

③ 刘冰：《中共清华大学委员会第四次代表大会的工作报告》，清华大学档案，全宗号2，目录号 党1，案卷号 62012.

④ 清华大学校史研究室编. 清华大学九十年[M]. 北京：清华大学出版社，2001:238.

育运动①。1964年秋季学期，全校师生员工开展了"九评"学习。此外，在学校党委的领导下，这一阶段全校师生员工学习毛泽东著作也不断走向高潮。

值得一提的是，这一时期清华大学比较注重把握思想政治工作的规律性，特别注意防止思想政治工作中的简单化倾向。蒋南翔提出，对思想、政治方面的要求分三个层次，各按步伐，共同前进。他还提出，改造思想是人们自觉自愿进行的，不能采取强制的办法②。他的这些论述对做好马克思主义理论教育工作和思想政治工作具有重要的指导意义。马克思主义理论教育的关键在于在传授科学理论的基础上引导和帮助学生确立马克思主义的立场、观点、方法。只有理论坚定，才能政治坚定。理论根基不牢，认同便时常动摇。离开理论而强制压服，则往往事倍功半。

总的来说，这一时期清华大学思想政治工作取得了很大成绩，对整个清华大学的人才培养工作作出巨大的贡献，形成了特色鲜明的清华经验，多次获得党中央的高度肯定和积极推广。与此同时，在特殊的历史条件下，党的指导思想日趋激进，清华大学的工作中也不可避免地出现一些缺点和失误，留下了深刻的教训。

5.5.2　马克思主义理论教育与其他思想政治工作相辅相成

恩格斯指出："马克思的整个世界观不是教义，而是方法。它提供的不是现成的教条，而是进一步研究的出发点和供这种研究使用的方法。"③正如蒋南翔校长所说的"干粮与猎枪"的道理一样，马克思主义理论教育重在帮助青年学生掌握和使用马克思主义的立场、观点、方法这个武器。不管是马克思主义理论教育还是整个学生思想政治工作，教育对象都是青年大学生。青年是时代的晴雨表，从救亡图存到各种社会思潮，青年始终走在时代的最前沿。1949—1966年清华大学的办学实践表明，只有围绕学生、关怀学生、服务学生，引导学生正确认识世界，才能培育德才兼备、全面发展的人才。

1949—1966年整个清华大学的学生思想政治工作是在党委、行政、团组

---

① 清华大学校史研究室编.清华大学九十年[M].北京：清华大学出版社，2001:248,258.
② 郑小惠，童庆钧，高瑄编著.清华记忆：清华大学老校友口述历史[M].北京：清华大学出版社，2011:40.
③ 中共中央马克思恩格斯列宁斯大林著作编译局.马克思恩格斯文集：第10卷[M].北京：人民出版社，2009:691.

织、学生会及全体师生员工的共同参与下开展的。政治理论课、时事学习、党团活动、政治辅导员制度乃至业务课等都是其中的重要组成部分。"政治理论课程是学校对学生进行思想教育的主要阵地，学校必须很好地利用这个阵地来培养学生唯物主义的世界观和革命的人生观""学校把马克思列宁主义的政治课程，当作培养社会主义建设干部的最基础的课程"；同时，"结合同学的日常生活进行共产主义的道德品质的教育"①。

培养青年马克思主义者是全社会的共同责任。高校学生思想政治工作是一个复杂的系统工程。作为有机组成部分之一，马克思主义理论教育在高校学生思想政治工作中发挥基础性作用。政治理论课是系统的马克思主义理论教育。除政治理论课以外，高校的党团组织、政治辅导员等也对青年学生进行着一些较为零散的、不够系统的马克思主义理论教育。在高校范围内，一切跟思想或者政治有关的工作都包含在思想政治工作的范畴内。因此，马克思主义理论教育工作与思想政治工作二者之间的概念范围有所不同。

根据历史唯物主义，社会意识对社会存在有着能动的反作用。重视思想政治工作是中国共产党的优良传统。在党的历史中，思想政治工作是中国共产党领导革命、建设和改革事业取得胜利的重要保证。1955年，毛泽东在《中国农村的社会主义的高潮》一书中提出了"政治工作是一切经济工作的生命线"的论断②。1958年1月，毛泽东在《工作方法六十条（草案）》中提出："不注意思想和政治，成天忙于事务，那会成为迷失方向的经济家和技术家，很危险""只要我们的思想工作和政治工作稍微一放松，经济工作和技术工作就一定会走到邪路上去。"③

高校马克思主义理论教育侧重于通过理论知识的传授来提高青年学生的理论素养。而其他学生思想政治工作则是在马克思主义理论的基础上通过多种方式作用于思想意识，侧重于解决同学们学习、生活中各种各样的思想问题。二者各有侧重，密切联系，相辅相成，缺一不可。高水平的马克思主义理论教育可以为其他思想政治工作奠定科学的世界观与方法论，有助于学生思想问题的

---

① 《清华大学怎样执行"培养学生全面发展"的教育方针》，清华大学档案，目录号 党办1，案卷号 55055。
② 中共中央文献研究室.毛泽东文集：第6卷[M].北京：人民出版社，1999:449.
③ 中共中央文献研究室.毛泽东文集：第7卷[M].北京：人民出版社，1999:351.

解答，而其他思想政治工作也为马克思主义理论教育向实践延伸提供了现实途径。反之，离开了马克思主义理论而盲目进行其他思想政治工作，则会陷入经验主义的困境，离开了学生思想实际的马克思主义理论教育也会沦为教条主义。这一点也为实践所证明。1959年，团委副书记林泰因调到学校党委宣传部任常务副部长，负责学校意识形态和政治理论课的工作，主讲马克思主义哲学课，他静下心集中读了马、恩、列、斯、毛的许多著作。一方面，林泰"深感学习马克思主义理论的重要，深感过去做学生工作时，如能多学一些理论就可能少一些片面性"①；另一方面，其他学生思想政治工作的经历又总能使他在学习马克思主义理论时紧密联系大学生提出的社会和人生问题进行思考，并将思考的心得带到马克思主义理论课的教学中，受到了学生们的欢迎。

马克思主义理论教育是学生思想政治工作的有机组成部分。在实践中，马克思主义理论教育应格外注重与其他学生思想政治工作密切结合，做到课内课外相结合。

5.5.3 加强和改进新形势下的高校学生思想政治工作

学生思想政治工作兼具政治属性、理论属性和价值属性。做好其他思想政治工作有助于提升高校马克思主义理论教育的实效性。在新的历史条件下，必须加强和改进新形势下高校学生思想政治工作，发挥整体效应。

《关于建国以来党的若干历史问题的决议》指出："思想政治工作是经济工作和其他一切工作的生命线。"② 中国共产党历来重视高校思想政治工作。1957年3月7日，毛泽东在普通教育工作座谈会上指出："要加强学校政治思想教育"③ "党委应当指导青年的思想。"④ 20世纪80年代末，邓小平从培养社会主义事业接班人的高度，主张把青年培养成为"有理想、有道德、有文化、有纪

---

① 吴剑平.清华名师谈治学育人[M].北京：清华大学出版社，2009:356.
② 中共中央文献研究室编.三中全会以来重要文献选编（上）[M].北京：中央文献出版社，2011:161.
③ 共青团中央，中央文献研究室编.毛泽东邓小平江泽民论青少年和青少年工作[M].北京：中国青年出版社，2003:117.
④ 中华人民共和国教育部，中共中央文献研究室编.毛泽东邓小平江泽民论教育[M].北京：中央文献出版社，人民教育出版社，北京师范大学出版社，2002:69.

律^①的"四有"新人。1999年6月15日，江泽民在第三次全国教育工作会议上讲话指出："思想政治教育，在各级各类学校都要摆在重要地位，任何时候都不能放松和削弱。"^②2005年1月17日，胡锦涛在全国加强和改进大学生思想政治教育工作会议上讲话指出："切实加强和改进大学思想政治教育工作，培养造就千千万万具有高尚思想品质和良好道德修养、掌握现代化建设所需要的丰富知识和扎实本领的优秀人才，使大学生们能够与时代同步伐、与祖国共命运、与人民齐奋斗。"^③2016年12月，习近平总书记在全国高校思想政治工作会议上指出，高校思想政治工作关系高校培养什么样的人、如何培养人以及为谁培养人这个根本问题，应坚持把立德树人作为中心环节，把思想政治工作贯穿教育教学全过程，实现全程育人、全方位育人，努力开创我国高等教育事业发展新局面^④。2019年1月17日，习近平总书记在南开大学考察调研时指出，高校党组织要把抓好学校党建工作和思想政治工作作为办学治校的基本功^⑤。

做好高校学生思想政治工作，首先要坚持社会主义办学方向。必须旗帜鲜明地抵制任何人以任何名义在学生中诋毁、否定马克思主义和中国特色社会主义。归根到底，学生思想政治工作的内容，不是人们凭主观意志决定的，而是由新时代中国的社会历史条件决定的。新时代中国的历史任务，是坚持和发展中国特色社会主义，实现中华民族伟大复兴。"我国高等教育发展方向要同我国发展的现实目标和未来方向紧密联系在一起，为人民服务，为中国共产党治国理政服务，为巩固和发展中国特色社会主义制度服务，为改革开放和社会主义现代化建设服务。"^⑥学生思想政治工作要始终紧紧围绕上述目标展开，引领学生成长进步。

做好高校学生思想政治工作，必须围绕育人这个中心，以人为本，立德树人。做好学生思想政治工作要以围绕学生、关照学生、服务学生为出发点和落

---

① 邓小平.邓小平文选：第3卷[M].北京：人民出版社，1993:209.
② 江泽民.江泽民文选：第2卷[M].北京：人民出版社，2006:332.
③ 中共中央文献研究室.十六大以来重要文献选编（中）[M].北京：中央文献出版社，201:633.
④ 张烁，鞠鹏.习近平在全国高校思想政治工作会议上强调：把思想政治工作贯穿教育教学全过程，开创我国高等教育事业发展新局面[N].人民日报，2016-12-09(1).
⑤ 习近平在京津冀三省市考察并主持召开京津冀协同发展座谈会时强调 稳扎稳打勇于担当敢于创新善作善成 推动京津冀协同发展取得新的更大进展[N].人民日报，2019-01-19(1).
⑥ 张烁，鞠鹏.习近平在全国高校思想政治工作会议上强调：把思想政治工作贯穿教育教学全过程，开创我国高等教育事业发展新局面[N].人民日报，2016-12-09(1).

脚点，有针对性地回答一些综合性、深层次的理论和认识问题，引导青年大学生树立正确的世界观、人生观、价值观。正如习近平总书记在与北京大学师生座谈时指出的那样："要树立正确的世界观、人生观、价值观，掌握了这把总钥匙，再来看社会万象、人生历程，一切是非、正误、主次，一切真假、善恶、美丑，自然就洞若观火、清澈明了，自然就能作出正确判断、作出正确选择。"①

做好高校学生思想政治工作，应努力做到因事而化、因时而进、因势而新，全面提升育人效果。面对新情况，解决新问题，要紧密结合学生思想动态，在遵循思想政治工作规律、教书育人规律和学生成长规律的基础上进行守正创新；探索教学规律，有效发挥课堂教学的主渠道作用；注重校园文化的育人作用，依照学校章程培育优良的校风和学风；推动思想政治工作传统优势同信息技术高度融合，增强学生思想政治工作的时代感和吸引力。

做好高校学生思想政治工作，要加强师资队伍建设。邓小平曾经指出："一个学校能不能为社会主义建设培养合格的人才，培养德智体全面发展、有社会主义觉悟的有文化的劳动者，关键在教师。"②要通过拓展选拔视野、抓好教育培训、强化实践锻炼、健全激励机制等多项举措，整体推进高校党政干部和共青团干部、思想政治理论课教师和哲学社会科学课教师、辅导员班主任和心理咨询教师等队伍的建设③。加强师德师风建设，保障学生思想政治工作队伍不在大是大非、善恶曲直、义利得失等方面出问题。教师要"做学生为学、为事、为人的示范"④。唯有教师知行合一、言传身教，方能使学生亲师、信道，进而乐道。

---

① 习近平. 在北京大学师生座谈会上的讲话[N]. 人民日报，2018-05-03(2).
② 邓小平. 邓小平文选：第2卷[M]. 北京：人民出版社，1994:108.
③ 张烁，鞠鹏. 习近平在全国高校思想政治工作会议上强调：把思想政治工作贯穿教育教学全过程，开创我国高等教育事业发展新局面[N]. 人民日报，2016-12-09(1).
④ 习近平在清华大学考察时强调坚持中国特色世界一流大学建设目标方向 为服务国家富强民族复兴人民幸福贡献力量[N]. 人民日报，2021-04-20(1).

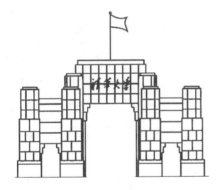

结　语

一个世纪以前,列宁曾经大声疾呼:"没有革命的理论,就不会有革命的运动。"① 思想走在行动之前,时至今日,我们依然丝毫不能贬低理论的意义。马克思主义是我们立党立国的根本指导思想,对于社会主义革命、建设、改革具有重要的理论指导意义,也是中国特色社会主义大学最鲜亮的底色。坚持马克思主义在意识形态领域的指导地位,尤其要坚持马克思主义在理论界、教育界、新闻界、文艺界的指导地位。因此,高校马克思主义理论教育具有突出意义。中国特色社会主义事业需要一代又一代的青年马克思主义者,而高校马克思主义理论教育是培养青年马克思主义者的基础和前提。

高校马克思主义理论教育关系到"培养什么样的人、如何培养人、为谁培养人"这个高等教育的根本问题,承担着培根铸魂的重要使命。正如校长蒋南翔在清华大学第一次辅导员会上所言,年轻时做些思想、政治工作,学些马列主义理论,将对终生有益②。一般而言,步入社会的青年大学生需要在实践中不断地学习、锻炼、进步,才能成长为坚定的马克思主义者。尽管我们不能期待所有接受过高校马克思主义理论教育的青年学生都立即成为坚定的马克思主义者。但是,我们应该认识到,高校马克思主义理论教育对于青年大学生掌握马克思主义的立场、观点、方法具有方向指引和路径引导的基础性作用。

习近平总书记指出:"清华大学是我国高等教育的一面旗帜。"③ 多年以来,清华大学为国家培养了大批学术大师、兴业英才、治国栋梁,为中国特色社会主义事业作出了重要贡献。1949—1966 年,清华大学积极贯彻党的教育方针,在马克思主义理论教育方面取得了较为突出的成绩,对全国高校马克思主义理论教育产生了明显的示范效应。因此,本文主要结合 1949—1966 年特定的时代背景重点论述了清华大学马克思主义理论教育的思想渊源、发展历程、鲜明特色、经验与启示,通过对清华大学的局部研究揭开尘封了半个世纪的历史,观察和把握更多的细节,而这种细节使我们更加真切地贴近历史。

从理论层面而言,清华大学马克思主义理论教育的基本理念来自马克思、

---

① 列宁. 列宁选集:第1卷[M]. 北京:人民出版社,2012:153.
② 方惠坚,张思敬主编. 清华大学志:上册[M]. 北京:清华大学出版社,2001:229.
③ 习近平致清华大学建校105周年贺信[N]. 人民日报,2016-04-23(1).

恩格斯、列宁、斯大林、毛泽东等经典作家的马克思主义理论教育思想。本文试图梳理和总结经典作家关于马克思主义理论教育的重要论述，阐述马克思主义理论教育思想，探索如何培养青年马克思主义者的问题，更加深刻地理解和把握1949—1966年清华大学马克思主义理论教育的思想渊源。从历史层面而言，通过梳理历史脉络，逐渐明晰早期清华大学马克思主义理论教育复杂曲折的发展过程，更加全面地认识清华大学马克思主义理论教育及新中国高校马克思主义理论教育的历史。从实践层面而言，阐发和总结1949—1966年清华大学马克思主义理论教育的鲜明特色和历史经验，为做好新时代高校马克思主义理论教育工作，培养具有一定马克思主义理论素养的中国特色社会主义事业的合格建设者和可靠接班人提供有益的历史借鉴和启示。

在马克思主义理论教育思想的发展进程中，理论教育的对象逐渐延伸和扩展到青年学生。当马克思主义传入中国后，高校师生随即成为主要接受群体。解放前，马克思主义已在清华大学广泛传播，形成了坚实的思想基础。解放后，由清华大学统一组织的、正式的马克思主义理论教育宣告开始。1949—1966年的清华大学马克思主义理论教育的发展历程大致可以分为1949—1952年、1953—1956年、1957—1960年、1961—1966年四个阶段。通过对这四个阶段的课程、教材、机构和师资、教育方式、学生反响方面的阐述，努力还原清华大学马克思主义理论教育的基本情况。在把握发展历程的基础上，进一步阐发1949—1966年清华大学马克思主义理论教育在一脉相承的革命传统、走在前列的使命担当、人才培养的红色底蕴、广泛影响的思想阵地方面形成的鲜明特色。最后，在总结清华大学历史经验的基础上提出，高校马克思主义理论教育要始终坚持党的领导，突出思想政治理论课的系统理论教育地位，打造优秀的师资队伍，重视教材建设，与其他思想政治工作紧密联系起来。

在发展中最具决定意义的是培养新的力量。培养社会主义新人问题是建设社会主义范畴中的一个重要问题，马克思主义经典作家曾作出过原则性论述。根据人类社会发展规律，马克思、恩格斯认为，未来社会的高级发展阶段需要培养自由而全面发展的新人。十月革命以后，列宁将马克思、恩格斯的思想与俄国实际相结合，提出了培养共产主义者的目标。"毛泽东一直把建设社会主义新中国作为自己奋斗的目标"①，致力于培养无产阶级革命事业的可靠接班人。无论社会主义新人的内涵如何丰富，具有一定的马克思主义理论素养无疑都是必要条件。高校马克思主义理论教育的受众是青年学生，而他们在很大程度上代表着国家和民族的未来。1957年11月17日，毛泽东在莫斯科大学大礼堂接见中国留学生和实习生时说："世界是你们的，也是我们的，但是归根结底是你们的。你们青年人朝气蓬勃，正在兴旺时期，好像早晨八九点钟的太阳。希望寄托在你们身上。"②在实现中华民族伟大复兴中国梦的伟大征程中，如何提升青年学生的马克思主义理论素养，并在此基础上把他们培养成为青年马克思主义者呢？青年学生正在经历着从青涩向成熟蜕变的人生过程，他们在政治信仰上还处于探索、比较阶段，缺乏理论修养和生活经验，容易使他们在形形色色的社会思潮面前晕头转向。青年学生的成长成才需要马克思主义理论教育。1953年5月7日，蒋南翔校长在给毕业生的临别赠言中说："政治学习，就是马列主义的学习，是极为重要的。这种学习使我们取得辨别方向的能力，这是我们工作成就，个人前途的决定关键。"③诚如斯言！

1947年的清华大学校庆献词中曾经这样写道："熟悉清华历史和清华现状，尤其是亲身参加过清华生活的人，都会感到清华自始就被一个伟大而深刻的精神所渗透所贯穿。这精神就是对国家民族的锲而不舍无往弗取的大无畏的爱。"④正如毛泽东在党的六届六中全会上的政治报告《论新阶段》中所言："马克思列宁主义的伟大力量，就在于它是和各个国家具体的革命实践相联系的。……离开中国特点来谈马克思主义，只是抽象的空洞的马克思主义。"⑤马克思主义作为立党立国的指导思想，归根到底必须要解决中国问题。清华精神内含着浓厚的家国情怀和马克思主义内含着鲜明的问题指向使清华大学与马克思主义在20世纪的中国交汇在一起，并成功培养了一批又一批具有一定马克思主义理论素养的中国特色社会主义事业的合格建设者和可靠接班人。

半个多世纪以来清华大学马克思主义理论教育能够始终站在全国高校前

---

① 金冲及.二十世纪中国史纲：第3卷[M].北京：社会科学文献出版社，2009：992.
② 中共中央文献研究室.毛泽东年谱（1949—1976）：第3卷[M].北京：中央文献出版社，2013：248.
③ 中国高等教育学会，清华大学编.蒋南翔文集：上卷[M].北京：清华大学出版社，1998：476.
④ 校庆献词[N].清华周刊：复刊第10期，1947-04-27(2).
⑤ 毛泽东.毛泽东选集：第2卷[M].北京：人民出版社，1991：534.

列。清华大学马克思主义理论教育在全国高校中的影响力与清华大学在党和国家政治生活中所处的地位、在高等教育界所作经验交流情况、师资情况、毕业生后来的发展轨迹及主要负责同志日后的任用情况以及马克思主义理论教育工作者的自我认知等方面密切相关。因此，学习借鉴清华大学的经验也要不断地提出新问题，切不可强求一致，削足适履。

教育是一个周期性较长的事业，一切应该从长计议。对于计划经济时代的青年来说，接受高等教育的机会很少，经过严格选拔而数量稀少的大学生是国家建设的珍贵资源。因此，这一时期高校马克思主义理论教育的使命极为重大。如今，时代背景已经发生改变，我国高等教育已经进入大众化阶段，市场经济条件下各种社会思潮又此起彼伏。在"资本强势"的社会条件下如何加强高校马克思主义理论教育？过去的成功经验对新时代的高校马克思主义理论教育有无借鉴意义？应该看到，无论过去还是现在，高等教育都应该为国为民育良才，高校马克思主义理论教育的主体、客体及基本内容皆具有一定的稳定性。这体现为高校马克思主义理论教育的继承性。同时，社会环境的变化迫切地要求新时代高校马克思主义理论教育要加强创新性，以守正创新实现二者之间的良性互动。

2005 年年初，时任总书记胡锦涛同志在全国加强和改进大学生思想政治教育会议上讲话指出："要使所有大学生都明白，党和人民对当代大学生寄予殷切期望，全面建设小康社会和实现社会主义现代化需要大学生去建设，中华民族的伟大复兴需要大学生去奋斗，青春只有在为祖国和人民真诚奉献中才能更加绚丽多彩，人生只有融入国家和民族的伟大事业才能闪闪发光。"[1]2018 年 5 月 2 日，习近平总书记在北京大学师生座谈会上的讲话中明确指出："马克思主义是我们立党立国的根本指导思想，也是我国大学最鲜亮的底色。……要抓好马克思主义理论教育，深化学生对马克思主义历史必然性和科学真理性、理论意义和现实意义的认识，教育他们学会运用马克思主义立场观点方法观察世界、分析世界，真正搞懂面临的时代课题，深刻把握世界发展走向，认清中国和世界发展大势，让学生深刻感悟马克思主义真理力量，为学生成长成才打下科学思想基础。"[2] 从两位总书记的重要论述中可以看出，加强和改进高校马克思主

---

[1] 中共中央文献研究室. 十六大以来重要文献选编（中）[M]. 北京：中央文献出版社，2011:637.

[2] 习近平. 在北京大学师生座谈会上的讲话[N]. 人民日报，2018-05-03(002).

义理论教育对于坚持和发展中国特色社会主义，办好中国特色社会主义大学至关重要。

教育的真意在于启发。面对不同于过往的教育对象和社会环境，在汲取历史经验的基础上，帮助更多青年学生学懂和悟透马克思主义理论，真正体会马克思主义不朽的魅力，养成马克思主义的思想自信和浩然正气，真正发挥出马克思主义理论教育的育人功能，21世纪的高校马克思主义理论教育仍然任重而道远。

参考文献

1. 经典著作

[1] 马克思, 恩格斯. 马克思恩格斯全集: 第 1、2、16、40 卷 [M]. 北京: 人民出版社, 1956、1957、1964、1982.

[2] 马克思, 恩格斯. 马克思恩格斯全集: 第 1 卷 [M]. 北京: 人民出版社, 1995.

[3] 马克思, 恩格斯. 马克思恩格斯文集: 第 1-10 卷 [M]. 北京: 人民出版社, 2009.

[4] 列宁. 列宁全集: 第 1、4 卷 [M]. 北京: 人民出版社, 2013.

[5] 列宁. 列宁全集: 第 2、10、16、28、36、39、40、42、45 卷 [M]. 北京: 人民出版社, 1984、1987、1986、1990、1985、1986、1986、1987、1990.

[6] 列宁. 列宁专题文集·论无产阶级政党 [M]. 北京: 人民出版社, 2009.

[7] 列宁. 列宁专题文集·论马克思主义 [M]. 北京: 人民出版社, 2009.

[8] 列宁. 列宁选集: 第 1～4 卷 [M]. 北京: 人民出版社, 2012.

[9] 斯大林. 斯大林全集: 第 5、6、7、11、13 卷 [M]. 北京: 人民出版社, 1957、1956、1955、1955、1955.

[10] 斯大林. 斯大林文集（1934—1952）[M]. 北京: 人民出版社, 1985.

[11] 斯大林. 斯大林选集: 上、下卷 [M]. 北京: 人民出版社, 1979.

[12] 马克思, 恩格斯, 列宁, 等. 马克思恩格斯列宁斯大林论教育革命（内部资料）.1971.

[13] 中共中央文献研究室. 毛泽东著作专题摘编: 上、下卷 [M]. 北京: 中央文献出版社 2003.

[14] 毛泽东. 毛泽东选集: 第 1-4 卷 [M]. 北京: 人民出版社, 1991.

[15] 毛泽东. 毛泽东文集: 第 2、3、4、5、6、7、8 卷 [M]. 北京: 人民出版社, 1993、1996、1996、1996、1999、1999、1999.

[16] 毛泽东. 用马克思主义的立场方法分析新事物, 解决新问题 [J]. 党的文献: 2002(3).

[17] 毛泽东. 毛泽东同志论教育工作 [M]. 北京: 人民教育出版社, 1958.

[18] 中共中央文献研究室. 建国以来毛泽东文稿: 第 1、2、3、4、5、6、7、8、9、10、11、12、13 册 [M]. 北京: 中央文献出版社, 1987、1988、1989、1990、1991、1992、1992、1993、1996、1996、1996、1998、1998.

[19] 刘少奇. 刘少奇选集: 上、下卷 [M]. 北京: 人民出版社, 1981、1985.

[20] 刘少奇. 建国以来刘少奇文稿: 第 1、2、3、4、5、6、7 册 [M]. 北京: 中央文献出版社, 2005、2005、2005、2005、2008、2008、2008.

[21] 刘少奇. 刘少奇论教育 [M]. 北京: 教育科学出版社, 1998.

[22] 周恩来. 建国以来周恩来文稿：第 1、4、5、6、7、8、9、10、11、12、13 册 [M]. 北京：中央文献出版社，2008、2018、2018、2018、2018、2018、2018、2018、2018、2018.

[23] 周恩来. 周恩来教育文选 [M]. 北京：教育科学出版社，1984.

[24] 邓小平. 邓小平文选：第 2、3 卷 [M]. 北京：人民出版社，1993、1994.

[25] 邓小平. 邓小平文集（1949—1974）：上、中、下卷 [M]. 北京：人民出版社，2014.

[26] 中华人民共和国教育部，中共中央文献研究室. 毛泽东 邓小平 江泽民论教育 [M]. 北京：中央文献出版社，2002.

[27] 习近平. 习近平谈治国理政：第 2 卷 [M]. 北京：外文出版社，2017.

2. 档案资料

[1] 党委宣传部关于政治理论课教学工作的意见. 清华大学档案馆藏，档案号：2-254-109.

[2] 关于修订教学计划的几点意见. 清华大学档案馆藏，档案号：2-254-109.

[3] 蒋南翔校长在1962—1963年度欢迎新同学大会上的讲话. 清华大学档案馆藏，档案号：2-202-62009.

[4] 清华大学 1952—1961 团员统计数. 清华大学档案馆藏，档案号：2-211-041.

[5] 中共清华大学委员会 1957 年上半年政治工作要点. 清华大学档案馆藏，档案号：2-202-57028.

[6] 清华大学关于培养党团政治工作干部的经验. 清华大学档案馆藏，档案号：2-202-60024.

[7] 清华大学干部轮换工作总结. 清华大学档案馆藏，档案号：2-202-60061.

[8] 清华大学 1959—1960 学年度公共教研组. 清华大学档案馆藏，档案号：2-254-092-1.

[9] 1955—1958 年度教研组设置情况表. 清华大学档案馆藏，档案号：2-254-092-1.

[10] 有关修订过渡班教育计划的几点补充规定. 清华大学档案馆藏，档案号：2-254-109.

[11] 清华大学怎样执行"培养学生全面发展"的教育方针. 清华大学档案馆藏，档案号：2-202-55055.

[12] 中国共产党清华大学委员会向第一次党代表大会的工作报告. 清华大学档案馆藏，档案号：2-202-56003.

[13] 第十次教学研究会发言日程. 清华大学档案馆藏，档案号：2-254-236.

[14] 清华大学三年来教学改革的基本总结和今后的任务. 清华大学档案馆藏，档案号：2-202-56011.

[15] 中央人民政府高等教育部关于清华大学工作的决定. 清华大学档案馆藏，档案号：2-252-55002.

[16] 向习仲勋、杨秀峰、中宣部、北京市委并中央的报告. 清华大学档案馆藏，档案号：2-202-53028.

[17] 第 24 次校务委员会会议记录. 清华大学档案馆藏，档案号：2-252-49004.

[18] 清华大学团支部工作纲要（初稿）. 清华大学档案馆藏，档案号：2-211-098.

[19] 清华大学关于成立爱国卫生运动委员会的议决事项. 清华大学档案馆藏，档案号：

2-252-53003.

[20] 清华大学关于建立会议制度及"成立教师学习委员会"等事项的提案.清华大学档案馆藏，档案号：2-252-53003.

[21] 清华在院系调整以来作了些什么工作.清华大学档案馆藏，档案号：2-202-54029.

[22] 清华大学各级机构的任务和执掌.清华大学档案馆藏，档案号：2-252-55003.

[23] 清华大学关于设立政治辅导员给中央高等教育部、人事部的报告.清华大学档案馆藏，档案号：2-211-046.

[24] 清华大学关于新成立教研组及人事任免的议决事项.清华大学档案馆藏，档案号：2-252-53004.

[25] 关于清华大学工作的报告.清华大学档案馆藏，档案号：2-202-54029.

[26] 中央人民政府高等教育部关于清华大学工作的决定.清华大学档案馆藏，档案号：2-252-55002.

[27] 中央人民政府高等教育部关于制定高等学校工科本科各专业教学计划的规定（草案）.清华大学档案馆藏，档案号：2-254-102.

[28] 中央人民政府高等教育部关于制定高等学校工科专修科各专业教学计划的规定（草案）.清华大学档案馆藏，档案号：2-254-102.

[29] 清华代表会议第一次全体会议上钱俊瑞副部长讲话.清华大学档案馆藏，档案号：2-252-49006.

[30] 清华大学政治经济学教学委员会工作总结（1950—1951年度）.清华大学档案馆藏，档案号：2-252-510013.

[31] 马列主义教研室.马列主义教研室就苏共二十大以后的教学问题给党组并中央宣传部的报告.中国人民大学档案馆藏，档案号：1956-XZ16-23-3.

[32] 康生同志谈政治理论教学中的若干问题（记录），中国人民大学档案馆藏，档案号：教务处188C.

[33] 刘冰.中共清华大学委员会第四次代表大会的工作报告.清华大学档案馆藏，档案号：2-202-62012.

[34] 清华大学三年来教学改革的基本总结和今后的任务.清华大学档案馆藏，档案号：2-202-56011.

[35] 蒋南翔.动员起来，为建设共产主义的清华大学而奋斗——全校大会讲话摘要.清华大学档案馆藏，档案号：2-202-58074.

[36] 华北高等教育委员会.拟定"辩证唯物论与历史唯物论"教学大纲.清华大学档案馆藏，档案号：2-254-197.

[37] 教育部.通知禀报"辩证唯物论与历史唯物论"教学情况.清华大学档案馆藏,档案号：2-254-197.

[38] 为补毕业的学生缺修政治课问题给教育部的请示.清华大学档案馆藏，档案号：2-254-177.

[39] 教育部.通知评定政治课成绩的规定.清华大学档案馆藏，档案号：2-254-197.

[40] 教育部.通知定期禀报"新民主主义论"教学情况.清华大学档案馆藏，档案号：2-254-197.

[41] 教育部. 通知准备有关"新民主主义论"主要读物. 清华大学档案馆藏，档案号：2-254-197.

[42] 教育部. 通知派政治课教师来部参加暑假政治学习. 清华大学档案馆藏，档案号：2-254-197.

[43] 教育部. 颁发"社会发展史"进度表及通知各校应做的几件工作. 清华大学档案馆藏，档案号：2-254-197.

[44] 教育部. 纠正华北区高等学校1950年度上学期"社会发展史"的教学偏向，发布下学期"新民主主义论"教学方针. 清华大学档案馆藏，档案号：2-254-197.

[45] 教育部高教司. 函送经济、政治经济学系课程草案的课程表修正稿. 清华大学档案馆藏，档案号：2-254-107.

[46] 高等教育部. 关于政治理论课不及格学生是否准予毕业问题. 清华大学档案馆藏，档案号：2-254-147.

[47] 高等教育部. 关于介绍北京几个高等院校"新民主主义论"教学工作几点初步经验的通报. 清华大学档案馆藏，档案号：2-254-197.

[48] 高等教育部. 关于新民主主义论教学研究组的一些问题. 清华大学档案馆藏，档案号：2-254-197.

[49] 高等教育部. 关于政治课学期总结办法的规定. 清华大学档案馆藏，档案号：2-254-102.

[50] 高等教育部. 对马列教研室工作的几点意见. 清华大学档案馆藏，档案号：2-254-197.

[51] 高等教育部. 关于确定你校"中国革命史教研组"为我部直接联系的重点教研室的通知. 清华大学档案馆藏，档案号：2-254-197.

[52] 高等教育部. 关于抽调政治课助教到中国人民大学马列主义研究班学习. 清华大学档案馆藏，档案号：2-254-197.

[53] 蒋南翔. 给毕业生讲话. 清华大学档案馆藏，档案号：2-202-55055.

[54] 高等教育部. 介绍"中国革命史"自学书目. 清华大学档案馆藏，档案号：2-254-197.

[55] 蒋南翔. 关于共产主义思想教育运动. 清华大学档案馆藏，档案号：2-202-58074.

[56] 高等教育部、教育部. 关于在全国高等学校开设社会主义教育课程的指示. 清华大学档案馆藏，档案号：2-254-197.

[57] 高等学校党委会办公室. 北京市高等学校政治课本学期开课情况和政治课教师队伍的情况. 北京市档案馆藏，档案号：001-022-00404.

[58] 北京市委大学科学工作部办公室. 关于当前北京市高等学校马列主义理论课教师队伍状况和意见. 北京市档案馆藏，档案号：001-022-00404.

[59] 董新保. 努力学习毛泽东经济思想，加强经济教育，改进经济工作. 清华大学档案馆藏，档案号：2-254-244.

[60] 蒋南翔. 对清华大学毕业生的报告. 清华大学档案馆藏，档案号：2-252-60005.

[61] 蒋南翔. 对新同学的报告. 清华大学档案馆藏，档案号：2-252-60006.

[62] 党委宣传部. 关于政治课教学工作的意见. 清华大学档案馆藏，档案号：2-254-109.

[63] 呈报今年录取新生政治质量情况. 清华大学档案馆藏，档案号：2-254-005.

[64] 本学年政治课总结考试试行办法. 清华大学档案馆藏，档案号：2-254-147.

[65] 清华大学行政组织暂行规程. 清华大学档案馆藏，档案号：2-202-63003.

[66] 共青团清华大学委员会关于相关统计数据向共青团北京市委大学部的汇报.清华大学档案馆藏,档案号: 2-211-042.

[67] 贯彻毛主席教育思想,在三大革命运动的实践中培养三大革命运动的战士——向应届高中毕业生介绍清华大学.清华大学档案馆藏,档案号: 2-254-037.

[68] 蒋南翔校长在新生入学典礼上的报告(节选).清华大学档案馆藏,档案号:2-252-65006.

[69] 清华大学关于改进考试方法的原则规定(草案).清华大学档案馆藏,档案号:2-254-147.

[70] 清华大学简介.清华大学档案馆藏,档案号:2-254-037.

[71] 关于教学改革的原则规定(讨论稿).清华大学档案馆藏,档案号:2-252-65002.

[72] 贯彻主席春节指示,就清华大学教学改革向高等教育部的报告.清华大学档案馆藏,档案号: 2-254-194.

[73] 清华大学关于教研组正副主任任免事项的布告.清华大学档案馆藏,档案号:2-252-63008.

[74] 清华大学关于班级共青团工作的一些规定.清华大学档案馆藏,档案号:2-211-097.

[75] 中共清华大学委员会关于成立政治部及干部人选等事宜向高教部党委并北京市委的报告.清华大学档案馆藏,档案号: 2-202-64030.

3. 文献资料

[1] 中共中央文献研究室.建国以来重要文献选编:第 1-20 册 [M].北京:中央文献出版社,2011.

[2] 中共中央文献研究室.中共中央文献选集:第 1-50 册 [M].北京:人民出版社,2013.

[3] 教育部社会科学司.普通高校思想政治理论课文献选编(1949—2008)[M].北京:中国人民大学出版社,2008.

[4] 何东昌.中华人民共和国重要教育文献(1949—1975)[M].海口:海南出版社,1998.

[5] 中共北京市委党史研究室,北京市档案馆.北京市重要文献选编:第 1948.12-1949、1950、1951、1952、1960、1963 册 [M].北京:中国档案出版社,2001、2001、2001、2002、2004、2006.

[6] 中国人民解放军国防大学党史党建政工教研室.中共党史教学参考资料:第 19、20、21、22、23、24 册 [M].北京:中国人民解放军国防大学出版社,1986.

[7] 清华大学校史研究室.清华大学史料选编:第 3 卷(上、下)[M].北京:清华大学出版社,1994.

[8] 清华大学校史研究室.清华大学史料选编:第 4 卷 [M].北京:清华大学出版社,1994.

[9] 清华大学校史研究室.清华大学史料选编:第 5 卷(上、下)[M].北京:清华大学出版社,2005.

[10] 清华大学校史研究室 . 清华大学史料选编：第 6 卷（1、2、3、4 分册）[M]. 北京：清华大学出版社，2007、2008、2009、2018.

[11] 张闻天 . 张闻天选集 [M]. 北京：人民出版社，1985.

[12] 张闻天 . 张闻天文集：第 1 卷 [M]. 北京：中共党史资料出版社，1990.

[13] 蒋南翔 . 蒋南翔文集：上、下卷 [M]. 北京：清华大学出版社，1998.

[14] 陆定一 . 陆定一文集：下卷 [M]. 北京：人民出版社，1992.

[15] 胡乔木 . 胡乔木文集：第 1、2 卷 [M]. 北京：人民出版社，2012.

[16] 杨秀峰 . 杨秀峰教育文集 [M]. 北京：北京师范大学出版社，1987.

[17] 陈大白 . 北京市高等教育文献选编（1949—1976）[M]. 北京：首都师范大学出版社，2002.

[18] 中共中央文件研究室 . 关于建国以来党的若干历史问题的决议注释本 [M]. 北京：人民出版社，1983.

[19] 张研，孙燕京 . 民国史料丛刊：第 1068、1069 卷 [M]. 郑州：大象出版社，2009.

[20] 清华大学清华周刊社 [N]. 清华周刊 .1915—1937、1947.

[21] 清华大学周刊社 [N]. 清华副刊 .1929—1937.

[22] 清华大学校长办公室编 [N] 清华公报 .1954—1966.

[23] 大课委员会，教职联，学生会 [N]. 清华学习 .1949—1950.

[24] 人民清华出版委员会 [N]. 人民清华 .1950—1951.

[25] 清华大学新清华编辑出版委员会 [N]. 新清华 .1953—1966.

[26] 人民日报社 . 人民日报 .1949—1966.

[27] 学习杂志编辑部 . 社会主义教育课程的阅读文件汇编：第一编 [M]. 北京：人民出版社，1958.

[28] 蒋南翔 . 关于抢救运动的意见书 [J]. 中共党史研究，1988(4):64-74.

[29] 高等教育部办公厅 . 高等教育文献法令汇编：1-3 辑 .1954—1956.

[30] 高等教育部办公厅 . 高等教育文献法令汇编（1949—1952).1958.

[31] 华年周刊社 [N]. 华年 .1932—1937.

[32] 中共中央文献研究室 . 任弼时年谱 [M]. 北京：中央文献出版社，2014.

[33] 中共中央马克思、恩格斯、列宁、斯大林著作编译局 . 苏联共产党代表大会、代表会议和中央全会决议汇编：第 4、5 分册 [M]. 北京：人民出版社，1957、1958.

[34]《中国教育年鉴》编辑部 . 中国教育年鉴（1949—1981）[M]. 北京：中国大百科全书出版社，1984.

[35] 中国教育部计划财务司 . 中国教育成绩统计资料（1949—1983）[M]. 北京：人民教育出版社，1984.

[36] 中国人民大学档案馆 . 人大·档案·记忆：第 1 辑 [M]. 北京：中国人民大学出版社，2017.

[37] 教育部思想政治工作司 . 加强和改进大学生思想政治教育重要文献选编（1978—2014）[M]. 北京：知识产权出版社，2015.

[38] 中央教育科学研究所 . 老解放区教育资料（二）：上册 [M]. 北京：教育科学出版社，1986.

[39] 北京清华大学《清华校友通讯》.校友文稿资料选编：第 1、2、3、4、5、6、7、8、9、10、11、12、13、14、15、16、17、18、19、20、21、22、23 辑 [M]. 北京：清华大学出版社，1991、1993、1994、1996、1999、2000、2001、2002、2004、2005、2006、2007、2008、2009、2010、2011、2012、2013、2014、2015、2016、2017、2018.

[40] 人民教育编辑委员会．人民教育．1950—1964.

[41] 中国教育报刊社．中国高等教育．1965—1966.

[42] 舒文，杨朔．清华大学马克思主义学院院史座谈会访谈稿．2018 年 11 月 9 日．

[43] 清华大学新闻中心．百年清华，世纪荣光——庆祝清华大学建校 100 周年资料汇编 [M]. 北京：清华大学出版社，2012.

[44] 中共中央文献研究室．十六大以来重要文献选编：中 [M]. 北京：中央文献出版社，2011.

[45] 中共中央文献研究室．三中全会以来重要文献选编：上 [M]. 北京：中央文献出版社，2011.

[46] 中共中央文献研究室．十八大以来重要文献选编：上、中、下 [M]. 北京：中央文献出版社，2014、2016、2018.

[47] 中共中央文献研究室，中央档案馆．建党以来重要文献选编：第 15 册 [M]. 北京：中央文献出版社，2011.

[48] 梅贻琦．梅贻琦西南联大日记．黄延复，王小宁整理 [M]. 北京：中华书局，2018.

[49] 冯友兰．三松堂自序 [M]. 北京：人民出版社，2008.

[50] 吴官正．闲来笔潭 [M]. 北京：人民出版社，2013.

[51] 刘冰．风雨岁月：1964—1976 年的清华 [M]. 北京：当代中国出版社，2010.

[52] 高沂．沂水流长：我的往事忆语 [M]. 北京：人民教育出版社，2008.

[53] 西南联合大学北京校友会．第二条战线的功臣袁永熙 [M]. 北京：中国工人出版社，2001.

[54] 郑一奇．何礼纪念文集 [M]. 北京：中国青年出版社，2014.

[55] 曲青山，高永中．新中国口述史（1949—1978）[M]. 北京：中国人民大学出版社，2015.

[56] 赵丽明．百年清华口述史 [M]. 北京：中国文史出版社，2018.

[57] 郑小惠，童庆钧，高瑄．清华记忆：清华大学老校友口述历史 [M]. 北京：清华大学出版社，2011.

[58] 陈哲夫．我在北大六十年 [M]. 上海：东方出版中心，2010.

[59] 龚育之．龚育之自述 [M]. 北京：中央文献出版社，2009.

[60] 胡冀燕，于小东，刘世定，等．改革的黄金年华——我们眼中的于光远 [M]. 北京：人民出版社，2016.

[61] 陆璀．晨星集 [M]. 北京：人民日报出版社，1995.

[62]《艾知生纪念文集》编辑组．艾知生纪念文集 [M]. 北京：清华大学出版社，2000.

[63] 陈旭．深切的怀念 永恒的记忆：纪念蒋南翔同志诞辰 100 周年 [M]. 北京：清华大学出版社，2014.

[64] 西南联大北京校友会．我心中的西南联大：西南联大建校 70 周年纪念文集 [M]. 北京：

清华大学出版社，2008.

[65] 成仿吾. 战火中的大学——从陕西公学到人民大学的回顾 [M]. 北京：人民出版社，2014.

[66] 艾思奇同志纪念文集编辑组. 人民的哲学家——艾思奇纪念文集 [M]. 昆明：云南人民出版社，1997.

[67] 钱锡康. 何东昌纪念文集 [M]. 北京：清华大学出版社，2015.

4. 学术论著

[1] 郝维谦，龙正中，张晋峰. 中华人民共和国高等教育史 [M]. 北京：新世界出版社，2011.

[2] 胡绳. 中国共产党的七十年 [M]. 北京：中共党史出版社，1991.

[3] 沈志华. 苏联专家在中国：1948—1960[M]. 北京：社会科学文献出版社，2015.

[4] 孙来斌. 列宁的马克思主义理论教育思想研究 [M]. 北京：中国社会科学出版社，2003.

[5] 胡子克. 马克思主义理论教育概论 [M]. 北京：人民出版社，2005.

[6] 刘美珣. 一路走来——亲历清华思想政治理论课改革 30 年 [M]. 北京：清华大学出版社，2011.

[7] 骆郁廷. 高校思想政治理论课程论 [M]. 武汉：武汉大学出版社，2006.

[8] 石云霞. 高校思想政治理论课程建设史研究 [M]. 武汉：武汉大学出版社，2006.

[9] 石云霞. 马克思主义理论教育思想发展史研究：上、下卷 [M]. 北京：中国社会科学出版社，2012.

[10] 余敏玲. 型塑"新人"：中共宣传与苏联经验 [M]. 台北：中央研究院近代史研究所，2015.

[11] 胡乔木传编写组. 胡乔木传 [M]. 北京：人民出版社，2015.

[12] 萧冬连. 筚路维艰——中国社会主义路径的五次选择 [M]. 北京：社会科学文献出版社，2014.

[13] 陈清泉，宋广渭. 陆定一传 [M]. 北京：中共党史出版社，1999.

[14] 方惠坚，郝维谦，宋廷章，等. 蒋南翔传 [M]. 北京：清华大学出版社，2013.

[15] 方惠坚，张思敬. 清华大学志：上、下册 [M]. 北京：清华大学出版社，2001.

[16] 逄先知，金冲及. 毛泽东传：第 1-6 卷 [M]. 北京：中央文献出版社，2013.

[17] 清华大学校史研究室. 笔底波澜写春秋——清华校史研究工作 50 年 [M]. 北京：清华大学校史研究室，2009.

[18] 清华大学校史研究室. 清华大学九十年 [M]. 北京：清华大学出版社，2001.

[19] 清华大学校史研究室. 清华大学一百年 [M]. 北京：清华大学出版社，2011.

[20] 穆欣. 林枫传略 [M]. 北京：中共党史出版社，2006.

[21] 清华大学校史编写组. 清华大学校史稿 [M]. 北京：中华书局，1981.

[22] 刘光. 新中国高等教育大事记 [M]. 长春：东北师范大学出版社，1990.

[23] 清华大学中共党史教研组,《一二·九运动史》编写组. 一二·九运动史 [M]. 北京：北京出版社，1980.

[24] 清华大学校史研究室. 清华革命先驱：上、下卷 [M]. 北京：清华大学出版社，2004.

[25] 清华大学校史研究室. 清华人物志：第 2-5 辑 [M]. 北京：清华大学出版社，1992、1995、1996、2003.

[26] 清华大学校史编研组. 战斗在一二·九运动的前列 [M]. 北京：清华大学出版社，1985.

[27] 西南联大《除夕副刊》. 联大八年 [M]. 北京：新星出版社，2013.

[28] 孙自胜. 苏联马克思主义哲学教育研究 [M]. 北京：中国社会科学出版社，2015.

[29] 王云风. 延安大学校史 [M]. 西安：陕西人民教育出版社，1994.

[30] 萧超然，沙健孙，周承恩，等. 北京大学校史（1898—1949）[M]. 上海：上海教育出版社，1981.

[31] 龚海泉，张晋峰，张耀灿.20 世纪的中国高等教育·德育卷 [M]. 北京：高等教育出版社，2003.

[32] 陆钦仪. 北京普通高等教育志 [M]. 北京：华艺出版社，2004.

[33] 胡建华. 现代中国大学制度的原点：50 年代初期的大学改革 [M]. 南京：南京师范大学出版社，2001.

[34] 刘颖. 除旧布新：新中国成立初期中共对高等教育的接管与改造 [M]. 北京：人民出版社，2010.

[35] 费孝通. 大学的改造 [M]. 上海：上海出版公司，1950.

[36] 蒋南翔. 坚持社会主义的教育方向 [M]. 北京：人民教育出版社，1987.

[37] 黄圣伦. 党的旗帜高高飘扬——中国共产党清华大学基层组织的奋斗历程 [M]. 北京：清华大学出版社，2005.

[38] 陈旭，贺美英，张再兴. 清华大学志：第 1、2、3、4 卷 [M]. 北京：清华大学出版社，2018.

[39] 杨振斌. 双肩挑 50 年——清华大学辅导员制度五十周年回顾与展望 [M]. 北京：清华大学出版社，2003.

[40] 方惠坚. 双肩挑：清华大学学生辅导员工作四十年的回顾与展望 [M]. 北京：清华大学出版社，1993.

5. 学术论文

[1] 舒文. 建国初期清华大学政治课研究 [J]. 长春工业大学学报（社会科学版），2008(1):107-116.

[2] 吴丹. 蒋南翔德育思想的理论与实践研究 [D]. 北京：清华大学，2008.

[3] 朱慧欣. 清华大学 1958 年教育革命研究 [D]. 北京：清华大学，2018.

[4] 杨悦. 破易立难：1949—1957 年的课程改造与教学改革——以北京大学为中心的考

察 [D]. 北京：北京大学，2015.

[5] 曲利敏. 新中国成立初期高校政治课改革的历程及影响 [J]. 北京党史，2010(3):16-19.

[6] 陈哲. 毛泽东的马克思主义理论教育思想研究 [D]. 武汉：武汉大学，2007.

[7] 刘宏. 斯大林的马克思主义理论教育思想研究 [D]. 武汉：武汉大学，2014.

[8] 梁严冰. 抗战时期陕甘宁边区高等教育中的马克思主义教育 [J]. 党的文献，2017(2):92-101.

[9] 段忠桥，周华珍. 新中国成立以来高校马克思主义理论课课程设置沿革 [J]. 思想理论教育导刊，2001(4):50-54.

[10] 耿化敏. 中国人民大学与高校中国革命史课程的创设与停开（1950—1957）[J]. 党史研究与教学，2012(6):69-81.

[11] 耿化敏，吴起民. 苏联专家与新中国高校政治理论课程的建立 [J]. 中共党史研究，2016(6):55-67.

[12] 吴起民. 中国人民大学与新中国高校政治理论课教学体制的初建（1949—1956）[J]. 中共历史与理论研究，2016(1):274-298,322.

[13] 刘辉. 中国人民大学与建国初高校"新民主主义论"、"中国革命史"课程的开设 [J]. 教学与研究，2008(11):86-93.

[14] 李向勇. 论民主革命时期中共高校党建与马克思主义传播 [J]. 党史研究与教学，2009(2):55-63.

[15] 裴植. 一九二七年至一九三七年马克思主义在高校传播的多维透析——以北京大学为个案 [J]. 中共党史研究，2018(8):68-81.

[16] 欧阳军喜. 一二九运动再研究：一种思想史的考察 [J]. 中共党史研究，2014(2):13-24.

[17] 欧阳军喜. 论抗战时期毛泽东的马克思主义观 [J]. 思想理论教育导刊，2013(1):40-44.

[18] 欧阳军喜. 论五四运动与清华 [J]. 安徽史学，2012(6):5-16.

[19] 宋平. 张闻天对于干部理论教育的贡献——重读《中央关于办理党校的指示》[J]. 党校论坛，1988:16-19.

[20] 周良书. "清华模式"：建国初高校"创先争优"的一个成功案例 [J]. 新视野，2011(6):65-67.

[21] 周良书. 高等学校与中国早期马克思主义大众化——以北京大学、上海大学和广东大学为例 [J]. 马克思主义研究，2012(2):54-60.

[22] 林向北. 我们父子与刘弄潮 [J]. 红岩春秋，2005(6):47-51.

[23] 甘犁. 弄潮儿向潮头立 刘弄潮传奇 [J]. 红岩春秋，2006(4):48-55.

[24] 张岱年. 回忆在清华的岁月 [J]. 清华大学学报（哲学社会科学版），2001(2):2.

[25] 徐家林. 情感取向与高校马克思主义理论教育 [J]. 中国青年政治学院学报，2011,30(3):28-32.

[26] 吴东华. 六十年来高校马克思主义理论教育的回顾与思考 [J]. 毛泽东邓小平理论研究，2009(12):60-65,81,83.

[27] 朱效梅. 建国初期高校思想政治教育考察 [J]. 学校党建与思想教育，2004(7):18-20.

[28] 柴晓霞，张二芳．高等院校马克思主义理论教育原则研究 [J]．马克思主义研究，2009(6):131-135.

[29] 王平，李岩．重视知行转化是加强和改进高校马克思主义理论教育的关键环节 [J]．思想理论教育导刊，2003(12):63-64.

[30] 赵国珍．论高校马克思主义理论教育的重要环节和方法研究的重点 [J]．思想理论教育导刊，2016(5):52-54,156.

[31] 张澍军．论高校马克思主义理论教育的若干重要问题 [J]．思想理论教育，2007(3):4-8.

[32] 胡建华．关于建国头 17 年高等教育改革的若干理论分析 [J]．南京师大学报（社会科学版），2000(4):55-62.

[33] 周蕖．美苏高等教育经验与我国高等教育的改革 [J]．中国社会科学，1984(3):3-20.

[34] 顾海良．高校思想政治理论课程体系的演化及其基本特点 [J]．教学与研究，2007(2):5-11.

[35] 李琦．建国初期全国高等学校院系调整述评 [J]．党的文献，2002(6):71-77.

[36] 金光耀．"十七年"：不同时代的不同叙述和记忆 [J]．史林，2011(1):133-140,190.

[37] 王海军，王新刚．中央苏区时期中国共产党马克思主义理论教育探析——以 1929—1934 年干部学校教育为考察对象 [J]．理论学刊，2018(2):54-60.

[38] 欧阳雪梅．毛泽东"又红又专"思想的提出及影响 [J]．毛泽东研究，2015(4):45-51.

[39] 骆郁廷．高校思想政治理论课的"变"与"不变" [J]．思想理论教育导刊，2013(4):70-77.

6. 中文译著

[1] 安舟．红色工程师的崛起：清华大学与中国技术官僚阶级的起源 [M]．何大明，译．香港：中文大学出版社，2017.

[2] 迈克尔·W. 阿普尔．意识形态与课程 [M]．黄忠敬，译．上海：华东师范大学出版社，2001.

[3] 迈克尔·W. 阿普尔，L. 克丽斯蒂安·史密斯．教科书政治学 [M]．侯定凯，译．上海：华东师范大学出版社，2005.

[4] 大塚丰．现代中国高等教育的形成 [M]．黄福涛，译．北京：北京师范大学出版社，1998.

[5] 许美德．中国大学 1895—1995：一个文化冲突的世纪 [M]．许洁英，译．北京：教育科学出版社，2000.

[6] 联共（布）中央特设委员会．联共（布）党史简明教程 [M]．中共中央马克思、恩格斯、列宁、斯大林著作编译局，译．北京：人民出版社，1975.

后 记

本书是在我的博士论文基础上补充和完善的。

我的导师清华大学肖贵清教授为本书倾注了大量心血。从选题立意到结构行文、从逻辑梳理到细节推敲，都离不开肖老师的循循善诱和严格训导。学贵得师，每当我因资质鲁钝、负重难行而晕头转向、束手无策时，肖老师都会予以我鼓励、批评和指正，手把手带我进入马克思主义中国化研究这片广阔天地，教我热爱学问、自信自强，助我在学术道路上越走越稳。值此书完成之际，衷心向辛勤培育我的导师肖贵清教授致以最诚挚的谢意，师恩永不忘！

在校三年，我努力正心诚意，以"大鹏之姿"遨游清华，许多兴趣、性格、志愿逐渐形成。对我而言，清华是充满挑战的乐土，最初因崇敬而想融入，融入其中而又想认真地了解。正是怀着朴素感情和心中理想，几经踌躇和忐忑，终于确定了这个题目。为学不易，多蒙良师益友助我成长。感谢清华大学马克思主义学院诸位良师在开题、写作和答辩阶段给予的指导与帮助！感谢校内外评审专家的宝贵意见！感谢清华大学图书馆、档案馆在我查阅资料时给予的热情帮助！感谢青海大学马克思主义学院领导为青年教师攻读博士营造的良好环境和付出的诸多努力！感谢求学路上的学界前辈和同侪好友多年来的支持和关爱！感谢父母的期盼、岳父母的付出、爱人的支持，这一切都支撑着我一路前行并且笑对人生。

最后，要特别感谢本书所有参考文献作者的学术指引和研究贡献！感谢青海大学马克思主义学院学术著作出版基金的政策资助！感谢清华大学出版社，特别是责任编辑严曼一老师的付出和奉献！

由于水平有限，本书对1949—1966年清华大学马克思主义理论教育研究和探讨存在的不足之处，敬请读者朋友批评指正。

武传鹏

2022年9月于青海大学马克思主义学院